Hermann Vinke

»Wunden,
die nie ganz verheilten«

Hermann Vinke

»Wunden, die nie ganz verheilten«

Das Dritte Reich in der Erinnerung von Zeitzeugen

Mit einem Vorwort von Max Mannheimer

Ravensburger Buchverlag

Inhalt

Über Zeitzeugen

»Was wird geschehen, wenn wir einmal nicht mehr da sind, und wie wird die Erinnerung, unsere Erinnerung, weitergegeben an zukünftige Generationen?«

JACK TERRY

Die Erinnerungen der Überlebenden sind kostbar. Manche haben lange gebraucht, bis sie über ihre Erfahrungen in den Terrorzellen der Gestapo, den Konzentrations- und Vernichtungslagern sprechen konnten. Andere haben sich die traumatischen Erlebnisse schon früh von der Seele geschrieben, um überhaupt weiterleben zu können. Und einige fanden keinen Sinn mehr im Weiterleben und setzten ihrer Existenz ein Ende.

Warum ein Buch über Zeitzeugen, wo doch schon so viel über den Nationalsozialismus und den Holocaust geschrieben worden ist? Bei meinen Recherchen habe ich festgestellt, wie viele Lebensgeschichten noch nicht oder nur am Rande festgehalten wurden. Einige der Gespräche mit Überlebenden haben mich tief erschüttert, vor allem die Tatsache, dass die Vergangenheit für sie gegenwärtig geblieben ist. Wie weit darf ein Außenstehender an traumatische Seelenzustände rühren? Welche Frage könnte neuen Schmerz auslösen? Und wo ist die Grenze, an der jedes Nachforschen aufhören muss? Andererseits: Die Zeitzeugen blicken nicht nur zurück. Ihre Gedanken reichen oft weit in die Zukunft. Ich bin dankbar für jedes Gespräch, das ich mit ihnen führen durfte. Ihre Lebensgeschichten werden eingebettet in das jeweilige zeitgeschichtliche Umfeld.

Die Augen- und Zeitzeugen werden immer weniger, gewiss. Aber viele sind noch da und wollen reden: In Augsburg traf ich Mietek Pemper, der als KZ-Häftling eng mit Oskar Schindler zusammengearbeitet hat. In Berlin hat mir die ehemalige DDR-Schauspielerin Helga Naujoks von Vertreibung und Vergewaltigung berichtet, die sie als Mädchen in Ostpreußen erleben musste. Die Schriftstellerin Gudrun Pausewang schildert ihre Flucht aus Ostböhmen mit einem Handkarren. In Paris hielt Stéphane Hessel Rückblick auf ein langes Leben als *Résistance*-Kämpfer, Buchenwald-Häftling und Diplomat der Nachkriegszeit. Bereits Anfang der 1980er-Jahre traf ich in Südfrankreich Raymond Vernière, der sich ebenfalls der französischen Untergrundarmee angeschlossen hatte.

Wichtig und wertvoll ist mir auch die Erinnerung an zwei junge Frauen, deren Widerstand mir durch deren Angehörige vermittelt wurde: Im Fall von Sophie Scholl waren das ihre Schwestern Inge und Elisabeth. Über Cato Bontjes van Beek berichteten ihr Bruder Tim und ihre Schwester Mietje.

Bei Reisen nach Polen und in die Ukraine begegnete ich dem Sänger und Geiger Alfred Schreyer, der den von Nazis erschossenen Schriftsteller und Maler Bruno Schulz noch gekannt hat. In den Niederlanden sind es Fanny Heymann und Loes Schneider, die als *»Kinder des Krieges«* Verfolgung und Ausgrenzung erfuhren. In New York lebt die frühere Rekord-Hochspringerin Margaret Lambert, geborene Bergmann, die um ihre Teilnahme bei den Olympischen Spielen 1936 betrogen wurde.

Das Buch beinhaltet auch einige Porträts von Funktionsträgern des Dritten Reiches. Sie haben das Regime mitgetragen und Karriere gemacht. Sie sind weder Opfer noch kann man sie mit den Zeitzeugen gleichsetzen. So steht beispielsweise Generalfeldmarschall Friedrich Paulus, der in Stalingrad kapitulierte, neben Ludwig Baumann, der aus der Wehrmacht desertierte.

Die Kapitel sind nicht chronologisch angeordnet, wie überhaupt dieses Buch kein Geschichtsbuch ersetzen will. Vielmehr geht es überwiegend um die Erinnerungen von Zeugen des NS-Schreckensregimes, Erinnerungen, die zu kostbar sind, als dass sie dem Vergessen anheimfallen dürfen.

Hermann Vinke

So wurde ich ein Überlebender

Als mir im Lager Auschwitz bewusst wurde, dass es dort nicht um einen Arbeitseinsatz ging, sondern um unsere Ermordung – entweder sofort oder etwas später –, da wollte ich meinem Leben ein Ende setzen. Ich wollte den elektrisch geladenen Zaun berühren. Ich tat es nicht. Mein jüngerer Bruder Edgar hat mich davon abgehalten. Und schließlich wollte auch ich weiterleben. Um jeden Preis. So wurde ich ein Überlebender.

Nach den Jahren des Schweigens, Verstummens, der seelischen Krisen wollte ich Zeugnis ablegen. Ich hatte unmenschliche Grausamkeiten in den Konzentrationslagern überlebt. Jetzt kam die Zeit, Erinnerungen weiterzugeben. Meine Mutter, mein Vater, meine Frau Eva, meine Brüder Erich und Ernst und meine Schwester Käthe sind umgebracht worden. Aber ich trete nicht als Ankläger oder Richter auf. Denn ich frage mich noch immer: Wenn ich auf der anderen Seite gestanden hätte – wäre ich mutig genug gewesen, unter Lebensgefahr Juden zu retten? Ich weiß es nicht.

Ich will mein Wissen um die menschliche Brutalität, die im Dritten Reich unbeschreibliche Ausmaße angenommen hat, weitergeben. Dies soll eine Mahnung und eine Warnung sein. Es kann wieder passieren. Nicht genau so, aber ähnlich. Man könnte sagen, es geschieht schon wieder – in Ansätzen jedenfalls. Denn an vielen Orten der Welt durchleiden unschuldige Menschen Höllenqualen in den Händen sadistischer, ideologisch verblendeter Diktatoren.

Am Beginn des Niedergangs einer Zivilisation glaubt man es nicht. Ich habe noch 1942 mit meiner jungen Frau Eva eine wunderbare Hochzeitsreise geplant, die wir nach dem Krieg in ein fernes Land unternehmen wollten. Wir träumten und sahen nicht die Gefahr, die heraufzog. Wir wollten sie nicht sehen.

Was haben wir, die Zeitzeugen, die Überlebenden, noch zu sagen – sechseinhalb Jahrzehnte nach Kriegsende? Unser Reden handelt vom größten Verbrechen der Menschheitsgeschichte. Mir geht es darum – und das ist auch das Anliegen dieses Buches –, aufzuzeigen, wie dünn die Zivilisationsschicht ist, die uns von potenziellen Massenmördern trennt.

Manche der Lebensgeschichten in diesem Buch berühren sich auf sonderbare Weise. Ich habe 1943 in der Häftlingsschreibstube des Arbeitslagers Warschau, das auf dem Gelände des zerstörten Gettos errichtet wurde, Amon Göth kennengelernt, den Kommandanten des Lagers Krakau-Plaszów. Dieser Göth, ein grausamer Mensch, spielt wiederum bei der Rettung der sogenannten *Schindler-Juden* eine Rolle. Göths persönlicher Stenograf und Sekretär war der jüdische KZ-Häftling Mietek Pemper, der in diesem Buch ebenfalls vorgestellt wird. Pemper, der zu meinen Freunden gehört, fälschte Papiere und Listen, um möglichst viele Menschen in Sicherheit zu bringen. Ohne ihn hätte es *Schindlers Liste* wohl nicht gegeben.

Anhand von Einzelschicksalen macht dieses Buch zugleich die europäische Dimension des Holocaust deutlich. Der Autor hat Zeitzeugen in Frankreich, den Niederlanden, Polen, der Ukraine und in Deutschland befragt. Die Lebensbilder, die er zeichnet, sind manchmal bedrückend, niederschmetternd, kaum zu ertragen. Er kommt den betroffenen Menschen nahe und wahrt gleichzeitig Distanz. Er bringt Menschen zum Reden, die lange geschwiegen haben, und stellt ihre Schilderungen in einen historischen Zusammenhang.

Für mich als Überlebenden hat das Buch etwas Tröstliches. Unsere Erinnerungen, das Zeugnis, das wir ablegen, wird erhalten bleiben. Es lebt weiter und wird – da bin ich ganz zuversichtlich – jüngeren Menschen Anstoß geben zu Mut und Zivilcourage.

Max Mannheimer

Olympia 1936 – Sport im Dienste Hitlers

Kaum jemand kann sich der Wirkung der Olympischen Sommerspiele 1936 in Berlin entziehen: weder die Sportler noch die ausländischen Gäste und am wenigsten die Deutschen selbst. Die Regisseurin Leni Riefenstahl überhöht mit ihrer monumentalen Dokumentation »Fest der Völker« und »Fest der Schönheit« die Wirkung dieses Großereignisses noch im Sinne der nationalsozialistischen Propaganda.

Verbotsschild vor einem Schwimmbad | 1937

Perfekt organisiert | Mit den aufwändig inszenierten und perfekt organisierten Olympischen Spielen präsentiert sich Nazi-Deutschland von seiner besten Seite. Hitlers Plan, der Welt ein »*friedliebendes Deutschland*« vorzuführen, geht auf. Mit 33 Gold-, 32 Silber- und 30 Bronzemedaillen stellt Deutschland die erfolgreichste Olympiamannschaft. Die hässliche Seite des Regimes – brutale Unterdrückung der politischen Gegner, Judenverfolgung, Rassismus und Fremdenfeindlichkeit – wird für die Dauer der Spiele ausgeblendet.

Die Atmosphäre in Deutschland ändert sich mit Beginn der Spiele schlagartig. Rassistische und antisemitische Töne verstummen. So hatten Blätter wie das NS-Parteiorgan *Völkischer Beobachter* noch verlangt: »*Neger haben auf der Olympiade nichts zu suchen, die Schwarzen müssen ausgeschlossen werden.*« Und im Hetzblatt *Der Stürmer* war zu lesen gewesen: »*Für Juden ist kein Platz im deutschen Sport.*« Doch dann werden Rundfunk und Presse angehalten, sach-

Berlin, Unter den Linden: Die Bevölkerung jubelt Hitler zu. | 1936

Berlin, Altes Museum: Fackellauf | 1936

lich über die sportlichen Wettkämpfe zu berichten und Hasstiraden gegen jüdische und schwarze Sportler zu unterlassen. Der jüdische Literaturwissenschaftler Victor Klemperer notiert dazu in seinem Tagebuch: *»Die Sprech chöre sind (für die Dauer der Olympiade) verboten, Judenhetze, kriegerische Töne, alles Anrüchige ist aus den Zeitungen verschwunden …«*

Olympiafilm »Fest der Völker« | 1936

Der Fackellauf | Das Spektakel beginnt am frühen Morgen des 1. August 1936. Etwa 20 000 Jugendliche der *Hitlerjugend (HJ)* und des *Bundes Deutscher Mädel (BDM)* versammeln sich vor dem Alten Museum im Zentrum Berlins. Fotografen, SA-Leute, Schaulustige – alle warten auf das Eintreffen der Fackel mit dem Olympischen Feuer, das vor dem mächtigen Säulenrund des Museums entfacht und dann ins Olympiastadion getragen werden soll. Letzter Läufer der insgesamt 3000 Kilometer langen Strecke zwischen dem griechischen Olympia und der Reichshauptstadt ist der Berliner Athlet Siegfried Eifrig. Unter dem Beifall der Menge entzündet Eifrig mit dem von der Firma Krupp gestifteten Fackelstab das Feuer. Die Idee, die Olympische Flamme vom antiken Griechenland nach Deutschland zu tragen, stammt von Carl Diem, Generalsekretär des *Nationalen Olympischen Komitees (NOK)*. Diem geht es *»um die geistige Verbindung der modernen Olympischen Spiele mit der Sportkultur der alten Griechen«*. Der Fackellauf wird zur Tradition und gerät nach den Olympischen Spielen 2008 in Peking erneut in die Kritik.

Exkurs: Der Mythos Langemarck

Langemarck, der Name eines Ortes im belgischen Flandern, wo im Ersten Weltkrieg kaiserliche Regimenter reihenweise in den Tod geschickt wurden, wird vom NS-Regime zum Mythos stilisiert, um Fanatismus und Kampfbereitschaft zu erzeugen. In der Ideologie der braunen Machthaber gilt der *»Opfertod für das Vaterland«* als ein Schicksal, das ewigen Ruhm verheißt. Sport, Krieg und Opfertod werden bewusst vermengt. Die Jugend soll auf künftige Waffengänge eingeschworen werden.

Reichssportfeld: bombastisch, monumental | Zwischen der Museumsinsel in Berlin-Mitte, wo das Olympische Feuer entzündet wird, und dem *Reichssportfeld*, dem Austragungsort der Spiele in Charlottenburg, liegen etwa 12 Kilometer. Auf dieser Ost-West-Achse, die nach den bombastischen Plänen des NS-Regimes später die Welthauptstadt *Germania* markieren soll, bewegen sich am 1. August durch ein Spalier von Schaulustigen endlose Marschkolonnen. Das Olympiagelände selbst mit seiner monumentalen Architektur sprengt alle Maßstäbe. Hitler hat sie vorgegeben: Das mächtige Olympiastadion mit Rundgängen aus graubraunem Kalksandstein, das *Maifeld*, das Massenaufmärsche mit 180 000 Teilnehmern ermöglicht, dessen Tribüne weiteren 60 000 Personen Platz bietet, ferner die hoch aufragenden Pylone, die *Ländertürme*, die den deutschen Stämmen gewidmet sind: den Bayern und Preußen, den Sachsen, Schwaben, Franken und Friesen. Schließlich der 76 Meter hohe Glockenturm mit der *Langemarck-Halle*. Dieser gewaltige Raum lässt in seiner Wucht den Besucher erschaudern.

Werbeplakat | 1936

Das Olympische Feuer wird entflammt. | 1936

Adolf Hitler eröffnet die Olympischen Spiele. | 1936

Feststimmung | Bevor Hitler als Schirmherr die XI. Olympischen Spiele eröffnet, legt er in der *Langemarck-Halle* einen Kranz nieder. Erst dann geht er ins voll besetzte Stadion. Die Sportzeitung *Der Kicker* schildert sein Eintreffen: »*In die schmetternden Klänge der Fanfaren mischt sich ein jubelnder Begeisterungssturm. Langsam kommt der Führer des deutschen Volkes die große Freitreppe über dem Marathontor herunter, begibt sich über die Aschenbahn in die Regierungsloge. Ein kleines Mädchen eilt ihm entgegen, übergibt ihm einen Blumenstrauß. Es herrscht im weiten Rund eine unvergleichliche Feststimmung, die zuvor schon einen einzigartigen Höhepunkt hatte: als das deutsche Zeppelinluftschiff ›Hindenburg‹ über der Kampfbahn erschien, um die hunderttausend Menschen und die auf dem Maifeld angetretenen Kämpfer und Kämpferinnen zu grüßen.*«

Olympiastadion | 1936

Als Deutschland gleich zu Beginn der Wettkämpfe Goldmedaillen im Speerwerfen und Kugelstoßen holt, geraten der Reichskanzler und die um ihn versammelten NS-Größen ganz aus dem Häuschen. Hitler gratuliert den Sportlern von seiner Loge aus persönlich, was ihm eine Rüge des *Internationalen Olympischen Komitees (IOC)* einbringt.

Spitzensportler und Publikumsliebling Jesse Owens | 1936

Jesse Owens | Der Diktator hält sich fortan zurück oder ist gar nicht anwesend, auch dann nicht, als der schwarze US-Leichtathlet Jesse Owens seine Goldmedaillen gewinnt. Daraus entsteht die zählebige Geschichte, wonach Hitler ihm den Handschlag verweigert habe, was nicht stimmt. Dass andererseits die NS-Führung die Siege des Amerikaners am liebsten totschweigen würde, ist offenkundig. Die deutsche Bevölkerung dagegen schließt den Star schnell in ihr Herz, voran der aus Sachsen stammende Weitspringer Lutz Long, der dem Afroamerikaner unterliegt und ihm vor laufenden Kameras herzlich gratuliert. Beide werden Freunde. Owens weiß die Fairness und den Mut des Deutschen zu schätzen. Wiedergesehen haben die beiden Sportler sich nicht. Long fällt 1943 bei Kämpfen in Italien. Aber Owens hält Kontakt zur Familie des Gefallenen.

Die Olympischen Sommerspiele 1936 finden ohne die beste deutsche Hochspringerin Gretel Bergmann statt. Ihr Platz bleibt unbesetzt. *»Die große jüdische Hoffnung«* für den deutschen Sport verschwindet wie andere jüdische Sportler von der Bildfläche, als habe es sie nie gegeben. Die Spiele selbst, für die ein Aufwand sondergleichen betrieben wird, nehmen derweil ihren Lauf.

Hitler gratuliert den Siegern im Kugelstoßen. | 1936

1914 Geburt in Laupheim
1934 Britische Meisterin im Hochsprung
1936 Deutscher Rekord im Hochsprung; Ausschluss von den Olympischen Spielen in Berlin
1937 Emigration in die USA
1937|38 Amerikanische Meistertitel
1937 Heirat mit Bruno Lambert
1999 Georg-von-Opel-Preis

Gretel Bergmann Leichtathletin

Ein ganz bestimmter Albtraum sucht Gretel Bergmann immer wieder heim: Im Berliner Olympiastadion setzt sie zum entscheidenden Hochsprung an. Die Blicke von über 100 000 Zuschauern – alle in Uniform – sind auf sie gerichtet. Die Athletin mit den langen Beinen will loslaufen, um endlich den quälenden Druck, der seit Monaten auf ihr lastet, loszuwerden; sie will den Bonzen der NSDAP auf der Tribüne zeigen, was eine Jüdin zu leisten vermag. *»Jetzt kündigt der Lautsprecher den Hochsprung an. Ich hole tief Luft. Es ist so weit. Aber ich kann mich nicht bewegen. Ich bin gelähmt, stehe wie angewurzelt, die Füße sind wie einzementiert.«* Schweißgebadet wacht sie auf. *»Warum kann ich nicht loslassen?«*, fragt sie verzweifelt.

Ein abgekartetes Spiel

Der schreckliche Albtraum, den sie in ihrem Buch *Ich war die große jüdische Hoffnung* schildert, verfolgt sie bis ins hohe Alter, obwohl die beschriebene Situation nie wirklich stattgefunden hat. Aber die Vorstellung, es könnte so kommen, geht ihr in den Monaten vor den Olympischen Sommerspielen ständig durch den Kopf, verbunden mit der quälenden Frage, ob sie auf dem Siegerpodest den Arm zum »*Hitler-Gruß*« ausstrecken würde. Die Rekordmeisterin im Hochsprung gilt als sichere Anwärterin auf eine Goldmedaille. Doch in einem schäbigen, abgekarteten Spiel wird der 22-Jährigen im letzten Augenblick die Starterlaubnis entzogen – ein radikaler Bruch im Leben der Sportlerin.

Ein Wildfang

Gretel Bergmann wird 1914 in Laupheim geboren. In der schwäbischen Kleinstadt mit etwa 6000 Einwohnern betreibt ihr Vater eine Fabrik für Haarteile und Perücken, die von Schauspielern in aller Welt getragen werden. Gretel und ihre Brüder Rudolph und Walter wachsen unbeschwert in einer gut situierten Familie auf. Die einzige Tochter des

Hauses tanzt allerdings aus der Reihe. Sie will zwar alles Mögliche wissen, aber für Schule und höhere Bildung kann sich Gretel nicht begeistern: *»Ich hasste die Schule vom ersten Tag an.«* Zu Hause tut sie fast immer das Gegenteil dessen, was die Eltern von ihr erwarten. Sie weiß sich durchzusetzen, bolzt mit den Jungen auf der Straße und entwickelt sich zu einem lebhaften Wildfang mit einem starken Willen.

Mit 14 Jahren verliebt sie sich in einen zehn Jahre älteren Mann. Um ihn beneiden sie die anderen Mädchen. *»Es ist das Vorrecht der Jugend, sich ständig zu verlieben«*, sagt sie später, *»und ich war keine Ausnahme ... Ich hatte immer einen Freund, mal kürzer, mal länger.«*

Ihre ganze Begeisterung und Leidenschaft gilt der Leichtathletik. Weitsprung, Kugelstoßen, Diskuswerfen oder 100-Meter-Lauf – bei Wettkämpfen liegt sie fast immer mit an der Spitze. Im Hochsprung ist sie stets die Beste.

In der Falle

Für die Laupheimer Familie Bergmann spielt das Judentum in diesen Jahren keine besondere Rolle. Das ändert sich schlagartig, als Hitler im Januar 1933 an die Macht kommt und Juden wie Aussätzige behandelt werden. Schon bald schließen die meisten Sportvereine eilfertig ihre jüdischen Mitglieder aus, auch der *Ulmer Fußballverein 1894*, dem Gretel Bergmann inzwischen angehört. Ein Studium an der *Hochschule für Leibesübungen* in Berlin wird ihr ebenfalls verweigert. Ihre sportliche Karriere ist zu Ende, noch ehe sie begonnen hat. Kurz entschlossen wechselt die Athletin nach Großbritannien, um einen neuen Start zu wagen. Es dauert nicht lange, bis sie auch dort im Hochsprung Rekorde erzielt. Bei einem Besuch in London sieht ihr Vater, welche sportlichen Höchstleistungen sie vollbringt und wie sehr sie dafür von den Briten bewundert wird. Edwin Bergmann hat überraschende Neuigkeiten mitgebracht: Gretel

Gretel Bergmann beim Scherensprung | 1931

soll nach Deutschland zurückkehren, um an den Olympischen Sommerspielen 1936 in Berlin teilzunehmen. Sportfunktionäre der NSDAP machen Druck und bedrohen die Eltern, falls die Tochter in Großbritannien bleibe.

Gretel Bergmann ist außer sich vor Zorn. »*Ich gehe nicht zurück*«, antwortet sie, und muss doch einsehen, dass sie gar keine Wahl hat – schon wegen ihrer Familie: »*Die Nazis machten keine leeren Drohungen*«, schreibt sie in ihren Erinnerungen, »*und ich wusste, dass ich in der Falle saß.*«

Avery Brundage
1887–1975; Unternehmer. Von US-Medien als »*Nazi*« bezeichnet. Gilt als Rassist, Antisemit und Anhänger des NS-Regimes. Verhindert einen USA-Boykott der Olympischen Sommerspiele 1936 in Berlin. Von 1952 bis 1972 Präsident des *Internationalen Olympischen Komitees.*

Zurück in Deutschland, gerät Gretel Bergmann in einen Strudel widersprüchlicher Gefühle und Gedanken. In die Freude über das Wiedersehen mit den Angehörigen mischen sich Ängste. Was sie nicht wissen kann, aber ahnt – sie wird zur Schachfigur des NS-Regimes in einem hochkarätigen sportpolitischen Manöver: Die USA diskutieren, ob die Olympischen Spiele wegen der Rassenpolitik der Nationalsozialisten gegen Juden und Schwarze boykottiert werden sollen. Mit der erzwungenen Rückkehr von Gretel Bergmann und anderer jüdischer Wettkämpfer soll den amerikanischen Boykott-Anhängern der Wind aus den Segeln genommen werden. Für diesen Plan steht Hitler auf der anderen Seite des Atlantiks ein einflussreicher Mitspieler zur Verfügung: Avery Brundage, Präsident des *Nationalen Olympischen Komitees* der USA.

Wut und Lust

Je näher der 1. August 1936 rückt, das Datum der Eröffnung der Spiele, desto härter trainiert Gretel Bergmann. Ihr Gegner ist das verhasste NS-Regime. Nur noch selten denkt sie an die Zeiten, als sie Sport aus schierem Vergnügen betrieb. »*Das war vorbei, jetzt motivierte mich die Wut und die Lust an der Rache, die fast schon fanatische Besessenheit, die Deutschen in Verlegenheit zu bringen.*« Die Athletin überwindet im Stuttgarter *Adolf-Hitler-Stadion* die für damalige Verhältnisse sensationelle Höhe von 1,60 Meter und zählt damit zu den weltbesten Hochspringerinnen. Einem Olympiasieg steht also eigentlich nichts mehr im Wege.

Am 15. Juli 1936 geht im Hafen von New York die amerikanische Olympiamannschaft an Bord der *Manhattan*, die sie nach Deutschland bringen soll. Unter dem Datum 16. Juli 1936 bringt der Chef des deutschen Leichtathletikverbandes Karl Ritter von Halt ein Schreiben an Gretel Bergmann

Exkurs: Brundage hilft Hitler

Avery Brundage kommt 1934 zu einer Inspektionsreise nach Berlin. Er wird hofiert und wohl auch entsprechend instruiert. Jedenfalls bringt er aus der Reichshauptstadt die Zusage mit, auch jüdische Sportler würden zu den Wettkämpfen zugelassen. Geschickt werden Berichte über das Training jüdischer Athleten in der US-Presse lanciert. Dabei fällt auch der Name von Gretel Bergmann, etwa in einer Reportage über das Trainingslager in Ettlingen im Schwarzwald, wo Bergmann im Frühjahr 1936 ihren späteren Mann, den jüdischen Medizinstudenten Bruno Lambert, kennenlernt. Mit knapper Mehrheit und nach massiver Beeinflussung einzelner Mitglieder entscheidet das *Nationale Olympische Komitee* der USA im Sinne von Avery Brundage zugunsten einer Teilnahme an den Spielen in Berlin.

»Dass der Krieg die Olympiade von 1940 verhinderte und Hitler damit meinen Traum erneut zerschlagen hatte, begriff ich erst viel später. Noch war ich wie betäubt, voller Angst vor dem, was die Zukunft uns bringen würde.«

Gretel Bergmann

Im Trikot des *Ulmer Fußballvereins 1894*

auf den Weg, in dem es heißt: »*Der Herr Reichssportführer (...) hat es nicht vermocht, (...) Sie in die Mannschaft einzureihen. Sie werden aufgrund der in letzter Zeit gezeigten Leistungen wohl selbst nicht mit einer Aufstellung gerechnet haben.*« Als Ersatz bietet von Halt ihr »*den kostenlosen Besuch der Leichtathletikkämpfe*« an und zwar »*durch Zurverfügungstellung einer Stehplatzkarte*«.

Für die junge Sportlerin bricht endgültig eine Welt zusammen. »*Es war ein bitteres Erwachen aus dem wunderschönen Traum, den ich, vielleicht aus Dummheit, geträumt hatte*«, schreibt sie. »*Ich hatte nie zuvor so viel Zorn, so viel Wut erlebt, und dennoch überkam mich plötzlich auch eine ungeheure Erleichterung.*« Sie muss sich keine Gedanken mehr machen, was mit ihr geschehen wäre, wenn sie gewonnen oder verloren hätte. »*Schluss mit den Überlegungen, ob ich den Arm zum Hitler-Gruß heben musste.*«

Karl Ritter von Halt

Karl von Halt (1891–1964), der als strammer Nazi der SA, NSDAP und dem »*Freundeskreis Himmler*« angehörte, kann in Westdeutschland schon 1951 seine Karriere als Sportfunktionär wieder aufnehmen. Er wird Präsident des *NOK* und Mitglied des *IOC*. Das *Große Bundesverdienstkreuz am Stern* krönt 1956 seine Laufbahn.

Gretel Bergmann trifft Entscheidungen, die für sie in den folgenden Jahrzehnten unverrückbar sind: So schnell wie möglich will sie Deutschland für immer verlassen, nie wieder deutschen Boden betreten und die deutsche Sprache aus ihrem Gedächtnis tilgen. Im Mai 1937 emigriert die 23-Jährige nach New York, wo bereits ihr Bruder Rudolph lebt. Auch die Eltern und Walter, der jüngere Bruder, gelangen später in die USA.

Gretel Bergmann wäre bei den Olympischen Spielen 1940 für die USA angetreten, hätte Hitler ihr nicht noch einmal einen Strich durch die Rechnung gemacht. Wegen des Überfalls der deutschen Wehrmacht auf Polen im September 1939 und des Zweiten Weltkriegs fallen die Spiele aus.

Wunden, die nie ganz verheilten

Neben dem Training jobbt Gretel Bergmann; sie nimmt alle möglichen Arbeiten an, um für ihren Freund Bruno Lambert die erforderliche Bürgschaft von 2000 Dollar für dessen Einreise hinterlegen zu können. Lambert beendet sein Medizinstudium in der Schweiz, dann gelingt auch ihm die Ausreise in die USA. Für seine jüdischen Eltern und 30 weitere Angehörige kommen jedoch alle Rettungsversuche zu spät. Sie werden in Vernichtungslagern ermordet.

Die beiden heiraten, aber von unbeschwerten Flitterwochen kann keine Rede sein. *»… für Bruno und mich gab es immer neue Qualen – Qualen, die Wunden zurückließen, die nie mehr ganz verheilten.«* Gretel Bergmann heißt jetzt Margaret Lambert. Nach der Kriegserklärung Deutschlands an die USA am 12. Dezember 1941 meldet Bruno Lambert sich freiwillig zur US-Armee. Sein Einsatz erleichtert die Einbürgerung des jungen Paares. Für Margaret Lambert ist damit *»die letzte Verbindung zerschnitten, die Nabelschnur, die mich an meine deutsche Vergangenheit band«*.

Post aus Laupheim

»I have neither forgotten nor forgiven the terrible experiences we had to endure and I am sure that I never will.« (»Ich habe die schrecklichen Erfahrungen, die wir erleiden mussten, weder vergessen noch vergeben, und ich bin sicher, dass ich dies niemals tun werde.«) – Jahrzehntelang bleibt Margaret Lambert ihrem Vorsatz treu, jeden Kontakt zu Deutschland zu meiden, bis eines Tages Post aus Laupheim kommt. Burkhard Volkholz, Vorstand des *TSV Laupheim*, versucht in einem langen Briefwechsel, sie zum Besuch ihrer früheren Heimat

Gretel Bergmann und Bruno Lambert | 1938

»Vor 70 Jahren wurde ich als Schachfigur benutzt, meine Talente zum Vorteil Hitlers ausgenutzt. Aber wenn ich heute helfen kann, über diese schreckliche Zeit aufzuklären, dann ist der Name Gretel Bergmann vielleicht nicht etwas, das ich vergessen sollte. Vielleicht ist der Name, mein Leben, ein Segen gewesen.«

Margaret Lambert

zu bewegen. Der Verein, der 1987 sein 125-jähriges Bestehen feiert, ernennt Margaret Lambert zum Ehrenmitglied. Eine Teilnahme am Jubiläumsfest lehnt sie ab. Aber sie schickt ein Grußwort: *»Es war wohl ein Brief, den ich im Mai 1987 von Burkhard Volkholz erhielt, der mich zu dem Versuch bewog, den so lange gehegten Hass abzulegen. Es war sicher ein schmerzlicher Prozess, aber der Widerwille, den ich fühlte, ist nicht mehr in mir. (...) Natürlich wird der Zorn auf die für alles Leid Verantwortlichen bis zu meinem Tod weiterbestehen.«*

Weitere zwölf Jahre vergehen, bis Margaret Lambert sich überwindet und 1999 doch wieder deutschen Boden betritt. Einer ihrer beiden Söhne begleitet die 85-Jährige bei diesem schweren Gang. Die *Adam Opel AG* verleiht ihr in Frankfurt den *Georg-von-Opel-Preis*, der seit 1996 zur Erinnerung an den Humanisten und Sportler Georg von Opel vergeben wird. Auch Laupheim sucht sie auf, wo ihr Vater 1939 seine Fabrik unter Wert verkaufen und alles zurücklassen musste. Ihre Heimatstadt hat eine besondere Ehrung für sie vorbereitet: *»Als wir das Schild ›Gretel-Bergmann-Stadion‹ enthüllten, bekam ich eine Gänsehaut. Es war so ironisch: 1933 hatten mich die Nazis von allen öffentlichen Orten verbannt, und jetzt trug einer dieser öffentlichen Orte für immer meinen Namen.«* Beim Eintreffen in Laupheim hatte Margaret Lambert noch die *»unsichtbaren Mauern«* zwischen sich und der Bevölkerung verspürt. Monate später berichtet sie dann erleichtert: *»Ich bin sehr froh, dass ich gefahren bin. Ich kam als ein andrer Mensch nach New York zurück, lebe jetzt viel mehr in Frieden mit mir selber.«* Im Jahr 2003 ist Margaret Lambert wieder in Deutschland, um an einer Filmdokumentation über ihr Leben mitzuwirken. In Berlin trifft sie ihre Freundin und frühere Rivalin im Hochsprung, Elfriede Kaun, wieder. Kaun erzählt, dass sie sich über ihre Bronzemedaille im Hochsprung von 1936 nie habe freuen können, weil Gretel Bergmann damals auf so schäbige Weise von den Nazis ausgebootet worden sei.

2009 kommt die Verfilmung von Gretel Bergmanns Geschichte in die Kinos.

Margaret Lambert und Jürgen Littwin in Laupheim | 2003

Margaret Lambert

Margaret Lambert, geborene Bergmann, lebt seit 1937 in New York. 1936 war sie die beste Hochspringerin Europas.

Margaret Lambert | 2003

Wenn Sie auf Ihr Leben zurückblicken, was davon würden Sie an Ihre Kinder, Ihre Enkel und überhaupt an die Jugend weitergeben?

ML – Genießt das Positive! Versucht mit dem Negativen zurechtzukommen. Nehmt euch selbst nicht zu ernst. Bemüht euch, das Richtige zu tun, und vergesst nicht, dass Lachen die beste Medizin ist.

In Ihrem Buch *Ich war die große jüdische Hoffnung* nennen Sie Hitler einen Verrückten. War er nicht zugleich auch ein Betrüger und Verführer?

ML – Kein Mensch mit einem klaren Verstand kann das tun, was er tat! Ich glaube, er litt unter Größenwahn und dachte, die ganze Welt werde seine Schandtaten gutheißen.

Haben Sie eine Erklärung dafür, dass es nur wenige Deutsche gab, die dem Nationalsozialismus nicht anheimfielen? In Ihrem Buch erwähnen Sie den Fotografen Erich Scriba, der Sie beim Hochsprung fotografierte und deswegen als *»Judenfreund«* beschimpft wurde.

ML – Außer Scriba gibt es noch andere Beispiele. Viele trugen die SS-Uniform auch als Selbstschutz. Unser bester Freund schlich nachts oft in unser Haus (manchmal in seiner SS-Uniform. Ich habe Fotos, die das belegen). Er wurde von den Nazis aufgefordert mitzumachen. Man sagte ihm, falls er sich weigere, werde sein Vater seine Arbeit verlieren. Zweifellos sahen viele Deutsche in Hitler ihren Retter. Aber nach meiner Überzeugung wurden viele aus Angst Mitläufer. Denn Angst regierte Deutschland – nach dem Motto: Mach, wie befohlen! Sonst passiert was!

Woher nahmen Sie die Kraft, Demütigungen, innere Verletzungen und Angst in Energie für einen neuen Anfang zu verwandeln? Und was empfinden Sie, wenn Sie heute Hochsprung-Wettkämpfe sehen?

ML – Die Erklärung dafür ist ganz einfach: Es musste sein! In einem neuen Land mit vier Dollar anzukommen (mehr war nicht erlaubt) – da blieb mir nicht viel Zeit für Selbstmitleid.

Für eine ziemlich lange Zeit bedeutete das: Existenzkampf. Und zugleich war es ein Triumph, im Jahr meiner Einwanderung 1937 und 1938 drei amerikanische Meistertitel – Hochsprung und Kugelstoßen – zu gewinnen. Was die Hochspringer von heute angeht, so kann ich nur staunen und mich fragen, ob ich jemals in der Lage gewesen wäre, eine solch fantastische Technik zu beherrschen.

Als Sie die Nachricht erhalten hatten, dass Sie in Berlin nicht antreten durften, haben Sie sich nach Baden-Baden zurückgezogen. Weshalb?

ML – Ich ging nach Baden-Baden, um mich von der schrecklichen Anspannung der vergangenen beiden Jahre zu erholen, um mich den mitleidsvollen Blicken meiner Familie und Freunde zu entziehen und darüber nachzudenken, was ich mit meinem Leben anfangen sollte. Und dabei fasste ich den Entschluss, auf Teufel komm raus Deutschland so schnell wie möglich zu verlassen.

Wie denken Sie heute über Ihre Geburtsstadt Laupheim?

ML – Als ich 1999 nach Laupheim zurückkehrte, wurde mir bewusst, dass all diejenigen, die mir das Leben so schwer gemacht haben, tot waren. Und ich freute mich, sie alle überlebt zu haben.

Als Sie nach 62 Jahren Deutschland besuchten, lag ein langer seelischer Klärungsprozess hinter Ihnen. Würden Sie heute sagen, Sie hätten den Hass überwunden? In Ihrem Buch kommt das Wort *»Versöhnung«* nicht vor.

ML – Mit Inbrunst habe ich viele Jahre alles Deutsche gehasst. Aber 2003 war das Angebot zu einer kostenfreien Reise nach Deutschland für eine Film-Dokumentation über mein Leben zu verlockend. Ich war inzwischen unvoreingenommen und kam zu dem Schluss, dass junge Deutsche nicht für die Sünden ihrer Väter oder Großväter verantwortlich gemacht werden sollten. Aber noch mal: Die Täter von damals habe ich überlebt und damit in gewisser Weise besiegt.

Ihr Vater war KZ-Häftling in Dachau, bevor er Deutschland verlassen durfte. Hat er später über die KZ-Haft gesprochen?

ML Mein Vater hat nie über seine Zeit in Dachau gesprochen, außer dass er sagte: *»Gestreiftes* (KZ-Häftlinge trugen gestreifte Kleidung) *steht mir nicht!«*

Sind Sie oder ist Ihre Familie jemals entschädigt worden?

ML – Meine Mutter erhielt eine monatliche Unterstützung aus Deutschland bis zu dem Tag, an dem sie mit 93 Jahren starb. Mein Mann und ich bekamen jeweils 2000 Dollar Entschädigung dafür, dass wir unsere Ausbildung nicht fortsetzen konnten.

Sie schreiben in Ihrem Buch, der jüdische Glaube habe in Ihrer Familie keine große Rolle gespielt. Hat sich das später geändert?

ML – Nein. Im Gegenteil. Ich bin nicht gläubig.

Sie haben eine besondere Art zu schreiben – humorvoll, ironisch, kritisch, auch sich selbst gegenüber. Haben Sie außer Ihrer Biografie noch andere Texte geschrieben?

ML – Nur mein Sinn für Humor und der meiner Familie haben mich davor bewahrt, wahnsinnig zu werden. Nein, die Biografie ist das einzige Buch bisher, aber wer weiß, vielleicht versuche ich es eines Tages wieder!

Fußball unter dem **Hakenkreuz**

Große Erwartungen | Der Kampf um das runde Leder ist in Deutschland zum Massensport geworden. Die Nazis benutzen das breite Interesse am Fußball für ihre rassistische Propaganda. Der *Deutsche Fußballbund (DFB)* spielt mit; bereits zwei Wochen nach der Machtübernahme Hitlers schreibt die Vereinszeitung *Der Kicker: »Der Vorstand des Deutschen Fußballbundes und der Vorstand der deutschen Sportbehörde halten Angehörige der jüdischen Rasse in führenden Stellungen der Landesverbände und Vereine nicht für tragbar.«*

Auf die deutsche Fußball-Nationalelf richtet die NS-Führung bei den Olympischen Spielen große Hoffnungen. Olympisches Gold für die Kicker wäre ein großartiger Prestigeerfolg für das Regime. In Erwartung eines klaren Sieges wird Adolf Hitler überredet, sich am 7. August 1936 das Zwischenrundenspiel Norwegen – Deutschland im Stadion anzusehen. Es ist das einzige jemals von Hitler besuchte Fußballspiel der deutschen Nationalmannschaft. Die Deutschen hatten in der Vorrunde Luxemburg mit 9:0 geschlagen. Auch die Norweger sollen nun durch einen Blitzsieg vom Platz gefegt werden.

»Festlich geschmückt die Platzanlage, eine Hochstimmung sondergleichen lag über den Massen, die nach und nach in bitterste Enttäuschung umschlug«, heißt es in dem Doppelband *Olympia 1936*, der bald nach den Spielen erscheint. *»Die Kämpfe mit den Besten der Welt mussten in den verschiedenen Begegnungen viele Erwartungen stürzen, aber von allen unvermuteten Schicksalsschlägen war dies der schwerste Schlag, der deutsche Kämpfer traf.«* Am Ende steht es 2:0 für Norwegen. Die deutsche Nationalelf scheidet aus. Schon vor Spielende hat Hitler sichtlich entrüstet das Stadion verlassen.

Otto Nerz

1892–1949; Arzt und Pädagoge, von 1926 bis 1936 erster Reichstrainer des Deutschen Fußballbundes. Seine Methode war: Pünktlichkeit, Disziplin und körperlicher Einsatz. Er übernahm das sogenannte WM-System des Engländers Herbert Chapman, das weltweit zum taktischen Grundprinzip geworden war. Anschließend Professor an der *Deutschen Hochschule für Leibesübungen*. Wurde wegen seiner Parteizugehörigkeit verhaftet und starb 1949 in sowjetischer Gefangenschaft.

»Es ist mein unabänderlicher Wille, mit dem starken, exerziermäßig eingedrillten Spiel unserer Mannschaft zu brechen.«

Sepp Herberger | 1937

Olympia-Debakel | Die Niederlage Deutschlands im olympischen Fußballturnier bietet einem ehrgeizigen Fußballfunktionär gleichzeitig eine große Chance: Sepp Herberger, 1897 in Mannheim geboren, ehemaliger Bauhilfsarbeiter und Bankangestellter, will den Reichstrainer Otto Nerz ablösen. Denn Herberger ist überzeugt, dass dessen Taktik die Spieler überfordert. Nerz, dem Herberger als Assistent zur Seite steht, gilt als Schleifer. Schon in aller Frühe hetzt er die Spieler wie Rekruten durchs Gelände, damit sie sich die nötige Kondition aneignen. »*Eindeutig übertrainiert*«, meint Herberger, dem es nicht nur um Ausdauer, sondern vor allem um intelligente Spielzüge, um Spielkunst geht.

Ende 1936 wird Otto Nerz wegen des Olympia-Debakels abgelöst. Herberger tritt seine Nachfolge an.

Die deutsche Fußball-Nationalmannschaft | 1936

1887 Geburt in Mannheim-Waldhof
1927–1930 Deutsche Hochschule für Leibesübungen
1936–1964 Reichstrainer und Bundestrainer beim Deutschen Fußballbund
1954 Fußball-Weltmeister
1977 Tod in Mannheim

Sepp Herberger Reichstrainer

Sepp Herberger tritt im Mai 1933 in die NSDAP ein, vermutlich weniger aus Überzeugung als in der Erwartung, dieser Schritt werde seinem Aufstieg nützen. Er stammt aus ärmlichen Verhältnissen und brennt darauf, Anerkennung und Ruhm, verbunden mit dem nötigen Einkommen für ein materiell sorgenfreies Leben, zu erwerben. Seine Karriere als aktiver Fußballer führt ihn in den 1920er-Jahren in die Nationalmannschaft. Gleich in seinem ersten Länderspiel erzielt er zwei Tore. Bevor der flinke Stürmer ganz groß herauskommt, stürzt er ab. Regelwidrig hat der Mannheimer 10 000 Reichsmark als Handgeld angenommen; zur Strafe wird er für ein Jahr gesperrt. Der *Deutsche Fußballbund* verfolgt eisern das Amateurprinzip. Jeder Spieler soll einen Beruf ausüben und den Fußball nur als Hobby betreiben.

Der Skandal steht dem Erfolgsstreben Herbergers nicht im Wege. Er absolviert einen Trainerlehrgang und darf auch ohne Abitur an der *Deutschen Hochschule für Leibesübungen* in Berlin studieren. Mit Bravour schafft er 1930 sein Diplom als Sportlehrer. 1932 steigt er zum Trainer des *Westdeutschen Spielverbandes* auf. Der Weg an die Spitze der Nationalmannschaft ist vorgezeichnet.

Der Durchbruch

Als neuer Reichstrainer braucht Herberger dringend Erfolge. Er stellt die Mannschaft taktisch neu ein und schafft bereits 1937 den Durchbruch. Im Mai schlägt die deutsche Nationalmannschaft in Breslau Dänemark mit 8:0. In den Begegnungen dieses Jahres verzeichnet die legendäre *Breslau-Elf* bis auf ein Unentschieden nur Siege. Die Namen der Nationalspieler und ihres Trainers kennt bald jedes Kind. Herberger hätte die Mannschaft gewiss auch erfolgreich durch die Weltmeisterschaft 1938 in Frankreich geführt, wenn ihm Hitlers Expansionspolitik nicht in die Quere gekommen wäre: »*Drei Monate vor der WM holte der Diktator Öster-*

reich ›heim ins Reich‹ und zwang Herberger, fortan mit sechs Deutschen und fünf Österreichern zu spielen. Widerwillig fügte sich der Reichstrainer und sah die ›großdeutsche Elf‹ in Frankreich scheitern«, heißt es 70 Jahre später in einem Zeitungsbericht über die Nationalmannschaft. Die politisch verordnete *»Zusammengehörigkeit mit den ins Reich heimgekehrten Österreichern«* führte nicht zu fußballerischem Erfolg: Aus zwei – erfolgreichen – Nationalmannschaften mit unterschiedlichen Spielsystemen und Spielern, die sich misstrauisch gegenüberstanden, konnte kein Siegerteam gebildet werden.

Was ihm 1938 misslang, holt Herberger bei der Weltmeisterschaft 1954 nach. Aus dem Reichstrainer ist inzwischen der Bundestrainer geworden. In Bern schlägt die Auswahl der Bundesrepublik unter ihrem Kapitän Fritz Walter überraschend Ungarn. Das *Wunder von Bern* verhilft der jungen Bundesrepublik zu neuem Selbstbewusstsein. Und Sepp Herberger wird zur Legende. Sein sportlicher Einsatz für das NS-Regime kann ihm nichts mehr anhaben. Der knorrige Bundestrainer rückt zu den großen Figuren der deutschen Nachkriegszeit auf. Sätze wie *»Der Ball ist rund«* gehen in die Fußballgeschichte ein.

Herberger erläutert Spielzüge.

Die deutsche Fußball-Nationalmannschaft ist Weltmeister. | 1954

1892 Geburt in Würzburg
1920 Mitbegründer der Deutschen Hochschule für Leibesübungen, Berlin
1936 Generalsekretär des Organisationskomitees der Olympischen Spiele
1938–1945 Leitung des Olympischen Instituts
1947–1962 Rektor der Deutschen Sporthochschule, Köln
1962 Tod in Köln

Carl Diem Der Geist des Angriffs

»Schule der Vaterlandsverteidigung«

Carl Diem, der Generalsekretär der Olympischen Spiele, bezeichnet nach dem Krieg das Reichssportgelände als eine »*Oase der Rassengleichberechtigung*«, ganz so, als habe in Berlin der Sport über die NS-Politik gesiegt.

Tatsächlich war es genau umgekehrt. Diem selbst stellte die Olympischen Spiele in den Dienst der NS-Propaganda, indem er erklärte: »*Wenn Sport und Olympische Spiele zu etwas nutze gewesen sind, dann haben sie uns den Geist des Angriffs und der blitzschnellen Entschlusskraft gelehrt, haben uns zäh und hart gemacht.*«

Der Sport als ein Eckpfeiler der NS-Herrschaft – dieser Maxime schließt er sich vorbehaltlos an: »*Sport ist freiwilliges Soldatentum.*« Und: »*Sport (...) ist für uns eine Schule der Vaterlandsverteidigung, die wir auf uns nehmen, bis uns der Ruf zu den Waffen erreicht: Der gute Kämpfer greift an und bricht jeden Widerstand.*«

Linientreue

Mit 62 Jahren meldet sich Carl Diem 1944 zum *Volkssturm*. Sein Bataillon wird von Ritter von Halt geführt und ist auf dem Reichssportgelände stationiert. Kurz vor Kriegsende ruft Diem den *HJ-Volkssturm*, der sich auf dem Olympiagelände verschanzt hat, dazu auf, den »*Endkampf*« nicht aufzugeben. Einer, der dabei war, der spätere ZDF-Chefredakteur Reinhard Appel, erinnert sich: »*(...) das Ganze endete mit einem flammenden Appell an uns, für Führer, Volk und Vaterland zu sterben, gerade in der Situation, wo Berlin bedroht sei. Er berief sich immer wieder auf das ›tapfere Volk von Sparta‹ und forderte uns auf, wie dieses Volk den Opfertod nicht zu scheuen und wie Helden zu sterben, denn es ist schön, für das Vaterland zu sterben.*«

Obwohl der Kampf um das Reichssportfeld völlig aussichtslos ist, sterben dabei noch viele Menschen, hauptsächlich Kindersoldaten, die brutal verheizt werden. Nach Ansicht von Appel trägt

»Diem stellte sich auch dann noch zur Verfügung, wenn er besser geschwiegen, sich zurückgezogen oder verweigert hätte.«

Prof. Dr. Hans Joachim Teichler, Sporthistoriker

dafür auch Diem Verantwortung: »*Damals haben wir uns durch diesen Idealismus, den er predigte, anstecken lassen. Und insofern ist er, meine ich, mitschuldig, dass sinnlos hier Menschenleben, junge Menschen geopfert wurden, in einer Situation, die ja bereits aussichtslos war.*«

Die »Diem-Debatte«

Diems Linientreue und seine verhängnisvollen Durchhalteparolen geraten nach 1945 schnell in Vergessenheit. Der Funktionär, ein Mann der Tat, gründet 1947 die *Kölner Sporthochschule.* Sporthallen, Straßen und Plätze werden nach ihm benannt. Erst nach seinem Tod beginnt die Auseinandersetzung über Diems Rolle im Dritten Reich.

Diems Lebenswerk wird äußerst kontrovers diskutiert: Neben der Anerkennung für seine Verdienste um den Sport steht der Vorwurf, dass er als linientreuer Funktionsträger der Nazis Schuld auf sich geladen habe. Diem sei Nazi, Antisemit, Rassist und Nationalist gewesen. Diese Vorwürfe werden schon in den 1950er-Jahren laut. Diem weist stets darauf hin, dass er sich 1933 geweigert habe, der NSDAP beizutreten, und er deswegen habe Ämter aufgeben müssen. Es wird gefordert, die nach Carl Diem benannten Straßen und Gebäude umzubenennen. Eine Expertenkommission des *Deutschen Sportbundes (DSB)* stellt dazu 1996 fest: »*Diems Persönlichkeit, Werk und Weltbild umfassend zu würdigen, entzieht sich einer eindimensionalen Bewertung. Ambivalenzen und Widersprüche sind nicht zu bestreiten. Eine Umbenennung* (von Straßen, Plätzen, Sporthallen) *würde seinem Lebenswerk nicht gerecht und seine Aktivitäten in der NS-Zeit unhistorisch überhöhen.*«

Die Diskussion um Carl Diem reicht bis in die Gegenwart. Eine im Jahr 2009 vorgelegte Biografie im Auftrag des *DSB* kommt zu dem Ergebnis, dass Diem durch seine Durchhalterede auf dem Reichssportfeld aktiv an der Einschwörung von *Hitlerjungen* auf den sogenannten »*Endkampf*« beteiligt war.

Ansprache von Carl Diem zur Neugründung des NOK | 1954

Führerhauptquartier – Zentrale der Macht

Adolf Hitler auf die Spur kommen: Was für ein Mensch war dieser vom Rassenwahn besessene Diktator mit seinen menschenverachtenden, gewaltpolitischen Anschauungen? Zu den etwa drei Dutzend Mitarbeitern, die fast ständig in seiner Nähe waren, gehörte neben seinen Fotografen Heinrich Hoffmann und Walter Frentz seine Sekretärin Traudl Junge. Im Zentrum der Macht war sie eine ungewöhnliche Zeitzeugin; an ihr wird deutlich, wie sehr Hitler andere beeindrucken und gleichzeitig täuschen konnte.

Bunker und Festungen | Die Reichskanzlei in Berlin genügt Hitler schon lange nicht mehr als Machtzentrale. Auch nicht der mobile *Führersonderzug,* mit dem er anfangs Frontabschnitte besucht. In Deutschland sowie im besetzten West- und Osteuropa lässt er *Führerhauptquartiere* errichten. Das sind mächtige Kommandozentralen, in Beton gegossen, tief unter der Erde und zugleich darüber als Hochbunker. Der Diktator gräbt und betoniert sich buchstäblich ein. Insgesamt 19 Führerhauptquartiere sind es am Ende – Bollwerke, für Jahrhunderte gebaut, gedacht als Festungen eines künftigen *»Großgermanischen Weltreiches«,* das 1000 Jahre dauern sollte. In Wirklichkeit sind es Monumente eines Größenwahns, der wie eine Seifenblase zerplatzt. Absurder Nachklang: An einigen Bunkern wird noch gebaut, als Hitler bereits das tödliche Gift genommen hat.

Bunkeranlage »Wolfsschanze« | 2006

Hitler verlässt seinen Luftschutzbunker. | 1942

Die »Wolfsschanze« | Die jeweiligen Namen für seine Hauptquartiere sucht Hitler aus: *Wolfsschanze, Adlerhorst, Wolfsschlucht, Felsennest* usw. So sieht er sich selbst: ein einsamer, genialer Angreifer, umherstreifend, lauernd, auf dem Sprung zur nächsten Attacke. Unter den Kommandozentralen nimmt die *Wolfsschanze* bei Rastenburg in Ostpreußen eine besondere Stellung ein. Von hier aus will *»der größte Feldherr aller Zeiten«*, wie er sich nennen lässt, den Ostfeldzug steuern, das sowjetische Riesenreich unterjochen und seine Bewohner zu Sklaven machen. Die Betonwände seines Bunkers sind 6,50 Meter dick, unterbrochen durch eine Sandschicht zum Abfedern von Bombeneinschlägen. An keinem Ort hält der Ruhelose sich während des Krieges länger auf als in der *Wolfsschanze:* Ab Juni 1941 sind es insgesamt über 21 Monate, die er in dem Bunker verbringt. Der Aufenthalt wird häufig unterbrochen durch Auslandsreisen und Frontbesuche.

Als die Rote Armee sich Ostpreußen nähert, gibt Hitler den Befehl, die *Wolfsschanze* zu zerstören. Aber selbst die gewaltigsten Sprengladungen reichen nicht aus, die Bunker aus ihren Fundamenten zu heben. Sie verkanten sich lediglich und verwandeln sich durch die Explosionen in bizarre Würfel, die in den Nachkriegsjahrzehnten von der Natur mit Moos, Sträuchern und Bäumen gnädig verdeckt werden. Es sind Denkmäler gegen den Größenwahn, von jedermann zu besichtigen.

Exkurs: Das Attentat vom 20. Juli 1944

Am 20. Juli 1944 ist die *Wolfsschanze* Schauplatz eines Attentats auf Hitler, ausgeführt von Claus Schenk Graf von Stauffenberg. Zu den Beteiligten der Verschwörung gehören ranghohe Militärs, Botschafter, Diplomaten und Funktionsträger des Dritten Reiches. Ihr Ziel ist ein Machtwechsel in Deutschland. Dem Anschlag gehen mehrere gescheiterte Versuche voraus, Hitler zu beseitigen. Die Operation *Walküre* verläuft zunächst nach Plan: Stauffenberg deponiert bei einer militärischen Lagebesprechung, zu der Hitler Generäle und Offiziere geladen hatte, eine Aktentasche mit einer Bombe in der *Wolfsschanze*. Vorher aktiviert er den Zünder der Bombe. Er verlässt den Raum unter einem Vorwand und hört draußen die Detonation. Fünf der 24 Anwesenden kommen ums Leben, doch Hitler überlebt leicht verletzt. Die Verschwörer werden innerhalb kurzer Zeit identifiziert. Hitler übt grausame Rache an ihnen: Noch in der Nacht zum 21. Juli 1944 wird Stauffenberg mit General Friedrich Olbricht und weiteren Verschwörern im Hof des Oberkommandos des Heeres standrechtlich erschossen.

Die nach dem Attentat zerstörte »Wolfsschanze« | 1944

Claus Schenk Graf von Stauffenberg (1907–1944)

1920 Geburt in München
1942–1945 Sekretärin von Hitler
Nach 1947 Sekretärin und freie Journalistin
2002 Tod in München

Traudl Junge Hitlers Sekretärin

An das Probediktat bei Adolf Hitler im Dezember 1942 kann Traudl Junge sich noch Jahrzehnte später genau erinnern. In München, wo sie 1920 geboren wurde, ist sie in Stenografie und Buchführung ausgebildet worden und hat dort bereits als Sekretärin gearbeitet. Aber eigentlich möchte Gertraud Humps, so ihr Mädchenname, Tänzerin werden. Dafür legt die sportliche junge Frau mit dem schönen ebenmäßigen Gesicht eigens eine Prüfung ab und folgt ihrer jüngeren Schwester nach Berlin, wo beide eine Tanzkarriere beginnen wollen.

Durch Zufall erfährt Gertraud Humps 1942, dass Reichskanzler Hitler eine Sekretärin sucht. Nicht aus Begeisterung für den Nationalsozialismus – Politik bedeutet ihr nichts – bewirbt sie sich, sondern eher aus Neugier. Schließlich wird sie mit anderen Bewerberinnen im Zug zur *Wolfsschanze* nach Ostpreußen gebracht.

Für die Auswahl einer neuen Sekretärin hat Hitler eigentlich gar keine Zeit, denn die Schlacht um Stalingrad ist in vollem Gange und treibt auf eine Entscheidung zu. »*Hitler kam lächelnd auf uns zu, hob zur Begrüßung langsam den Arm und gab dann jeder Einzelnen die Hand*«, berichtet die Münchnerin später in ihren Erinnerungen. Kaum hat er sich blicken lassen, ist er schon wieder weg, sodass die Bewerberinnen die eingeübte Begrüßungsformel »*Heil, mein Führer*« gar nicht anbringen können.

»Keine Aufregung!«

Erst am nächsten Tag wird Gertraud Humps zum Diktat gebeten. Vor Nervosität schafft sie es kaum, ein Blatt Papier in die Schreibmaschine zu spannen. Hitler redet beruhigend auf sie ein: »*Sie brauchen gar nicht aufgeregt zu sein, ich mach bei meinem Diktat selbst so viele Fehler, wie Sie selbst unmöglich machen können!*«

Was die 22-Jährige nicht ahnt – Hitler hat sich bereits am Vortag für sie entschieden. Sie wird eine von drei Privatsekretärinnen des »*Führers*«. Sie ist

»Ich hab ja nicht gedacht, dass mich das Schicksal so vorantreibt an eine Stelle, die ich überhaupt nicht angestrebt habe. Und trotzdem, es fällt mir schwer, mir das zu verzeihen.«

TRAUDL JUNGE | 2002

klug und hat eine natürliche, sympathische Ausstrahlung. Auch kommt ihr zugute, dass sie tatsächlich eine ausgezeichnete Sekretärin und zudem die einzige Münchnerin unter den Bewerberinnen ist. In München, der *»Hauptstadt der Bewegung«*, begann Hitlers Aufstieg zur Macht.

Während die anderen Frauen wieder abreisen, beginnt Humps in der *Wolfsschanze* sofort mit der Arbeit. *»Von da an gab es mit Ausnahme weniger Wochen Urlaub nur sehr wenige Tage, an denen ich Hitler nicht gesehen, gesprochen, mit ihm gearbeitet oder mit ihm gemeinsam Mahlzeiten eingenommen hätte«*, notiert sie später.

Ihren *Chef* – so nennt Traudl Junge Hitler – erlebt die Sekretärin als *»fürsorglich«*. Sie schreibt in ihrem Buch *Bis zur letzten Stunde*, er habe sich nach ihrem Wohlbefinden erkundigt, sie vor Zudringlichkeiten der Männerwelt im Hauptquartier geschützt und sie *»mein Kind«* genannt. Das Buch ist keine kritische Auseinandersetzung mit dem Nationalsozialismus, sondern ein persönlicher Bericht über ihre Zeit im Zentrum der Macht. Er gibt Einblicke in das zum Teil banale Alltagsleben im Brennpunkt des Geschehens.

Als sie sich wenige Monate später mit dem SS-Offizier Hans Hermann Junge verloben will, drängt Hitler darauf, ihn doch gleich zu heiraten. Hans Junge zieht es seit Längerem an die Front. Ab Juni 1943 ist er im Osten, dann an der Westfront im Einsatz. Dazwischen liegen vier Wochen Heimaturlaub. Im August 1944 fällt er nach der Landung der Alliierten in der Normandie. Noch bevor sie mit ihrem Mann zusammenleben kann, ist Traudl Junge bereits Witwe.

Hochzeit von Traudl und Hans Junge | 1943

Der Schicksalsschlag vermag ihren Glauben an den »*Führer*« nicht zu erschüttern. Sie vertraut seinen Durchhalteparolen und glaubt an den Endsieg. Junge lebt ganz in seinem Bann. Für sie gibt es nur eine Wahrheit, und zwar die des »*Führers*«. Von der Grausamkeit des Krieges, dem Terror der Deutschen in den eroberten Gebieten und dem Morden in den Vernichtungslagern gerät kaum etwas in ihr Blickfeld.

Was sie erlebt, ist eine beinahe heile Welt, die bestimmt wird von einem Mann, der sich im täglichen Umgang anspruchslos und bieder gibt. Dass Hitler vom Bunker aus Deutschland zielstrebig in den Abgrund führt, wird der Sekretärin nicht bewusst. Im Alltag fehlt es ihr an nichts. Sie muss zu jeder Tages- und Nachtzeit erreichbar sein und ist *»eingespannt in Hitlers unregelmäßigen, anstrengenden und doch sehr eintönigen Tagesablauf«*.

Traudl Junge | 2002

Plaudern bei Tisch

Nur die Mahlzeiten geben dem Tag einen gewissen Rhythmus. Als die militärischen Niederlagen im Osten zunehmen, verzichtet Hitler auf die Anwesenheit der Militärs bei Tisch. Männer in Uniformen sind ihm, der Millionen von Soldaten an die Front und in den Tod schickt, in seiner Umgebung jetzt zuwider. Stattdessen bittet er seine Mitarbeiterinnen, ihm Gesellschaft zu leisten.

Während draußen die Welt in Schutt und Asche fällt, wird bei Tisch über dieses und jenes geplaudert, mit Vorliebe über das Rauchen oder Fragen einer gesunden Ernährung. Hitler verabscheut Nikotin und Alkohol und nimmt nur Vegetarisches zu sich. Sein Speiseplan ist an Kargheit kaum zu überbieten: Kartoffelbrei mit Spiegelei, Haferschleimsuppen, Gemüsesäfte und dergleichen.

Gefühl der Mitschuld

Zwei Jahre nach Kriegsende beginnt Traudl Junge auf Anregung eines Freundes über ihre Zeit als Hitlers Privatsekretärin einen Bericht abzufassen. Gefahrvolle, dramatische Monate liegen hinter ihr, Monate, in denen sie um ihr Leben fürchten musste. In München beginnt sie zunächst wieder als Sekretärin zu arbeiten; im Chaos der Nachkriegszeit sind es anfangs eher Gelegenheitsjobs, die sie bekommt. An freien Tagen sowie an Wochenenden schreibt sie nieder, was ihr aus der Zeit vor 1945 noch im Gedächtnis haftet. Der kritische Abstand zum NS-Regime fehlt; diese Haltung teilt sie mit Millionen von Deutschen. *»Als ich von Berlin zurückkam, fühlte ich mich klein und armselig und war dankbar für jede menschliche Zuneigung«*, berichtet sie. *»Ich habe von meiner Umgebung nie persönliche Vorwürfe gehört.«* Alle hätten ihr versichert, sie sei doch noch so jung gewesen und habe nicht wissen können, was passiert sei.

Vergessene Erinnerungen

Die etwa 170 Seiten mit ihren Erinnerungen, die sie 1947 zu Papier bringt, bleiben über 50 Jahre in einer Schublade liegen. Gelegentlich suchen Journalisten Hitlers ehemalige Sekretärin in München auf, um dieses oder jenes zu erfragen. Dann gibt Traudl Junge bereitwillig Auskunft. Nichts will sie verheimlichen oder gar beschönigen. Sich selbst schont sie dabei am wenigsten. Aber für ihre Aufzeichnungen interessiert sich niemand. Und bald denkt sie, diese seien nicht der Rede wert, zumal immer mehr Bücher über die NS-Zeit erscheinen.

Als Assistentin in der Chefredaktion der Illustrierten *Quick* sammelt Traudl Junge praktische Erfahrungen im Blattmachen, bevor sie eigenständig Artikel und Aufsätze verfasst und eine Fachzeitschrift redaktionell betreut.

Allerdings, den Durchbruch im Journalismus schafft sie nicht. Denn Traudl Junge leidet unter schweren Depressionen und braucht ärztliche Hilfe, um dem Tal der Hoffnungslosigkeit zu entkommen. Schuldgefühle verfolgen sie, ohne dass sie die Ursachen dafür zu erkennen vermag.

Naiv und leichtsinnig

Eines Tages bleibt sie vor einer Gedenktafel an einem Haus in der Franz-Joseph-Straße in München stehen, an der sie schon oft achtlos vorübergegangen ist. Die Tafel erinnert an die ermordete Widerstandskämpferin Sophie Scholl, die dort mit ihrem Bruder Hans gewohnt hatte. »*... als ich mir vergegenwärtigte, dass sie 1943 hingerichtet wurde, als mein Leben bei Hitler erst so richtig begann, war ich zutiefst schockiert.*«

Schlagartig wird Junge bewusst, was die um ein Jahr jüngere Sophie erkannte und sie selbst verdrängte: dass Hitler ein Verbrecher und Massenmörder war. Sie begreift – auch sie hätte es wissen können: »*Mit einem Mal kam mir die Entschuldigung abhanden.*«

Als sie bereits 80 Jahre alt ist, nimmt Traudl Junge ihre Aufzeichnungen aus dem Jahre 1947 erstmals wieder in die Hand. Sie hat inzwischen die Journalistin Melissa Müller kennengelernt, die sich für den Text interessiert. Beim Lesen reagiert sie erschrocken und beschämt wegen der »*Kritik- und Distanzlosigkeit, mit der ich damals ans Werk gegangen war. Wie konnte ich nur so naiv und leichtsinnig gewesen sein?*«

Zunächst sträubt sie sich energisch gegen eine Veröffentlichung. Sie konfrontiert Melissa Müller mit Sätzen wie Hitler sei ihr »*angenehmster Chef*« und die Zeit bei ihm »*die schönste*« ihres Lebens gewesen. Doch die Autorin, von Junges Offenheit eher beeindruckt als abgestoßen, bleibt hartnäckig und gewinnt schließlich das Vertrauen der alten Dame.

Parallel zu dem Buch *Bis zur letzten Stunde – Hitlers Sekretärin erzählt ihr Leben* entsteht eine Fernseh-Dokumentation des Wiener Künstlers André Heller mit dem Titel *Im toten Winkel.*

Als der Film 2002 ausgestrahlt wird, tritt dem Publikum eine Frau entgegen, die eindringlich über ihre Wandlung von einer naiven Verehrerin Hitlers zu einer scharfen Kritikerin berichtet.

> »Nach den Enthüllungen über die Verbrechen dieses Mannes werde ich bis zu meiner letzten Stunde mit dem Gefühl der Mitschuld leben.«
>
> TRAUDL JUNGE | 2002

Der »Berghof« | 1942

Obersalzberg: Die Alpen als Kulisse

Im März 1943 kommt Bewegung in das Führerhauptquartier *Wolfsschanze.* Die Kommandozentrale soll vorübergehend von Ostpreußen auf den Obersalzberg bei Berchtesgaden verlegt werden. Zu diesem Zweck muss der gesamte Regierungsapparat in Waggons verladen und gleichzeitig betriebsbereit gehalten werden. Telefon- und Funkanlagen, Akten und Schreibmaschinen – alles wird in den Führersonderzug geschafft. Die *Wolfsschanze* verfügt über einen eigenen Bahnhof, wo eine Lok ständig unter Dampf steht.

München
»Hauptstadt der Bewegung«; in München wurde die NSDAP gegründet, dort hatte sie ihren Sitz im *»Braunen Haus«.* München gehörte neben Berlin, Hamburg, Nürnberg und Linz zu den *»Führerstädten«,* für die gewaltige Umbaumaßnahmen vorgesehen waren.

Nachts nimmt Hitlers Sonderzug seine Fahrt in Richtung Süden auf. Auf den Waggons sind Flakgeschütze postiert, um Angriffe von Tieffliegern abwehren zu können. Die Fahrt endet in München, wo Hitler seine Privatwohnung am Prinzregentenplatz aufsucht. Traudl Junge trifft ihre Mutter, die von der Arbeit ihrer Tochter nicht angetan ist: *»Ihre Mutterinstinkte sahen vielerlei Gefahren für mich, moralischer, aber auch lebensbedrohlicher Art.«*

Hitler privat | Vor dem Alpenpanorama zeigt sich in gestellten Szenen der »private« Hitler, der *»Führer«*, der Kinder um sich hat, seinen Lieblingshund Blondi tätschelt und sich heimat- und naturverbunden gibt. Sein Leibfotograf Heinrich Hoffmann und sein Kameramann Walter Frentz sind meistens dabei, um diese Inszenierungen zu dokumentieren.

1928 hat Hitler das *Haus Wachenfeld* gekauft und ausgebaut. Daraus entsteht der *Berghof*, eine Sommerresidenz im Zentrum des *»Führergebiets«*. Alteingesessene Bauern werden gezwungen, ihren Grund und Boden zu verkaufen und in andere Ortschaften umzusiedeln.

Im Vergleich zur *Wolfsschanze* ist die Atmosphäre auf dem Obersalzberg ungezwungener. Dafür sorgt die herrliche Umgebung und nicht zuletzt Hitlers inoffizielle Geliebte Eva Braun, die zur Unterhaltung Kinoabende und Kartenspiele arrangiert. Sie lebt seit 1936 als *»Angestellte«* auf dem Obersalzberg, obwohl ihre Beziehung zu Hitler einem engen Kreis von Vertrauten bekannt ist. Hitler zeigt sich jedoch nie öffentlich mit ihr. Traudl Junge lernt Eva Braun schon bald nach ihrer Ankunft kennen. *»Sie war sehr gut gekleidet und zurechtgemacht, und mir fiel ihre Natürlichkeit und Unbefangenheit auf. Sie war so gar nicht das Ideal eines deutschen Mädchens, wie man es auf den Plakaten der BDM-Werbung oder in den Zeitschriften der Frauenschaft abgebildet sah.«*

Hitler und »Blondi« | um 1941

Eva Braun und Hitler | 1942

Exkurs: Labyrinth von Bunkern

In seinem Inneren wird der Obersalzberg bis 1945 immer weiter ausgehöhlt. Unter Tage entsteht ein Labyrinth von Bunkern, durch endlose Schächte und Stollen miteinander verbunden, dazu kommen Aufenthaltsräume und Munitionsdepots. Denn auch in den Alpen ist die Spitze des NS-Regimes vor allem um die eigene Sicherheit besorgt.

Im April 1945, als der Krieg zu Ende geht, nehmen britische Bomberpiloten den Obersalzberg ins Visier, zerstören zahlreiche Gebäude und hinterlassen tiefe Krater. Ohne nennenswerten Widerstand dringen bald darauf amerikanische Bodentruppen zum Obersalzberg vor. Schnell finden sie Gefallen an der Berglandschaft. Als überall die Waffen schweigen, wird die Region Erholungsgebiet für kriegsmüde US-Soldaten. Die Vermutung der Amerikaner und Briten, der Obersalzberg sei Hitlers *Alpenfestung*, in die er sich zurückgezogen habe, bestätigt sich nicht. Der Diktator hatte sich in Berlin verschanzt, wo er Selbstmord beging.

Hitlers Bunker im Obersalzberg | 2006

Hitler in den Trümmern der Reichskanzlei | April 1945

Auszeichnung eines »Hitlerjungen« | März 1945

Im »Führerbunker« | Ende November 1944 verlässt Hitler die *Wolfsschanze* endgültig in Richtung Berlin. Allen ist bewusst, dass es keine Rückkehr nach Ostpreußen geben wird. »*Ich habe Hitler noch nie so niedergedrückt und geistesabwesend gesehen wie an diesem Tag*«, berichtet Traudl Junge in ihren Erinnerungen.

Bei der Einfahrt seines Sonderzuges in Berlin sieht Hitler das Ausmaß der Zerstörung durch die Luftangriffe der Alliierten. Die Reichshauptstadt wird jetzt fast täglich von Luftangriffen heimgesucht. Leben ist nur noch in U-Bahn-Schächten, Kellern und Bunkern möglich.

Hitler und seinen Mitarbeitern bleibt der *Führerbunker*. Dort feiert er am 20. April 1945 seinen letzten Geburtstag – ein makabres Fest. Seine Getreuen drängen ihn, Berlin zu verlassen, bevor es zu spät ist. Das lehnt er kategorisch ab. Traudl Junge: »*Wir schwiegen, und der Sekt, den wir auf Hitlers Wohl tranken, schmeckte fade.*« Als Hitler schon schlafen gegangen ist, kehrt Eva Braun noch einmal zurück. Ein Grammofon spielt *Blutrote Rosen erzählen Dir vom Glück*. Während draußen die Bombeneinschläge zu hören sind, weicht drinnen die bleierne Spannung plötzlich wilder Ausgelassenheit. »*Eva Braun wollte tanzen! Ganz gleich mit wem, und sie riss alle mit in einen verzweifelten Taumel, wie Jedermann, der schon den leichten Hauch des Todes gespürt hat.*«

Die folgenden Tage sind ein Albtraum. Es herrscht Untergangsstimmung. Alte Weggefährten sagen sich von Hitler los, zuerst Reichsmarschall Hermann Göring, dann der Reichsführer der SS, Heinrich Himmler. Ein letztes Mal bäumt Hitler sich auf, beschimpft beide als Verräter und plant sein Ende: politisches Testament, Eheschließung mit Eva Braun, dann Selbstmord.

Bis zur letzten Stunde

Auszug aus den Erinnerungen von Traudl Junge

Es muss mitten in der Nacht sein, als ich aufwache. Draußen im Korridor und in den Führerräumen herrscht ein geschäftiges Kommen und Gehen der Diener und Ordonanzen. Ich wasche mich, ziehe mich um, es wird Zeit sein, den Tee mit dem Führer zu trinken. Immer noch trinken wir Tee mit ihm. Und immer ist der Tod unsichtbarer Gast. Aber heute empfängt mich ein unerwartetes Bild, als ich die Tür zu Hitlers Arbeitszimmer öffne. Der Führer tritt mir entgegen, gibt mir die Hand und fragt: *»Haben Sie sich etwas ausgeruht, Kind?«* Als ich verwundert bejahe, fügt er hinzu: *»Ich möchte Ihnen nachher etwas diktieren.«* Ich hatte vollkommen vergessen, dass diese müde, schwache Stimme mich manchmal durch so energische Diktate gejagt hatte, dass ich kaum folgen konnte. Was gab es jetzt noch zu schreiben?

Ich will die Schreibmaschine aufdecken, aber der Führer sagt: *»Nehmen Sie den Stenoblock.«* Ich setze mich einsam an den großen Tisch und warte. Hitler steht an seinem gewohnten Platz an der Breitseite des Tisches, stützt beide Hände auf und starrt auf die leere Platte, die heute keine Landkarten, keine Stadtpläne mehr bedecken. Wenn nicht der Beton wie eine Membrane jeden Einschlag, jeden Schuss unbarmherzig und verstärkt erschallen ließe, könnte man sekundenlang nur das Atmen von zwei Menschen hören. Dann plötzlich wirft der Führer die ersten Worte in den Raum: *»Mein politisches Testament.«* Einen Augenblick zittert meine Hand. Plötzlich bin ich wieder gespannt bis zum Äußersten. Jetzt kommt endlich das, worauf wir seit Tagen warten: Die Erklärung für das, was geschah, ein Bekenntnis, ein Schuldbekenntnis sogar, vielleicht eine Rechtfertigung. In diesem letzten Dokument des *»Tausendjährigen Reiches«* müsste die Wahrheit stehen, bekannt von einem Menschen, der nichts mehr zu verlieren hat. Aber meine Erwartung wird nicht erfüllt. Teilnahmslos, fast mechanisch spricht der Führer Erklärungen, Ankla-

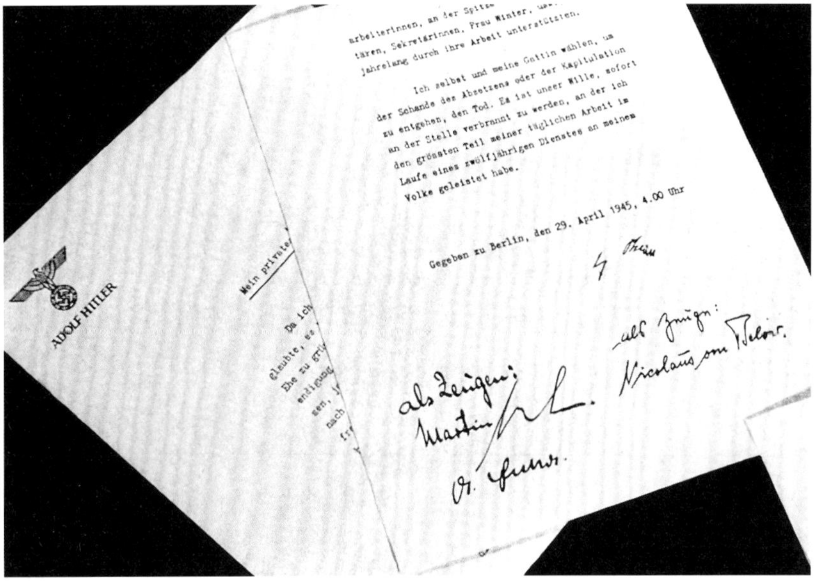

Hitlers Testament vom 29. April 1945

gen und Forderungen aus, die ich, die das deutsche Volk und die ganze Welt kennen. Ich hebe erstaunt mein Gesicht, als Hitler die Mitglieder der neuen Regierung aufzählt. Jetzt verstehe ich überhaupt nichts mehr. Wenn alles verloren ist, wenn Deutschland vernichtet, der Nationalsozialismus auf ewig tot ist, wenn der Führer selbst keinen Ausweg mehr weiß als Selbstmord, was sollen dann die Männer, die er ernennt, noch tun? Ich kann es kaum fassen. Hitler spricht und schaut kaum auf dabei. Er schweigt einen kurzen Moment und beginnt dann sein privates Testament zu diktieren. Und nun erfahre ich, dass er Eva Braun heiraten wird, ehe der Tod beide eint. Flüchtig erinnere ich mich an Evas Worte, dass wir heute noch weinen werden. Aber ich finde keine Träne ...

Dann ist das Diktat zu Ende. Er löst sich vom Tisch, an dem er die ganze Zeit wie Halt suchend gelehnt hat, und in seinen Augen ist plötzlich ein erschöpfter, gehetzter Ausdruck. *»Schreiben Sie mir das gleich, in dreifacher Ausfertigung und kommen Sie dann zu mir herein.«* Etwas Drängendes ist in seiner Stimme und verwundert erfasse ich, dass das letzte, wichtigste und entscheidendste Schriftstück Hitlers ohne Korrektur, ohne gründliche Überarbeitung in die Welt hinausgehen soll. Jeder Geburtstagsbrief an einen Gauleiter, einen Künstler usw. wurde ausgefeilt, verbessert, korrigiert, jetzt hat Hitler dazu keine Zeit mehr.

Der Führer kehrt zurück zu seiner Gesellschaft, die in kurzer Zeit eine Hochzeitsgesellschaft sein wird. Ich aber setze mich in den Aufenthaltsraum, der vor Goebbels' Zimmer liegt, wo ich allein und ungestört zu sein glaube, und schreibe das letzte Blatt der Geschichte des Dritten Reiches.

1885 Geburt in Fürth
1909 Gründung eines Fotostudios
1922–1945 Persönlicher Fotograf Hitlers
1957 Tod in München

Heinrich Hoffmann Hitlers Leibfotograf

Gegenüber Heinrich Hoffmann übt Adolf Hitler allergrößte Nachsicht. Dass Hoffmann sich betrinkt, dass er auf dem Obersalzberg bei Tisch einschläft und ungeniert den Frauen nachstellt, nimmt der sonst so unerbittliche und gnadenlose »*Führer*« hin. Einmal bewahrt er den »*Reichsbildberichterstatter*« sogar davor, während einer Opernaufführung über die Brüstung seiner Loge zu fallen. Er lässt ihn wecken, bevor der Schwergewichtige ins Publikum stürzt.

»Reichstrunkenbold«

Hoffmann hat Narrenfreiheit. Selbst als Eva Braun sich beschwert, Hoffmann sei ständig besoffen und veranstalte große Gelage in einer Zeit, in der Menschen nicht genug zu essen hätten, geschieht nichts. Hitler verteidigt ihn und schwärmt von den alten Kampfzeiten. »*Er ist ein treuer Gefährte.*« Weder Eva Braun noch die anderen Frauen können gegen den »*Reichstrunkenbold*« etwas ausrichten.

Tatsächlich hat Hitler seinem Weggefährten viel zu verdanken. Die beiden sind seit 1922 befreundet. Und Hoffmann bleibt bis zuletzt Hitlers Vertrauter. Gleich nach der Gründung der NSDAP wird er Mitglied. Von Anfang an zählt er zum engsten Kreis um den politischen Aufsteiger aus Österreich und macht ihn mit seinen Aufnahmen populär. Hitler wird als der »*Führer*« dargestellt, auf den Deutschland sehnlichst warte. Ihm werden Etikette wie »*Erneuerer*« und »*Erlöser*« angehängt. Hoffmanns Fotoreportagen, die im *Illustrierten Beobachter* und in anderen Kampfblättern der Partei erscheinen, propagieren den »*Hitler-Gruß*« und die Aufmärsche als Huldigungsgesten gegenüber dem »*Erretter Deutschlands*«. In seinem Atelier übt der Fotograf mit Hitler Rednerposen, lichtet sie ab und studiert mögliche Wirkungen auf das Publikum. In Hoffmanns Atelier lernt Hitler die damals 17-jährige Eva Braun kennen, die beim Fotografen in die Lehre geht.

Hitler über Deutschland

Im eigenen Verlag gibt der Fotograf Bildbände, Postkartenserien und NS-Kunstblätter heraus, um Hitlers Ansehen zu mehren. Im Wahljahr 1932 bereist Hitler im Flugzeug deutsche Städte und ist so an vielen Orten präsent. Hoffmann veröffentlicht eine Fotoreportage unter dem Titel *Hitler über Deutschland*. Kein anderer Politiker erregt ein solches Aufsehen wie der Chef der NSDAP.

Hoffmanns Einsatz zahlt sich nicht nur für Hitler, sondern auch für ihn selbst aus. Als die Nationalsozialisten 1933 an die Macht kommen, beschäftigt der Verleger bereits über 300 Mitarbeiter und erzielt mit seinen Publikationen Millionenumsätze. Bald besitzt er Häuser in Deutschland, Frankreich und den Niederlanden sowie eine Sammlung alter Meister.

»Entartete Kunst«

Wie Hitler wollte auch sein Weggefährte ursprünglich Kunstgeschichte studieren. Beide halten sich für Experten auf diesem Gebiet und sind sich einig, dass die sogenannte *»entartete Kunst«* in Deutschland keinen Platz habe. Dazu zählen für sie alle Kunstwerke, die ihrem eigenen engen und rückständigen Kunstverständnis nicht entsprechen. Hoffmann organisiert ihre Beschlagnahmung.

Allein in Hamburg werden 1937 über 770 Objekte in Gewahrsam genommen. Der geschäftstüchtige Verleger verkauft sie gegen harte Devisen ins Ausland. Ein Jahr später überträgt ihm sein Förderer die Ausrichtung der *Großen Deutschen Kunstausstellung* in München. Bei der Eröffnung 1938 verleiht Hitler ihm den Professorentitel.

Von US-Soldaten verhaftet

Im April 1945 setzt sich Hoffmann nach Bayern ab. Dort verhaften ihn US-Soldaten. Zunächst muss er vor dem *Internationalen Militärtribunal* in Nürnberg erscheinen, das ihn beauftragt, sein umfangreiches Archiv zu sichten. Die alliierten Richter suchen nach Beweismaterial. Im ersten Prozess wird der Angeklagte zu zehn Jahren Haft verurteilt. In einem weiteren Verfahren behauptet Hoffmann, er sei lediglich Pressefotograf gewesen. Doch die Richter werfen ihm vor, maßgeblich an der Täuschung des deutschen Volkes mitgewirkt zu haben. Seine Strafe wird auf vier Jahre Gefängnis verkürzt. Hoffmann verliert sein Vermögen, auch den Professorentitel. Nach der Haft wohnt er wieder in München. Distanz zu den Verbrechen des NS-Diktators – Fehlanzeige! *»Der Mann, den ich zweiundzwanzig Jahre lang ständig begleitete, lebt in meiner Erinnerung fort.«*

1907 Geburt in Heilbronn
1927 Studium der Elektrotechnik
ab 1933 Kameramann
1939–1945 Kriegsberichterstatter
2004 Tod in Überlingen (Bodensee)

Walter Frentz Hitlers Kameramann

Heinrich Hoffmann ist Hitlers Leibfotograf, Walter Frentz sein Kameramann. Seit 1939 gehört Frentz, Jahrgang 1907, zum Kreis der Personen, die direkten Zugang zu Hitler haben – ohne besondere Genehmigung. Ob auf dem Obersalzberg, in der *Wolfsschanze* oder in einem der anderen *Führerhauptquartiere* – bei vielen Anlässen ist der Mann mit der Filmkamera dabei. Wenn Hitler im offenen *Mercedes* durch ein Spalier von Menschen fährt, sitzt Frentz hinter ihm und filmt über seine Schulter hinweg die jubelnden Anhänger.

Sein Auftrag lautet, Hitlers Weg zum »*Endsieg*« im Film festzuhalten, denn eine Niederlage gilt als ausgeschlossen. Auftraggeber ist nicht Goebbels, sondern der »*Führer*« selbst. Mit dessen Augen sieht Frentz das Geschehen. Über 20 000 Fotos umfasst sein Archiv, viele in Farbe, aber veröffentlicht werden die meisten davon erst nach dem Krieg.

Hitler nennt ihn einmal »*unseren fliegenden Holländer*«. In der Uniform eines Leutnants der Luftwaffe jagt er von Schauplatz zu Schauplatz: Unterzeichnung des *Hitler-Stalin-Paktes* im August 1939 in Moskau, 1940 nach der Kapitulation Frankreichs Hitlers Triumphzug durch Paris, im Sommer 1941 Massenerschießungen in Minsk und 1944 die unterirdische Produktion der sogenannten »*Vergeltungswaffe V2*« im KZ Mittelbau-Dora. Der Kameramann dokumentiert die Geschichte des Dritten Reichs in fast allen Phasen.

Kühl und mitleidslos hakt er sein Programm ab. So heißt es in seinem Filmtagebuch zum Massaker in Minsk: »*15. August 41. Mit Reichsführer SS nach Minsk. Gefangenenlager 10 Uhr, Exekution 12 Uhr, Mittagessen Leninhaus 13 Uhr, Irrenanstalt 15 Uhr, anschließend SS-Kolchose und Kinderheim.*«

Millionen von Menschen sehen seine Filme als Kriegsberichterstatter in der *Wochenschau*, die im Kino vor dem Hauptprogramm gezeigt wird. Was das Publikum nicht zu sehen bekommt, sind die Verbrechen des NS-Systems, die Grausamkeit des

Krieges, das elende Sterben in den Schützengräben und das unermessliche Leid der Menschen in den eroberten Gebieten, zuletzt auch in Deutschland. Diese Seite blendet der Kameramann systematisch aus. Neben seiner Filmtätigkeit fotografiert er das Leben in den *Führerhauptquartieren*, seit 1943 fast ausschließlich in Farbe. Wie Hoffmann wird Frentz zu einem der wichtigsten Bildpropagandisten Hitlers. »*Des Teufels Fotograf*« nennt ihn eine Zeitung später. Dabei ist der Ursprung seiner Filmkunst ganz harmlos. Angezogen von der Schönheit der Natur wird er als Jugendlicher zum begeisterten Kajakfahrer. Der Student der Elektrotechnik gründet den *Hochschulring Deutscher Kajakfahrer*. Nur wenige Wochen nach der Machtübernahme Hitlers legt er in vorauseilendem Gehorsam fest: »*Die Aufnahme in den HDK setzt deutsche Volkszugehörigkeit voraus. Juden werden nicht aufgenommen. 23. April 1933, gezeichnet Walter Frentz.*«

»... damit man das Zittern nicht sieht«

Als Leni Riefenstahl 1933 für den Parteitag der NSDAP in Nürnberg einen Kameramann sucht, empfiehlt Albert Speer seinen Kajak-Kameraden Frentz. Zwischen Frentz und Riefenstahl beginnt eine äußerst produktive Zusammenarbeit, die ihren Höhepunkt bei den Olympischen Sommerspielen 1936 in Berlin findet. Der zweiteilige Film *Olympia* gilt als Meilenstein der Filmgeschichte. Damit ist der Weg von Walter Frentz ins Zentrum der Macht vorgezeichnet. In seinem letzten Filmbeitrag vor Kriegsende 1945 filmt er jene gespenstische Szene, in der Hitler – körperlich und seelisch zerbrochen – am 20. April 1945 im Garten der Reichskanzlei *Hitlerjungen*, also Kindersoldaten, in den längst sinnlos gewordenen Kampf verabschiedet. Vorher durfte er nur noch fotografieren, »*damit man das Zittern nicht sieht*«.

Walter Frentz und Leni Riefenstahl | 1936

Sophie und Cato – Widerstand gegen Hitler

Der Widerstand gegen Hitler ist keine Massenbewegung. Vielmehr sind es Einzelne sowie kleine Gruppen, die Flugblätter verteilen, zum Boykott aufrufen, Attentate verüben oder einen Staatsstreich planen. Diese wenigen stehen für das anständige Deutschland, auch wenn ihr Widerstand erfolglos bleibt. Hitler wird nicht durch Gegenwehr aus der Bevölkerung besiegt, sondern durch die Streitkräfte der Alliierten. Dennoch gilt der Mut der wenigen als leuchtendes Vorbild. Die Bundesrepublik beruft sich zu Recht auf die, die mit ihrem Leben für das freiheitliche Deutschland eingestanden sind.

Zwei junge Frauen | Am Beispiel von zwei Frauen soll aufgezeigt werden, was Gegner des NS-Regimes in einer schier ausweglosen Situation zum Handeln bewog: Sophie Scholl, die zur Münchener Widerstandsgruppe *Die Weiße Rose* gehörte, und Cato Bontjes van Beek, Anhängerin der *Roten Kapelle* in Berlin. Beide werden wegen ihrer Aktionen gegen das NS-Regime angeklagt und zum Tode verurteilt. Beide gehen ruhig und mit einem fast übermenschlichen Mut aufs Schafott. Beide sind künstlerisch begabt. Sie lieben die Natur fast überschwänglich und haben Aufzeichnungen hinterlassen, die zu den bewegendsten und wichtigsten Zeugnissen des Widerstands gegen das nationalsozialistische Regime gehören. Über Sophie Scholl geben ihre Schwestern Inge und Elisabeth, ihr Freund Fritz Hartnagel sowie Otl Aicher als Zeitzeugen Auskunft. Bei Cato Bontjes van Beek sind es ihr Bruder Tim und ihre Schwester Mietje.

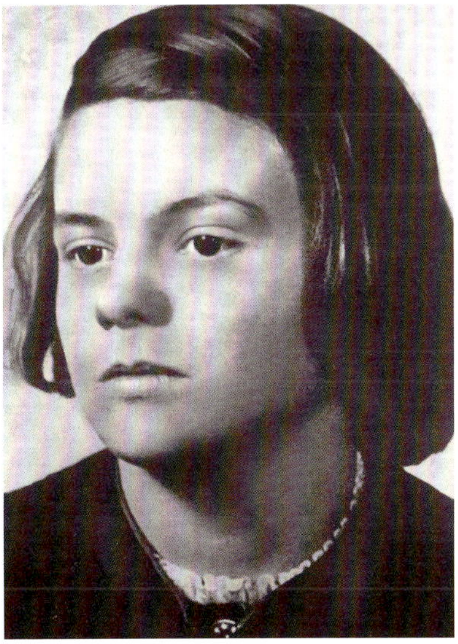

Sophie Scholl | 1941

Cato Bontjes van Beek | 1942

1921 Geburt in Forchtenberg (Württemberg)
1942 Studienbeginn, Mitarbeit »Weiße Rose«
1943 Verhaftung und Hinrichtung in München

Sophie Scholl »Die Weiße Rose lässt euch keine Ruhe«

Rotis, ein kleines Dorf im baden-württembergischen Allgäu, ist seit 1972 Mittelpunkt der Familie Aicher-Scholl. Der Grafiker und Designer Otl Aicher hatte in der unberührten ländlichen Gegend unweit von Leutkirch im Allgäu eine verfallene Getreide- und Sägemühle entdeckt, sie von Grund auf renoviert und um etliche Gebäude ergänzt, die als Ateliers und Seminarräume dienen.

Inge Aicher-Scholl | 1955

Rotis ist nicht nur ein kreatives Biotop, sondern auch Ausgangspunkt vieler Initiativen und Aktivitäten der Friedensbewegung, der sich in den 1980er-Jahren vor allem Inge Aicher-Scholl verschrieben hat. Im Vorfeld der Stationierung amerikanischer Mittelstreckenraketen in der Bundesrepublik agiert sie in vorderster Reihe.

In Rotis schildert sie zusammen mit Otl Aicher in einem langen Interview die gemeinsame Kindheit der fünf Geschwister Scholl in Forchtenberg am Kocher, wo der Vater Robert Scholl Bürgermeister war; ferner den Weg Sophies in den Widerstand.

Robert Scholl

Inge ist die Älteste der fünf Geschwister Scholl. An ihre Kindheit erinnert sie sich besonders gern: »*Forchtenberg war damals landschaftlich unbeschreiblich schön. Sehr schöne Mischwälder, Buchen und Tannen. Der Kocher hatte ein Wehr. Auf diesem Wehr saßen wir sehr gern und haben das Wasser über uns plätschern lassen. Dort habe ich der Sophie das Schwimmen beigebracht.*«

Otl Aicher verweist im Gespräch auf Robert Scholl. Der Vater sei ein Mann gewesen mit fortschrittlichen Ideen, die er als Bürgermeister in Forchtenberg zu verwirklichen suchte. »*Er war einer der wenigen im Ersten Weltkrieg, die sich gegen den Kriegsdienst ausgesprochen haben.*«

Die Eltern lernten sich in einem Lazarett kennen, in dem Magdalene Müller als Krankenschwester und Robert Scholl als Sanitäter tätig waren. Sophie habe vom Charakter her eher der Mutter geähnelt, sagt Aicher: »*Schon was die äußere Ähnlichkeit angeht: Ihre dunklen Augen, ihre Körpergröße – sie war kleiner als Hans –, der Körperbau – sie war ein sportlicher Typ mit fast jungenhaften Zügen.*« Nach einer Zwischenstation in Ludwigsburg lebt die Familie ab 1932 in Ulm, wo Robert Scholl sich als Steuerberater und Wirtschaftsprüfer selbstständig macht. Zu seinen Klienten gehören jüdische Kaufleute und Unternehmer. Durch sie erfährt Scholl, wie sehr Juden schikaniert und verfolgt werden.

Bedrohung gespürt

Inge kommt als Älteste eine besondere Verantwortung innerhalb der Familie zu. Mehr als die anderen Geschwister spürt sie in den folgenden Jahren die Bedrohung, die das NS-Regime für die ganze Familie bedeutet. Sie fördert ihre begabte Schwester Sophie, die gern zeichnet, malt, musiziert und modelliert. Inge unterstützt sie, wo sie nur kann. Sie nimmt ihr die Hausarbeit ab, kauft Malutensilien und liest ihre Aufsätze. Gemeinsam besuchen die beiden Faschings- und Künstlerbälle. Tango, Foxtrott und English-Waltz – nach diesen Rhythmen wird getanzt. Inge Aicher-Scholl: »*Sophie ließ sich von der Musik forttragen, vergaß ihre Umgebung und stellte sich ganz auf ihren Partner ein.*«

Beim Tanzen lernt die 16-jährige Sophie im Jahr 1937 Fritz Hartnagel kennen, der aus Ulm stammt und Offizier werden will. »*Ich kam damals als Oberfähnrich von der Kriegsschule in Potsdam und war 20. Bei einer Freundin von Sophie waren wir an einem Sonntagnachmittag. (…) Sophie hat mit Hingabe getanzt.*«

An diesem Tanznachmittag beginnt eine konfliktreiche, intensive und zugleich tragische Freundschaft, die mit der Ermordung Sophies durch das NS-Regime endet. Als die beiden sich zum ersten Mal begegnen, gehört Sophie Scholl dem *BDM* an, einer Untergliederung der *Hitlerjugend*. Die Warnungen des Vaters vor den braunen Machthabern finden bei seinen Kindern zunächst kein Gehör.

Verhaftungswelle

Im November 1937 kommt es zu einer Verhaftungswelle, die Jugendliche in ganz Deutschland erfasst. Die Aktion richtet sich gegen die *Bündische Jugend*, die längst verboten ist. Dennoch haben sich Ableger entwickelt – auch in Ulm, wo Hans und Werner Scholl sowie Otl Aicher in der *d. j. 1. 11. (Deutsche Jungenschaft vom 1.11.1929,* ein Jungenbund der *Bündischen Jugend)* aktiv sind.

Die Geschwister Scholl, vorne links Sophie | 1932

Sophie Scholl | 1937

Im November 1937 klingelt es bei den Scholls frühmorgens an der Tür. Zwei Gestapobeamte erklären, sie müssten die Wohnung durchsuchen und dann die Kinder mitnehmen. Die Mutter stellt sich ihnen in den Weg, doch vergebens. Inge, Sophie und Werner werden ins Ulmer Gefängnis gebracht. Sophie kommt bald wieder frei. Man hat sie für einen Jungen gehalten. Hans Scholl, der in Bad Cannstatt seinen Militärdienst ableistet, wird dort Mitte Dezember 1937 festgenommen.

Inge Aicher-Scholl berichtet von ihrem Verhör: *»Zwei Gestapoleute sitzen mir gegenüber. Wenn der eine müde wurde, fragte der andere weiter. Der eine fragte: ›Haben Sie mal etwas von einem Widerstandskreis gehört?‹ Ich sagte: ›Ja, davon habe ich in der Zeitung gelesen.‹* (Gemeint war der Kreis um die Zeitschrift *Widerstand.) Der Beamte wollte mehr wissen: ›Und was haben Sie sich dabei gedacht?‹ Ich antwortete: ›Ich denke, das ist ein Freundeskreis, der sich zusammengetan hat, um das Böse zu bekämpfen.‹ Da haben sie schallend gelacht. Das erschien ihnen so was von saudumm. Und ich dachte: Vielleicht ist es gut, wenn sie lachen. Und ich habe auch mitgelacht. Dann wollten sie wissen: ›Bei Ihnen in der Wohnung gab es diese grau-roten Bücher. Was können Sie dazu sagen?‹ Meine Antwort: ›Ich finde, grau-rot ist eine schöne Farbzusammenstellung.‹ Da haben sie genauso brüllend gelacht. Das war vielleicht mein Glück, denn die grau-roten Bücher waren die Bücher der d. j. 1.11.«*

Auch wenn die Sache glimpflich ausgeht, für die Eltern bedeutet das Vorgehen der Gestapo gegen die eigenen Kinder einen Schock. Mit wachsendem Groll verfolgt Robert Scholl das Treiben der NS-Verbände, das er vom Fenster seines Büros am Ulmer Münsterplatz mit ansehen muss. Bald bewahrheiten sich seine schlimmsten Befürchtungen: Im November 1938 kommt es zur Pogromnacht, jener Gewaltserie gegen Juden und jüdische Einrichtungen, und im September 1939 überfällt die deutsche Wehrmacht Polen.

Unsicherer Boden

Seit der Verhaftung empfindet Inge Scholl, die inzwischen im Büro des Vaters arbeitet, *»dass der Boden unter unseren Füßen porös und unsicher geworden war«*. Bei Sophie ist es vor allem der Kriegs-

> »Der Hoffnung, dass der Krieg bald beendet sein könnte, geben wir uns nicht hin, obwohl man hier der kindlichen Meinung ist, Deutschland würde England durch Blockade zum Ende zwingen. Wir werden ja alles noch sehen.«
>
> Sophie Scholl an Fritz Hartnagel | 19. September 1939

Fritz und Sophie auf der Schwäbischen Alb | 1938

Fritz Hartnagel | 1938

ausbruch, der sie innerlich aufrührt. Ihrem Freund schreibt sie am 5. September 1939, sie könne es nicht begreifen, dass nun dauernd Menschen in Lebensgefahr gebracht würden von anderen Menschen. »*Sag nicht, es ist fürs Vaterland.*«

Seit Ausbruch des Krieges bekommen ihre Briefe einen schärferen Unterton. Sie will von Hartnagel wissen, wohin das Gemetzel führen soll. Dieser weiß keine Antwort. »*Du bringst mich in einen großen Konflikt, wenn du mich nach dem Sinn des ganzen Blutvergießens fragst.*« Er räumt ein, inzwischen manches anders zu sehen. »*Aber ich kann dir trotzdem nicht zustimmen, denn ich habe nicht den Mut, aus solch einer Ansicht die Konsequenzen zu ziehen.*« Seine Begeisterung für das Soldatentum geht jedoch deutlich zurück. Er schreibt von der Gefahr einer inneren Verödung und meint: »*Ich glaube, das ist das Schlimmste an diesem Krieg, dass er uns die Jugend nimmt.*«

Zwei Welten

Die Welten, in denen beide leben, könnten gegensätzlicher kaum sein. Fritz Hartnagel bereitet sich im Frühjahr 1940 auf den Feldzug gegen die westlichen Nachbarländer Niederlande, Belgien und Frankreich vor. Sophie Scholl steckt in den letzten Vorbereitungen zum Abitur. Sie absolviert ihre Klavierstunden wie bisher und besucht Konzerte. Vor allem Johann Sebastian Bach bedeute ihr immer mehr, schreibt sie ihrer Freundin Lisa Remppis: »*Er ist der beste Erzieher. Andere berauschen … Bei Bach muss man große Beherrschung zum Spiel und Klarheit aufbringen; der Lohn ist, dass man dabei selbst klar wird.*«

Auch gegenüber Hartnagel, der selbst Geige spielt, schwärmt sie von Bach und von ihrem Plan, einen Flügel zu mieten. Die Briefe sind ein wichtiges Band zwischen ihnen, aber auch eine Quelle von Missverständnissen. Erst wenn sie sich sehen und aussprechen können, kommen sie einander näher.

Im März 1940 – Sophie steht unmittelbar vor dem Abitur – unternehmen die beiden einen viertägigen Skiurlaub. Anschließend berichtet Sophie ihrer Schwester Elisabeth darüber: »*Wir haben sonntags eine große Tour gemacht, über Gemstal und Hochalppass. Es war arg verharscht, gefährlich auch ein bisschen und vor allem anstrengend. Wir hatten über mittags herrliches Wetter. Ich bin im Badeanzug aufgestiegen …*«

Nach dem Abitur, das sie ohne Mühe besteht, hätte Sophie am liebsten gleich mit dem Studium der Biologie und Philosophie in München begonnen. Aber es vergehen zwei Jahre, bis es so weit ist. In dieser Zeit absolviert sie eine Ausbildung als Kindergärtnerin im *Fröbel-Seminar* in Ulm. Dann wird sie zum *Reichsarbeitsdienst (RAD)* in ein Lager bei Sigmaringen an der Donau abkommandiert. Dort bekommt sie am 21. Juni 1941 Besuch von ihrer ältesten Schwester. Inge erlebt alle möglichen Schikanen, bevor sie Sophie sehen kann. Abends muss sie die Schwester wieder im Lager abliefern. Am nächsten Morgen beim gemeinsamen Frühstück bringt das Radio eine Sondermeldung: Hitler hat der Sowjetunion den Krieg erklärt. *»Das war ein ungeheuerlicher Augenblick. Und wir konnten uns auch denken, was das bedeutet.«*

Gefallene Soldaten am Straßenrand

Vom Geschehen an der Front erhält Sophie Scholl durch ihren Freund alarmierende Berichte. Hartnagel, der von Beginn an am Westfeldzug teilnimmt, erlebt erstmals die ganze Brutalität und Sinnlosigkeit des Krieges. Als Leiter einer Fernmeldeeinheit folgt der Leutnant der kämpfenden Truppe. Das Ausmaß an Verwüstung und Vernichtung bedrückt ihn: *»Längs der Straße liegen die ausgebrannten und zerschossenen Kraftfahrzeuge und stinkende Pferdekadaver. Manchmal liegen auch gefallene Soldaten am Straßenrand, deren Anblick mir oft lange nicht aus der Erinnerung schwindet.«*

Fritz Hartnagel in Amsterdam | 1941

Was Hartnagel erst später begreift – seine Schilderungen von der Front bringen Sophie dazu, das NS-Regime noch radikaler abzulehnen. Sie schwankt zwischen den Gefühlen, die sie für ihn empfindet, und dem Aufbegehren gegen das Kriegshandwerk. Sie schreibt: *»Ich wünsche dir, dass du diesen Krieg und diese Zeit überstehst, ohne ihr Geschöpf zu werden.«*

Dass Hartnagel das Soldatentum trotz seiner Fronterfahrungen weiter verteidigt und seine Rolle als Vorgesetzter *»in der Erziehung zum Soldaten«* sieht, will Sophie nicht hinnehmen. Sie verlangt eine radikale Kehrtwendung, wie Hartnagel später im Gespräch berichtet: *»Für mich war das ein gewaltiger Sprung, während des Krieges zu sagen: Wir müssen den Krieg verlieren.«*

Treffen in Freiburg

Im Herbst 1941 sind die beiden nicht mehr auf Briefe angewiesen. Überraschend bietet sich die Gelegenheit zu regelmäßigen Treffen. Im Oktober tritt Sophie Scholl eine Stelle als Kindergärtnerin in einem Kinderhort nahe der Schweizer Grenze an. Dort kann sie sich freier bewegen als beim *Reichsarbeitsdienst*. Fritz Hartnagel ist nach seinen Einsätzen an der Westfront sowie auf dem Balkan und in Russland inzwischen nach Deutschland zurückgekehrt. In Weimar soll er eine Nachrichteneinheit für den Krieg in Nordafrika aufstellen. Beide treffen sich häufig am Wochenende in einem Hotel in Freiburg. Sie genießen die gemeinsamen Tage und nehmen sich Zeit zum Diskutieren, vor allem über den Krieg.

Fritz Hartnagel: *»Für Sophie, die kein kalt berechnender Mensch war, sondern ja sehr gefühlvoll sein konnte, war bezeichnend, mit welch scharfem Verstand und mit welch logischer Konsequenz sie die Dinge zu Ende dachte. Dafür ein Beispiel: Im Winter 1941/42 wurde die Bevölkerung in Deutschland in einer groß angelegten Propaganda-Aktion aufgefordert, Wollsachen und warme Kleidungsstücke für die Wehrmacht zu spenden. Die deutschen Soldaten standen vor Leningrad und Moskau und befanden sich in einem Winterkrieg, auf den sie nicht vorbereitet*

»Ich sehe sie noch vor mir, meine Schwester, wie sie dastand, reisefertig und voll Erwartungen, eine gelbe Margarite steckte an ihrer Schläfe.«

INGE AICHER-SCHOLL

waren. Mäntel, Decken, Skier sollten abgeliefert werden. Sophie vertrat jedoch den Standpunkt: ›Wir geben nichts!‹ Ich kam damals direkt von der Front in Russland. Ich sollte in Weimar eine neue Kompanie aufstellen. Als ich von Sophies harter Reaktion erfuhr, habe ich ihr vor Augen geführt, was eine solche Haltung für die Soldaten draußen bedeutete, die keine Handschuhe, keine Pullover und keine warmen Socken besaßen. Sie blieb jedoch bei ihrer unnachgiebigen Haltung und begründete sie mit den Worten: ›Ob jetzt deutsche Soldaten erfrieren oder russische, das bleibt sich gleich und ist gleichermaßen schlimm. Aber wir müssen den Krieg verlieren. Wenn wir jetzt Wollsachen spenden, tragen wir dazu bei, den Krieg zu verlängern.‹

Auf mich wirkte dieser Standpunkt schockierend. Wir diskutierten heftig. Mehr und mehr musste ich jedoch einsehen, dass ihre Haltung nur konsequent war. Man konnte nur entweder für Hitler oder gegen ihn sein. War man gegen Hitler, dann durfte er diesen Krieg nicht gewinnen, denn nur eine militärische Niederlage konnte ihn beseitigen. Das hieß wiederum: Alles, was dem sogenannten Feind nützte und uns Deutschen schadete, das allein konnte uns die Freiheit wiederbringen.«

Die von Hartnagel im Eiltempo aufgestellte Nachrichteneinheit für Nordafrika wird zur allgemeinen Überraschung nicht abgerufen, sondern bleibt in Weimar, und zwar von September 1941 bis April 1942. In diesen Monaten erleben Sophie Scholl und Fritz Hartnagel die intensivste und glücklichste Phase ihrer Beziehung.

Von Ulm nach München

Am 9. Mai 1942 verlässt Sophie Scholl ihr Elternhaus in Ulm, um zum Studium nach München überzusiedeln. Inge hilft bei den Vorbereitungen.

In München wartet bereits ihr Bruder Hans auf Sophie. Dieser 9. Mai ist ihr 21. Geburtstag, ihr letzter, den sie erleben wird. An der Universität diskutiert ein Freundeskreis um Hans Scholl über Möglichkeiten zum Widerstand. Inge Aicher-Scholl: *»Es ist bekannt, dass Hans sich tagelang in einer Klosterbibliothek in München verschanzt hat, um das Thema des Tyrannenmordes zu studieren. Sie konnten sich das vorstellen und wahrscheinlich hätten sie den 20. Juli* (1944: Attentat auf Hitler) *voll und ganz bejaht.«* Von einem befreundeten Architekten, der in Osteuropa zu tun hat, erfahren die Studenten – neben Hans Scholl sind es Willi Graf, Alexander Schmorell und Christoph Probst – von Deportationen und brutalen Massenerschießungen in Osteuropa.

Sophie Scholl | um 1940

Es wird bekannt, dass geistig und körperlich Behinderte ermordet werden. Sie sind nach der Rassenideologie der Nationalsozialisten *»erbkrank«* und

München, Ostbahnhof: Sophie mit Hans Scholl und Christoph Probst | 23. Juli 1942

damit *»eine Gefahr für die Gesundheit des Deutschen Volkes«*. Zwischen 1940 und 1941 werden über 70 000 Patienten aus Pflege- und Heilanstalten umgebracht.

Die Studenten entschließen sich, diese und andere Verbrechen in Flugblättern anzuprangern. Die ersten vier entstehen im Juni/Juli 1942 in einer Auflage von jeweils einigen Hundert Exemplaren, und zwar unter der Überschrift *Die Flugblätter der Weißen Rose*. Sie werden hauptsächlich in München verteilt.

EIN DEUTSCHES FLUGBLATT

DIES ist der Text eines deutschen Flugblatts, von dem ein Exemplar nach England gelangt ist. Studenten der Universität München haben es im Februar dieses Jahres verfasst und in der Universität verteilt. Sechs von ihnen sind dafür hingerichtet worden, andere wurden eingesperrt, andere strafweise an die Front geschickt. Seither werden auch an allen anderen deutschen Universitäten die Studenten „ausgesiebt". Das Flugblatt drückt also offenbar die Gesinnungen eines beträchtlichen Teils der deutschen Studenten aus.

Aber es sind nicht nur die Studenten. In allen Schichten gibt es Deutsche, die Deutschlands wirkliche Lage erkannt haben; Goebbels schimpft sie „die Objektiven". Ob Deutschland noch selber sein Schicksal wenden kann, hängt davon ab, dass diese Menschen sich zusammenfinden und handeln. Das weiss Goebbels, und deswegen beteuert er krampfhaft, „dass diese Sorte Mensch zahlenmässig nicht ins Gewicht fällt". Sie sollen nicht wissen, wie viele sie sind.

Wir werden den Krieg sowieso gewinnen. Aber wir sehen nicht ein, warum die Vernünftigen und Anständigen in Deutschland nicht zu Worte kommen sollen. Deswegen werfen die Flieger der RAF zugleich mit ihren Bomben jetzt dieses Flugblatt, für das sechs junge Deutsche gestorben sind, und das die Gestapo natürlich sofort konfisziert hat, in Millionen von Exemplaren über Deutschland ab.

Manifest der Münchner Studenten

Erschüttert steht unser Volk vor dem Untergang der Männer von Stalingrad. 330.000 deutsche Männer hat die geniale Strategie des Weltkriegsgefreiten sinn- und verantwortungslos in Tod und Verderben gehetzt. Führer, wir danken Dir!

Es gärt im deutschen Volk. Wollen wir weiter einem Dilettanten das Schicksal unserer Armeen anvertrauen? Wollen wir den niedrigsten Machtinstinkten einer Parteiclique den Rest der deutschen Jugend opfern? Nimmermehr!

Der Tag der Abrechnung ist gekommen, der Abrechnung unserer deutschen Jugend mit der verabscheuungswürdigsten Tyrannei, die unser Volk je erduldet hat. Im Namen des ganzen deutschen Volkes fordern wir von dem Staat Adolf Hitlers die persönliche Freiheit, das kostbarste Gut der Deutschen zurück, um das er uns in der erbärmlichsten Weise betrogen hat.

In einem Staat rücksichtsloser Knebelung jeder freien Meinungsäußerung sind wir aufgewachsen.

G.39

Flugblatt, von britischen Piloten abgeworfen

Geld »für einen guten Zweck«

Wann und wie Sophie Scholl in diese Aktionen eingeweiht wird, lässt sich nicht eindeutig feststellen. Einiges spricht jedoch dafür, dass sie schon im Frühjahr 1942 davon erfahren hat, meint ihre Schwester Elisabeth, die spätere Frau von Fritz Hartnagel. Im Mai 1942 habe Sophie Fritz um 1000 Reichsmark und einen abgestempelten Bezugsschein für einen Vervielfältigungsapparat gebeten. *»Bei dieser Gelegenheit hat er Sophie gefragt, wofür sie das Geld brauche. ›Für einen guten Zweck‹, habe sie geantwortet. Seine nächste Frage ›Bist du dir darüber im Klaren, was du tust?‹ habe Sophie entschieden bejaht.«*

Mehrfach bittet Sophie Scholl ihren Freund um Geld, und Hartnagel schickt ihr großzügig immer wieder Beträge, ohne zu wissen, dass er damit die Flugblätter der *Weißen Rose* finanziert. Er ahnt jedoch, dass sie verbotene Schriften in Umlauf bringt.

Das fünfte Flugblatt

Die Aktivitäten der *Weißen Rose* kommen erst im November 1942 wieder in Gang, nachdem die Studentenkompanie, der Hans und seine Freunde angehören, von einem Einsatz in Russland zurückgekehrt ist. Die Widerstandsgruppe nimmt ein neues Flugblatt in Angriff, das fünfte, das in großer Auflage weiträumig verteilt wird. Sophie Scholl ist an der Herstellung und Verbreitung unmittelbar beteiligt. Das Flugblatt wird Ende Januar 1943 fertig und steht ganz im Zeichen der Niederlage der Wehrmacht in Stalingrad.

Fritz Hartnagel befindet sich seit dem Frühsommer 1942 mit seiner Einheit wieder in Russland. Sophie und er haben sich zuletzt im Mai in München gesehen. Es war eine kurze Begegnung, von der nur bekannt ist, dass sie einen langen Spaziergang durch den Botanischen Garten gemacht haben. Hartnagel erwähnt dies in einem späteren Brief. Am 20. Mai müssen sie sich voneinander verabschieden. Hartnagel weiß, dass der Krieg ihre Beziehung jederzeit zerstören kann.

»Mein lieber Fritz! Gestern habe ich einen wunderbaren blühenden Stock gekauft, er steht vor mir auf dem Schreibtisch am hellen Fenster, seine graziösen Ranken, über und über mit zarten lila Blüten besetzt, schweben vor mir und über mir. Er ist in meinen Augen und meinem Herzen eine rechte Freude,

und ich wünsche mir nur, dass du kommst, bevor er verblüht ist. Wann wirst du nur kommen?«

Diese Zeilen schreibt Sophie Scholl am 16. Februar 1943 an ihren Freund. Zwei Tage später wird sie zusammen mit ihrem Bruder Hans beim Verteilen des sechsten Flugblattes in der Universität München entdeckt und festgenommen, nur vier Tage später zum Tod verurteilt und zusammen mit ihrem Bruder und Christoph Probst hingerichtet. *»Wir haben alles, alles auf uns genommen. Das wird Wellen schlagen«*, sagt Sophie unmittelbar vor ihrem Tod. Die letzten Worte von Hans Scholl sind: *»Es lebe die Freiheit!«*

Fritz Hartnagel empfängt Sophies Brief vom 16. Februar in einem Lazarett in Lemberg in der Westukraine. Er konnte aus dem Kessel von Stalingrad mit einer der letzten Maschinen noch entkommen.

Von Sophies Hinrichtung hat er noch keine Kenntnis. Er schreibt ihr weiter Briefe, bestätigt den Eingang des Umschlags mit den Blütenblättern und schmiedet Pläne für eine gemeinsame Zukunft. Briefe, die ins Leere gehen – Fritz Hartnagel erfährt die unfassbare Tatsache, dass seine Freundin Sophie nicht mehr lebt, erst Tage später. Sein Leben hat plötzlich keinen Bezugspunkt mehr: *»Ich hätte auf alles verzichten können, nur auf die Sophie nicht. Und gerade die ist mir genommen worden.«*

Sippenhaft

Die Überlebenden der Familie Scholl kommen in *»Sippenhaft«*, das heißt, sie werden eingesperrt und ohne Prozess festgehalten – mit Ausnahme von Werner Scholl, der in Russland eingesetzt ist und später vermisst wird. Elisabeth Hartnagel, Sophies Schwester und Ehefrau von Fritz, erinnert sich: *»Und dann am 27. Februar 1943 erschien morgens um acht schon wieder die Gestapo und forderte uns auf, sogleich unsere Sachen zu packen – Zahnbürste und Kleidung. Sie müssten uns mit ins Gefängnis nehmen. Mein Vater kam in Einzelhaft und wir drei, meine Mutter, Inge und ich – in eine Zelle. Als die Wärterin den Raum aufschloss, sagte Inge – und daran erinnere ich mich noch so gut: ›So, und das ist jetzt unser Beitrag zur Weißen Rose.‹«*

Fritz Hartnagel besucht die Familie häufig im Gefängnis und nach ihrer Entlassung zu Hause – sorgfältig registriert von der Ulmer Gestapo. Er muss sich verpflichten, den Kontakt einzustellen, doch er denkt gar nicht daran. Die Familie gibt ihm Halt, vor allem die beginnende Freundschaft mit Elisabeth.

Unmittelbar nach Kriegsende wird Robert Scholl Bürgermeister von Ulm. Fritz Hartnagel überlebt den Krieg. Am Ende desertiert er mit seiner Einheit und ergibt sich amerikanischen Truppen. Im August 1945 werden er und Elisabeth Scholl im Ulmer Münster getraut.

Das Vermächtnis der *Weißen Rose* und Sophie Scholls sieht der Richter Hartnagel als eine lebenslange Verpflichtung an. In den 1950er-Jahren bekämpft er die Pläne zur Wiederbewaffnung der Bundesrepublik, später nimmt er an Demonstrationen gegen die atomare Aufrüstung teil.

Fritz Hartnagel und Elisabeth Scholl (Zweite von links) mit Familie Hartnagel

Bootsfahrt auf der Wümme. Zweite von links: Cato Bontjes van Beek | 1928

Bontjes van Beek – Eine Künstlerfamilie

Haus »In der Bredenau« | 2009

Fischerhude liegt noch immer im Schatten von Worpswede, jener Künstlerkolonie nordöstlich von Bremen, die an der Schwelle vom 19. zum 20. Jahrhundert ein Anziehungspunkt für Maler wurde. Sie zeichneten und malten die Menschen, die in dieser Abgeschiedenheit lebten, und begaben sich ins benachbarte Teufelsmoor auf die Suche nach jenem geheimnisvollen Licht, das sie in ihren Bildern festhielten. Die Maler Otto Modersohn, Paula Becker, Fritz Overbeck und Hans am Ende gehörten dazu; außerdem Dichter und Maler wie Rainer Maria Rilke und Heinrich Vogeler – auch sie auf der Suche nach dem Neuen, dem Unentdeckten.

Der Schatten von Worpswede ist Fischerhude gut bekommen. Der kleine Ort, den die Wümme mit ihren Flussarmen durchzieht, hat den Charakter eines Bauerndorfes noch weitgehend bewahrt: die schlichte Kirche, das Kopfsteinpflaster, Eichen, die Jahrhunderte alt sind, verschlungene Wasserwege, von mächtigen Weiden gesäumt, und Wiesen, die sich im blauen Horizont zwischen nebelverschleierten Wolken verlieren.

In der Bredenau | Vom Ortskern aus führt in östlicher Richtung die Straße *In der Bredenau.* Auf halber Strecke steht linker Hand zur Wümme hin ein Fachwerkhaus mit vorgebauter Veranda und einem Anbau aus Hartbrandstein. Das Haus *In der Bredenau* teilen sich das Ehepaar Tim und Roseli Bontjes van Beek sowie Mietje Bontjes van Beek. Mietje, 1922 in Bremen geboren, arbeitet in demselben Atelier, in dem schon ihr Großvater Heinrich Breling seine Bilder malte. Ihr Bruder Tim, Jahrgang 1923, ist Musiker, ehemaliger Musikredakteur und Tonmeister. Im Wohnzimmer des Anbaus steht ein aufgeklappter Steinway-Flügel stets einsatzbereit. Das Haus, der Ort und die ihn umgebende Landschaft sind seit über hundert Jahren Bezugspunkte einer großen Familie. Insbesondere Cato Bontjes van Beek, die 1920 in Bremen geboren wurde und in Fischerhude aufwuchs, fühlte sich immer wieder zu ihrem Heimatort hingezogen.

Durch ihren Großvater Heinrich Breling war Fischerhude zum Maler- und Künstlerdorf geworden. Seine sechs Töchter entwickelten ebenfalls künstlerische und musische Begabungen. Die Jüngste, Olga Breling, interessierte sich für Musik, Tanz und Malerei. Ende des Ersten Weltkrieges 1918 begegnete sie dem Matrosen Jan Bontjes van Beek, dessen Vorfahren aus den Niederlanden stammen. Der junge Mann hatte in Emden am Aufstand der Arbeiter- und Soldatenräte teilgenommen und wollte den *Barkenhoff* kennenlernen, die von Heinrich Vogeler gegründete sozialistische Kommune in Worpswede.

Reich durch Menschen | Olga und Jan verstehen sich auf Anhieb und heiraten. Auch nach der Geburt von Cato versucht Olga Bontjes van Beek, ihre Tanzkarriere fortzusetzen. Jan Bontjes gründet zusammen mit seiner Schwägerin Amelie Breling die *Fischerhuder Keramikwerkstatt,* deren Produkte er auf Messen und im Handel abzusetzen versucht. Die Familie Breling-Bontjes van Beek schlägt sich mehr schlecht als recht durch. Geld ist nie genug vorhanden, aber der Clan der Künstler wird reich durch die Menschen, die in dem Haus verkehren. In den 1930er-Jahren gehört auch Helmut Schmidt, der spätere deutsche Bundeskanzler, dazu. Er erinnert sich: »*Das Fischerhuder Haus und ihre liebenswerte Familie, zuvörderst die von mir verehrte Mutter Olga und ihre Töchter Cato und Mietje (wir riefen sie damals Dodo und Meme) und ihr Bruder Tim, sie sind seit 1937 bis Ende des Dritten Reiches für mich, als Wehrpflichtsoldat in der Nähe stationiert, eine zweite Heimat gewesen. Ihr Haus mit den Freunden und Gästen, die dort ein- und ausgingen, wurde für mich ein Ort menschlicher Wärme und direkter Erfahrung. Hier sprachen Maler, Grafiker, Keramiker, Tänzer und Musiker, Frauen wie Männer, über ihre Auffassungen von persönlicher, künstlerischer und politischer Freiheit mit einem damals seltenen Freimut. Olga Bontjes hat ihre Kinder inmitten eines totalitären Systems zur Toleranz erzogen in der Überzeugung, dass Freiheit unteilbar sei und für alle gelte.*«

Helmut Schmidt in Fischerhude

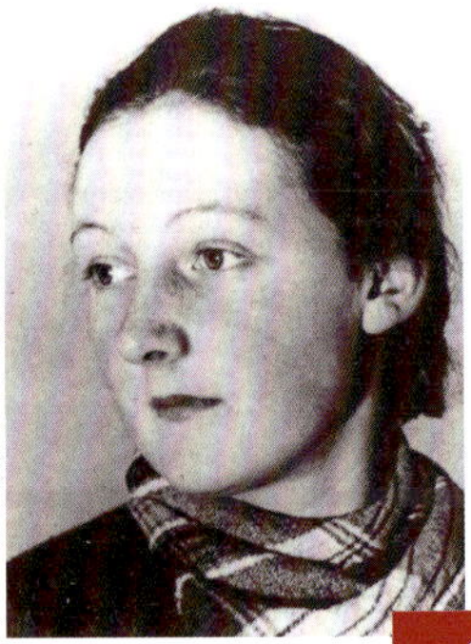

1920 Geburt in Bremen
1929–1933 Deutsche Schule, Amsterdam
1940 Umzug nach Berlin
1942 Verhaftung
1943 In Berlin hingerichtet

Cato Bontjes van Beek   Nicht immer nur reden

Eine Familie im bürgerlichen Sinne ist das nicht, in die Cato (niederländische Kurzform für Katharina), Mietje und Tim Anfang der 1920er-Jahre hineingeboren werden. Eher handelt es sich um einen Familienclan, in dem die Erwachsenen ihren künstlerischen Neigungen nachgehen und die Kinder genügend Freiraum für die eigene Entwicklung haben. Die Natur erweist sich dabei als eine Lehrmeisterin, der sich Erwachsene wie Kinder unterwerfen. Ihre Schönheit spiegelt sich in Zeichnungen und Aquarellen wider. Cato hat es außerdem mit dem Himmel. Sobald sie ein Flugzeug sieht, gibt es kein Halten mehr. Sie rennt der Maschine nach. Das Fliegen wird ihre große Leidenschaft.

Schon früh denkt und handelt sie eigenständig. Mit zwölf Jahren reist sie zu einer Schwester ihres Vaters nach Amsterdam, besucht dort zwei Jahre eine deutsche Schule und lernt eifrig Niederländisch. Mit den Bontjes-Kindern hat der Lehrer der Volksschule in Fischerhude seine liebe Not. Sie verweigern sich der *Hitlerjugend* und müssen in der Zeit, in der die anderen Schüler das Fahnenhissen und Marschieren üben, unterrichtet werden. Als der Lehrer meint: »*Ihr könnt doch nicht ewig gegen den Strom schwimmen*«, steht Cato auf und sagt: »*Doch, wir können es!*«

Keramikwerkstatt in Berlin

Im Jahr 1933 wird die Ehe der Eltern geschieden. Olga Bontjes van Beek bleibt in Fischerhude, Jan geht nach Berlin, um eine Keramikwerkstatt aufzubauen. Er heiratet die Architektin Rahel Weisbach, nach NS-Kategorien eine »*Halbjüdin*«. Tim Bontjes van Beek berichtet, die Kinder hätten die Scheidung gar nicht richtig bemerkt. Der Vater sei ohnehin selten da gewesen.

Jedenfalls halten die Kinder weiter Kontakt zu ihm, zu seiner Frau Rahel, Rali genannt, und auch zu den vier Halbgeschwistern, die aus der neuen Ehe hervorgehen.

»... das Lesen der Briefe von Cato bringt neue Schmerzen und auch Reue. Wie viel häufiger hätte ich wohl noch an sie geschrieben, wenn ich gewusst hätte, wie kurz ihr Leben sein würde.«

ANNITA OLDNALL, Brief an den Autor, 29. September. 2003

Im Januar 1937 geht Cato für ein halbes Jahr als Au-pair-Mädchen nach Großbritannien. Es dauert nicht lange, bis die 19-Jährige ihre sprachlichen Hemmnisse überwindet und sich so bewegt, wie sie es immer tut: offen und unkompliziert. Sie singt und lacht gern und steckt andere damit an. Keine Frage, die Menschen mögen Cato.

Endlich kann das Au-pair-Mädchen aus Fischerhude auch seinen Traum vom Fliegen verwirklichen. Mit einem Segelflugzeug geht es in die Lüfte. Sie bittet den Piloten um einen Looping. *»Das war das Schönste am ganzen Flug. Ich saß vorn im Flugzeug und der Pilot hinten. Es kam ein großer Windstoß, ein Druck, mein Kopf beugte sich, und wie ich ihn aufzog, sah ich die Erde über mir.«*

Alltag, Politik und Sport

Für ihre Angehörigen und Freundinnen ist Cato eine aufmerksame Chronistin. In ihren vielen Briefen schreibt sie über ihren Alltag, Politik, Sport, auch über eine Fuchsjagd: *»Den Fuchs habe ich gesehen, die Hunde bekamen ihn nicht. Gott sei Dank!«* Zur skandalträchtigen Liebe zwischen König Edward VIII. und der geschiedenen Wallis Simpson bemerkt sie: *»Ich verstehe nicht, warum man solch ein Getüte macht, lasst sie doch heiraten, wenn sie glücklich sind.«* Mit ihren Gasteltern besucht sie einen Gottesdienst und stimmt mit kräftiger Stimme in das Lied *Oh Haupt voll Blut und Wunden* ein. Cato: *»Ich sang es auf Deutsch.«* Anschließend spricht sie mit dem Pastor, wie sie es von

Cato (Mitte) bei der Frauensegelfluggruppe | 1937/38

Cato | um 1938

»Seit Wochen wütet jetzt schon der Krieg. Alle guten Kräfte und Instinkte werden wieder verloren gehen.«

Cato Bontjes van Beek, Brief an ihre Tante Louise Modersohn, 24. Oktober 1939

Fischerhude her gewohnt ist: *»Er war ganz nett, aber doch etwas überkandidelt, wie es ja fast jeder Pastor ist.«* Mit ihrer Schwester Mietje und ihrer Freundin Annita Oldnall, die später nach Großbritannien emigriert und dort heiratet, führt Cato außerdem einen Briefwechsel, der ausschließlich auf Fantasie beruht. Die drei geben sich neue Namen, führen Dialoge, als wären sie verheiratet, und nehmen auf spielerische Weise ein Stück der eigenen Zukunft vorweg. Annita Oldnall bedauert später, dass der Briefkontakt nicht noch intensiver war.

Rote Kapelle
Von der Gestapo so bezeichnete Widerstandsbewegung um Arvid Harnack (1901–1942) und Harro Schulze-Boysen (1909–1942). Sie leiten Informationen an sowjetische und US-Stellen über die gegen die Sowjetunion gerichteten Kriegsvorbereitungen weiter, verteilen Flugschriften und helfen Juden und Zwangsarbeitern. Erst nach 1990 offiziell als Widerstandsgruppe anerkannt.

Durch die Kinder ihrer englischen Gasteltern lernt Cato John Hall kennen. Er ist Student der Agrarwissenschaften, vier Jahre älter als sie und Anhänger fernöstlicher Religionen. Cato verliebt sich in John und verlässt Großbritannien schweren Herzens. Als der Student sie einige Monate später in Fischerhude besucht, sind die beiden verlobt. Sie wollen heiraten. Doch die politischen Ereignisse zerstören ihre Liebe: Einmal ist es die Aneignung des Sudetenlandes 1938 durch Hitler, die in Europa Kriegsängste schürt, und ein Jahr später der Überfall auf Polen, worauf Großbritannien Deutschland den Krieg erklärt. Catos Pläne für eine Reise bzw. spätere Übersiedlung nach Großbritannien sind gegenstandslos geworden.

Rote Kapelle

Nach einem halbjährigen Einsatz beim Reichsarbeitsdienst in Rastenburg in Ostpreußen beginnt Cato Bontjes van Beek im Oktober 1941 in der Werkstatt ihres Vaters in Berlin eine Lehre als Keramikerin. Auch ihre Schwester Mietje absolviert in der Reichshauptstadt eine Ausbildung, und zwar als Grafikerin. Beider Haltung zum NS-Regime wie

Harro und Libertas Schulze-Boysen

überhaupt die der ganzen Familie ist eindeutig: Sie verabscheuen die braunen Machthaber zutiefst. Cato und Mietje stecken französischen Kriegsgefangenen, die täglich mit der S-Bahn zur Arbeit gebracht werden, Lebensmittel, Medikamente sowie Botschaften zu, um sie aufzumuntern. Im September 1941 lernt Cato in der Wohnung ihres Vaters am Kaiserdamm 20 Libertas Schulze-Boysen kennen, die Frau von Harro Schulze-Boysen, neben Arvid Harnack der Kopf der Widerstandsgruppe *Rote Kapelle*.

Durch Libertas Schulze-Boysen gelangt Cato in den inneren Zirkel der *Roten Kapelle*. Sie ist erleichtert, Menschen zu treffen, die endlich etwas tun, statt immer nur zu reden. Cato stürzt sich in die Aktivitäten der Gruppe, die über hundert Anhänger umfasst. Kommunisten, Sozialisten, Liberale und Konservative gehören dazu. Die *Rote Kapelle* ist nicht nur eine der größten Widerstandsorganisationen in Deutschland, sie hat auch den höchsten Anteil an Frauen. Beim Abfassen von Texten, Herstellen und Verteilen von Flugblättern ist Cato dabei. Sie hilft beim Übersetzen und macht sich nützlich, wo immer es geht.

Arvid Harnack ist Regierungsdirektor im Wirtschaftsministerium, Harro Schulze-Boysen Offizier im Reichsluftfahrtministerium. Seine Frau Libertas arbeitet in der NS-Kulturfilmzentrale. Durch sie bekommt Cato Fotos von Gräueltaten deutscher Einsatzgruppen und der Wehrmacht zu Gesicht, auf die sie fassungslos reagiert. In der *Roten Kapelle* arbeitet sie eng mit Heinz Strelow zusammen, einem Lyriker mit kommunistischem Hintergrund, der bereits 1933 einige Monate in »*Schutzhaft*« saß. Die beiden werden Freunde und beziehen eine gemeinsame Wohnung, die auch für Aktionen der *Roten Kapelle* genutzt werden soll. Neben ihren Aktivitäten findet Cato noch Zeit zum Lesen, Schreiben und Segelfliegen. Sie hat sich einer Berliner Frauengruppe angeschlossen und steuert bald selbst Maschinen gen Himmel. Auch auf Partys taucht sie auf, zumeist mit ihrer Schwester Mietje.

Im Sommer 1942 versucht Cato Bontjes van Beek, etwas Abstand von Berlin zu gewinnen. Anfang August bricht sie zu einer Wanderung durch den Böhmerwald und den Bayerischen Wald auf. Zu den Bekanntschaften, die sie schließt, gehört ein junger Soldat. In einem Brief beschreibt sie ihn als einfachen Arbeiter mit einer großen Begeisterung für die Natur. Sie hätten auf einem Felsvorsprung Rast gemacht. Der Soldat habe ihr Fleisch- und Brotmarken geschenkt.

»Im Namen des Reiches werden die scheußlichsten Quälereien und Grausamkeiten an Zivilpersonen und Gefangenen begangen. Noch nie in der Geschichte ist ein Mann so gehasst worden wie Adolf Hitler. Der Hass der gequälten Menschheit belastet das ganze deutsche Volk ...«

Auszug aus der Flugschrift *Die Sorge um Deutschlands Zukunft geht durch das Volk*

»Rainer, als ich wusste, jetzt kannst du noch etwas sagen, um dein Leben zu retten, da gab es gar keine Politik mehr für mich, sondern einzig und allein stand vor mir das Bild, dass es nur eines gibt, und das ist die Liebe der Menschen untereinander. Ich bin kein politischer Mensch, ich will nur eins sein, und das ist: ein Mensch.«

CATO BONTJES VAN BEEK, Kassiber an ihren Mithäftling Rainer Küchenmeister

Funkspruch aus Moskau

Als sie nach Berlin zurückkehrt, bleiben ihr nur noch wenige Wochen in Freiheit. Am 31. August 1942 werden Arvid Harnack und Harro Schulze-Boysen verhaftet. Gestapo und deutsche Spionageabwehr haben zuvor in einem Funkspruch aus Moskau nach Brüssel eine heiße Spur entdeckt. Darin werden unverschlüsselt zwei Namen der Berliner Gruppe genannt, und zwar mit Anschrift – ein bodenloser Leichtsinn mit schrecklichen Folgen. Nach und nach kommen in Berlin Anhänger und Aktivisten der *Roten Kapelle* in Haft. Am Ende sind es über 130 Personen. Cato und ihr Vater Jan werden am 20. September abgeführt. Der Kern der Gruppe mit Harnack und Schulze-Boysen wird innerhalb weniger Wochen zum Tode verurteilt und zwei Tage vor Weihnachten 1942 hingerichtet.

Todesstrafe für Cato

Cato muss noch auf ihren Prozess warten. Anfang November erhält sie im Gefängnis erstmals Schreiberlaubnis. Sie wendet sich an die Mutter und versucht, sie zu trösten. Gleichzeitig denkt sie wehmütig an ihren Heimatort: »*Wie schön muss es jetzt in Fischerhude sein und im Moor, den Herbst habe ich dort so gern. Ich habe meine Gedanken ganz umgestellt, sodass ich nicht die Zelle als zu drückend empfinde. (…) Ich gehe meistens auf und ab und bin froh, dass ich 16 lange Gedichte auswendig kann, die ich jeden Tag einmal spreche.*« Cato glaubt, mit einer Gefängnisstrafe davonzukommen. Ihr Vater wird kurz vor Weihnachten freigelassen. Beim Prozess vor dem Reichskriegsgericht in Berlin im Januar 1943 trifft die Rache des Regimes sie dann mit voller Wucht. Cato wird wie ihr Freund Heinz Strelow zum Tode verurteilt. Als sie nach dem Urteilsspruch in ihre Zelle im Polizeigefängnis am Alexanderplatz zurückkehrt, berichtet sie Rainer Küchenmeister, einem 16-jährigen Häftling in der Zelle unter ihr, vom Ausgang des Verfahrens. Die beiden tauschen über einen Bindfaden Nachrichten aus, können sogar miteinander sprechen, sich aber nicht sehen.

Fast zehn Monate verbringt die Gefangene in Haft. Ob im Gefängnis am Alexanderplatz, der Terrorzentrale des NS-Regimes, oder im Frauengefängnis an der Barnimstraße – stets ist es Cato, die andere Häftlinge aufrichtet. Sie singt und tanzt in

Cato nach ihrer Verhaftung | 1942

ihrer Zelle. In einer Umgebung, in der gefoltert und gemordet wird, bewahrt sie ihren Lebensmut. Immer wieder kehren ihre Gedanken nach Fischerhude zurück. Einmal wünscht sie sich ein Bild der Mutter in ihrer Zelle: *»Am liebsten den Blick von der Quelkorner Mühle auf die Moorfelder.«* Kurz vor Ostern 1943 äußert sie eine weitere Bitte: *»Mama, wenn die Matthäuspassion gespielt wird, geh hin und denke dabei an Tim, Meme und mich, dass wir uns alle wiederfinden, und schließe auch Heinz (Strelow) ein. Vor ein paar Nächten habe ich geträumt, ich hätte sie gehört. Und es war wunderbar.«*

Im Juni 1943 bekommt Tim Bontjes van Beek, der inzwischen als Soldat in Russland kämpft, die Möglichkeit, während eines Heimaturlaubs Cato wiederzusehen. Ihr Anblick erschüttert ihn zutiefst: *»Ich hätte sie fast nicht wiedererkannt, als sie – von einer Wärterin begleitet – in das Besuchszimmer geführt wurde. Sie hatte eine völlig durchsichtige graue Haut und war furchtbar aufgeschwemmt im Gesicht und am Körper (durch die Wassersuppen). Sie weinte bitterlich, als sie mich sah. Auch ich kämpfte mit den Tränen, sodass ich nicht fähig war, etwas zu sprechen.«*

Abschied

Donnerstag, der 5. August 1943, ist ein Sommertag, wie Cato ihn liebt: ein offener blauer Himmel mit einigen wenigen Wolken. Wolken besitzen für sie eine ähnliche Magie wie Flugzeuge. Unter einem solchen Himmel fällt es ihr leichter, Abschied zu nehmen. Im Minutentakt sterben an diesem Tag unter der Guillotine in Berlin-Plötzensee 16 Menschen, darunter Cato Bontjes van Beek. Hitler hat das für sie eingereichte Gnadengesuch abgelehnt. Bevor die 22-Jährige den Gang aufs Schafott antritt, schreibt sie noch Abschiedsbriefe. Tim und Mietje bekommen je einen Brief und die Mutter:

»Meine liebe, liebe Mama. Ich habe geglaubt, ich könnte dir diesen Brief als Geburtstagsbrief schreiben, und nun wird es der allerletzte an dich sein. Meine Mama, es ist nun so weit, und ich werde nur noch ein paar Stunden unter den Lebenden sein. Mama, dass ich es dir nicht selbst sagen kann und dass du nicht bei mir bist, das ist hart. Aber ich bin sehr gefasst und habe mich mit dem Schicksal ausgesöhnt. Die Ruhe, die ich mir immer für diese letzten Stunden gewünscht habe, ist nun auch wirklich bei

mir, und sie gibt mir viel Kraft, mit meinen Gedanken bei dir zu weilen, bei Tim in Russland und bei Meme und allen anderen.

Ich sagte dir schon bei den letzten Sprechstunden, dass ich es als eine Gnade empfinde, jede Nacht in meinen Träumen bei euch in Fischerhude zu sein. Könnte ich doch meine Ruhe auch auf dich übertragen. (…) Schade, dass ich nichts auf der Welt lasse als nur die Erinnerung an mich. Es ist alles viel einfacher, als man denkt. Und ich weiß, dass ich dir diese Kraft zu verdanken habe (…) Behalte meine Liebe, meine liebe, gute Mama. Male schöne Bilder und habe noch viel, viel Freude an Meme und Tim. Neulich habe ich in der Kirche ein kleines Bach-Stück auf der Orgel gehört. Und du weißt, was das für mich bedeutete. (…) Grüße alle Lieben, Papa und Rali. Und ich glaube, dass Papa auch noch viele Keramiken den Menschen schenken wird und sie sich daran erfreuen werden. (…) Lebe wohl, male wieder viel. Und ich umarme dich ganz fest in meinen Gedanken.

Immer bin ich bei dir, meine liebste Mama.

Dodo«

Hinrichtungsstätte Berlin-Plötzensee

Cato stirbt um 19.42 Uhr durch das Fallbeil. Ihr Leichnam wird dem *Anatomisch-Biologischen Institut* der Universität Berlin zu medizinischen Forschungszwecken übergeben, obwohl die Eltern rechtzeitig über einen Anwalt darum gebeten hatten, Cato bestatten zu dürfen.

Warten auf Wiedergutmachung

Im Oktober 1948 unternimmt Olga Bontjes van Beek den Versuch, das Todesurteil gegen Cato aufheben zu lassen und eine Entschädigung für den Mord an ihrer Tochter einzufordern. Das Verfahren dauert zehn Jahre. In seinem Verlauf widerfährt der Mutter Catos Ungeheuerliches. So stellt sich der Generalrichter a. D. Dr. Manfred Roeder, der als Chefankläger des Reichskriegsgerichts für Cato die Todesstrafe forderte, als Zeuge zur Verfügung, um die Ansprüche der Mutter in Misskredit zu bringen.

Olga Bontjes van Beek hält durch und bekommt Recht. Cato wird 1958 endlich rehabilitiert, und ihre Mutter erhält eine Entschädigung zugesprochen. Allerdings dauert es noch vier Jahrzehnte, bis das Todesurteil durch den Deutschen Bundestag aufgehoben wird.

Ein Brief

Im Sommer 2003 erhalten Mietje und Tim Bontjes van Beek einen siebenseitigen handschriftlichen Brief. Verfasser ist Gerhard Gottberg, der ehemalige Marinesoldat, den Cato im Sommer 1942 bei einer Wanderung getroffen hat. Die beiden waren damals nur wenige Tage zusammen, aber die Begegnung hat Gottberg für sein weiteres Leben geprägt. Ihm hatte Cato weder ihren richtigen Namen noch ihre genaue Herkunft genannt, vermutlich aus Angst, sie könnte den jungen Mann in Schwierigkeiten bringen, falls sie verhaftet würde. Gottberg verliert für Jahrzehnte ihre Spur, nimmt an, dass sie den Krieg überlebt hat. Eines Tages findet er einen Hinweis auf ihr Schicksal. Darüber berichtet er in seinem Brief.

»Wer die Toten vergisst, bringt sie noch einmal um. Man muss den Toten auf der Spur bleiben.«

Ilse Aichinger | 1980

Sehr geehrte Familie Bontjes van Beek,
seit einiger Zeit treibt mich der Gedanke um, Ihnen einmal zu schreiben, womöglich Ihnen damit eine kleine Freude zu bereiten. (...)

Nein, Cato ist nicht vergessen, nicht bei uns, der Familie Gottberg, damals Hirschberg im Riesengebirge (1941–1945). (...)

Ich war damals ein junger Funkmaat, Feindfahrten nannte man unsere Reisen, die öfters Werftliegezeiten zur Folge hatten und damit zu kürzeren Heimaturlauben führen konnten. Und hier, an einem solchen Urlaubstag, wurde ich zu jenem, auf einem Felsvorsprung sitzenden, einfachen Arbeiter mit großer Vorliebe für die Natur im Riesengebirge. Noch jetzt, nach 60 Jahren, erinnere ich mich mit Vergnügen an unser Gespräch. (...)

Vor dem Ausflug war ich mit ihr am Vormittag in der Gnadenkirche (heute Garnisonskirche von Jelenia Gora) zu einer ausgiebigen Orgelprobe des Organisten, der für ein Konzert übte. Die unwahrscheinliche Schönheit dieser alten Kreuzkirche (um 1710/1711 erb.), vor allem ihre Akustik hatten es Cato angetan. Sie war fasziniert, vielleicht war sie glücklich in der Stunde.

Gleich am Morgen, nach Abfahrt des Zuges in Hirschberg (wir waren allein im Abteil) fing sie an. Sie fing an zu singen, halb zu improvisieren. Mit Passagen aus der Matthäuspassion. Die Choräle sowieso, Teile der Arien, Rezitative. Alles durcheinander. Wo sie die Texte nicht zur Verfügung hatte, improvisierte sie (...) Alles ergab dennoch einen Fluss, ein Ganzes, etwas Wunderbares und mein Wunsch war: Nur nicht aufhören jetzt. Jede Haltestation wurde zum Ärgernis (...) So hatte dieser Tag für mein weiteres Leben etwas Bestimmendes. Ich wusste es nur noch nicht. Mich hat die Matthäuspassion nie mehr losgelassen. Mein Krieg war 1945 noch nicht zu Ende. Bis Ende 1947 bin ich noch zur See gefahren, nicht mehr U-Boot, sondern auf einem Minensucher. Aber eine Matthäuspassion konnte ich mir besorgen (...) So war ich, um mit Aichinger zu reden, auf Catos Spur. (...)

Ich wusste nichts von der Katastrophe, in die das Leben Sie alle gestürzt hat. Erst 2002 bei einer Ausstellung in Stade – »Fischerhuder Bilder« – habe ich davon erfahren. (...)

Ich kann mich dem Gedanken nicht entziehen, dass es Ihnen Freude machen könnte, etwas über Ihre geliebte Schwester zu erfahren durch Menschen, die Ihre Schwester unendlich geschätzt haben. Das war mir auch nahe, als ich bei meiner letzten Polenreise nach Jelenia Gora (Hirschberg) in der Gnadenkirche saß und ein Orgelkonzert hörte und natürlich an Ihre Cato dachte. (...) Ich habe Ihnen diese zwei CDs zu übergeben: Sagen wir es so und damit ein wenig anthroposophisch: Im Auftrage Ihrer Schwester, die mir dies wohl aufgegeben hat, damit ihre Geschwister heute hören können, was sie, Cato, in dieser Kirche so ungemein fasziniert, berührt und gerührt hat.

Am Freitag, dem 13. Juni 2003, wirft Gottberg den Brief mit den beiden CDs im Briefkasten am Haus *In der Bredenau* ein. Als Tim und seine Schwester noch überlegen, wann und wie sie Gottberg treffen können, erreicht sie eine traurige Nachricht: Gerhard Gottberg stirbt am 17. Juni 2003 ganz plötzlich. Die Begegnung mit den Geschwistern von Cato bleibt ihm versagt.

Die Résistance – Kampf auf Leben und Tod

Im Sommer 1940 scheint Adolf Hitler der Größte zu sein. Nie wieder erreicht er ein solches Ansehen, zieht so viel Bewunderung auf sich wie in diesen Wochen. Der Grund: Hitler hat innerhalb weniger Monate halb Europa erobert: zunächst im September 1939 Polen, dann Dänemark und Norwegen, im Mai 1940 die Niederlande, Belgien, Luxemburg und schließlich Frankreich. Als Triumphator zieht der Reichskanzler in Paris ein, diktiert Frankreich in Compiègne im selben Salonwagen, in dem Deutschland 1918 im Ersten Weltkrieg kapitulieren musste, die Bedingungen für einen Waffenstillstand.

Hitlers Triumphzug | Auch Skeptiker wie der Historiker Friedrich Meinecke, der Hitler misstraute, geben sich nach Hitlers militärischen Erfolgen geschlagen: »*Freude, Bewunderung und Stolz auf dieses Heer müssen zunächst auch für mich dominieren. Und Straßburgs Wiedergewinnung! Wie sollte einem da das Herz nicht schlagen. Es ist doch eine erstaunliche und wohl die größte positive Leistung des 3. Reiches, in vier Jahren ein solches Millionenheer neu aufzubauen und zu solchen Leistungen zu befähigen.*«

Das geschlagene Frankreich zerfällt 1940 in drei Teile. Die französische Atlantikküste, der Osten und Norden des Landes kommen unter deutsche Besatzung, Elsass-Lothringen mit dem Zentrum Straßburg unter deutsche Verwaltung. Im südfranzösischen Kurort Vichy richtet der greise Marschall Henri Philippe Pétain eine Regierung für das nicht besetzte Frankreich ein. Pétain liefert ausländische und französische Juden an das Deutsche Reich aus und wird zu einer Marionette des NS-Regimes.

Widerstandskämpfer sammeln sich unter der Führung des Brigadegenerals Charles de Gaulle. Von London aus organisieren sie den Untergrundkampf gegen die deutsche Besatzung. Zwei Franzosen deutscher Herkunft schließen sich der *Résistance* an: Stéphane Hessel und Raymond Vernière. Ihr Einsatz steht für den Mut von Tausenden von Freiwilligen, die in diesem Kampf ihr Leben aufs Spiel setzen. Stéphane Hessel wird im Spionagedienst von Charles de Gaulle aktiv. Raymond Vernière leitet von Marseille aus eine Gruppe der *Résistance*, bevor er nach Paris wechselt.

Adolf Hitler in Paris | 1940

1917 Geburt in Berlin
1941 Résistancekämpfer
1944 KZ Buchenwald
1945 Französischer Vertreter bei den Vereinten Nationen
2008 UNESCO-Preisträger
2009 Erich-Kogon-Preisträger

Stéphane Hessel · Ein Jahrhundertleben

Im Häuserblock an der Rue Antoine Chatin im XIV. Arrondissement von Paris führt neben dem Fahrstuhl eine schmale Holztreppe zur Wohnung von Christiane und Stéphane Hessel. Es ist früher Samstagvormittag. Hessel trägt einen dunkelgrauen Anzug sowie ein blütenweißes Hemd mit einer bunten Krawatte. Am Revers steckt eine kaum sichtbare Nadel: Stéphane Hessel, Widerstandskämpfer, Diplomat und Kosmopolit, ist *Großoffizier der Französischen Ehrenlegion.* Das ist nur eine von vielen hohen Auszeichnungen, die diesem Mann mit seiner ungewöhnlichen Biografie zuteilwurden – *Ambassadeur de France* ist ein anderer Ehrentitel, den er ebenfalls mit Freude trägt.

Stéphane Hessel ist eine Legende. Sein Leben steht für ein ganzes Jahrhundert. Der 91-Jährige hat an diesem März-Wochenende im Jahr 2009 wieder ein volles Programm, für das er sich in Schale geworfen hat. Den eleganten, unaufdringlichen Auftritt liebt er; der ist Teil seiner Charme-Offensive, mit der er andere für seine Ideen gewinnen will. Am Nachmittag etwa trifft er sich mit Freunden in einem Pariser Vorort, um über den Konflikt zwischen Israel und Palästina zu sprechen. Nach den israelischen Luftangriffen auf den Gaza-Streifen soll Hessel sagen, was man für die betroffenen Palästinenser tun könnte. Hessel hat schon eine Idee, wie man mit dem Geld der von einem Freund gegründeten Stiftung Filter kaufen kann, um im Gaza für sauberes Trinkwasser zu sorgen. Dafür gibt er das Preisgeld, das ihm seine Auszeichnungen einbringen, gern her.

Pakt mit der Glücksgöttin

Hessel strahlt Zuversicht aus. Schlechte Nachrichten, etwa die vom Ausmaß der Zerstörungen im Palästinenser-Gebiet, können ihn nicht abschrecken. Und sein Optimismus wirkt ansteckend. »*Wissen Sie*«, sagt er, »*ich habe im Leben oft Glück gehabt. Und wenn ich schon gut davongekommen bin, warum sollte dann nicht auch die Menschheit gut davonkommen!«* Schon als Kind hat Hessel einen Pakt mit Fortuna, der Glücksgöttin, geschlossen. An seinem achten Geburtstag wird er vor den Augen seiner Mutter Helen in Paris von einem Auto überfahren und bleibt »*unversehrt*«. In seinen Erinnerungen *Tanz mit dem Jahrhundert* bemerkt er zu dem Unfall: »*Ich habe bei Helen große Aufregung ausgelöst und ihr mein Glück bewiesen.*« Im Gespräch ergänzt er, seiner Mutter habe er versprechen müssen, im Leben stets glücklich zu sein. »*Sie hatte eine große Beziehung zum Glück, gerade auch dann, wenn die Umstände schwierig waren.*«

Auch sonst prägen außergewöhnliche Erfahrungen seine Kindheit. Stéphane Hessel wird 1917 in Berlin geboren. Die Eltern sind Künstler. Die Modejournalistin Helen Grund-Hessel und der Schriftsteller Franz Hessel reisen häufig nach Frankreich.

In Paris lernen sie den Literaten Henri-Pierre Roché kennen. Helen verliebt sich in ihn. Die Eltern führen in den 1920er-Jahren eine offene Dreierbeziehung mit Roché. Diese *ménage à trois* wird 1953 zur Vorlage für *Jules et Jim*, den Kultfilm des französischen Regisseurs François Truffaut. 1925 zieht die Mutter mit Stéphane ganz nach Paris. Der Vater bleibt in Berlin, wo er als Autor, Lektor und Übersetzer tätig ist.

Die Beziehung der Mutter zu Roché ist nicht von Dauer. Er hat noch eine weitere Geliebte, die er heimlich heiratet.

»Ich wurde zum Franzosen«

Als Hitler 1933 in Berlin an die Macht kommt, macht Stéphane seinen Abschluss an der berühmten Oberschule *École Alsacienne* in Paris. »*Durch die Schule wurde ich zum Franzosen*«, berichtet er. Seine Eltern sind – das versteht sich für ihn wie von selbst – »*entschiedene Antifaschisten*«. Der jüdische Vater Franz Hessel wird rechtzeitig vor den Novemberpogromen 1938 nach Paris geholt. 1940, nach der Kapitulation Frankreichs, wird Franz Hessel allerdings interniert. Der Aufenthalt im Lager schwächt seine Gesundheit. 1941 stirbt der Schriftsteller im Alter von 60 Jahren.

Im Widerstand

Als sein Vater stirbt, ist Stéphane Hessel bereits französischer Staatsbürger. Er hat 1939 seine Militärausbildung als Offizier beendet. Nach dem Überfall der Wehrmacht auf Frankreich kennt er nur ein Ziel, und zwar, die deutschen Angreifer mit aller Macht zu bekämpfen. Noch bevor Hessel die Front erreicht, hat Frankreich bereits kapituliert. Er selbst wird von einer deutschen Streife festgenommen und in ein provisorisches Offizierslager in Bourbonne-les-Baines in Lothringen gesteckt. Einen Tag später gelingt ihm die Flucht. Hessel will unbedingt weiterkämpfen. »*Als Kind deutscher Eltern konnte ich es nicht hinnehmen, dass Hitler den Sieg davontrug.*« Der junge Offizier steht vor der Wahl zwischen der *Résistance interieure*, also im Inneren Frankreichs, und den *Forçes Françaises Libres* von General de Gaulle in London. Er entscheidet sich für den General, gelangt Anfang Mai 1941 auf Umwegen nach Großbritannien und wird bei der *Royal Air Force* zum Navigator für Flugeinsätze über dem besetzten Frankreich ausgebildet.

General Charles de Gaulle | 1944

Nach bestandener Prüfung überredet ihn ein Freund, sich dem Geheimdienst de Gaulles anzuschließen. Schließlich beherrscht Hessel inzwischen drei Sprachen fließend: Deutsch, Französisch und Englisch. So kann er den deutschen Funkverkehr abhören. Hinter den Frontlinien soll er Bewegungen der Wehrmacht, Munitionsdepots und strategische Punkte auskundschaften und nach London melden.

Im Frühjahr 1944 taucht Hessel in Paris in ein Netz von *Résistance*-Anhängern ein und wird sofort aktiv. Die Untergrundkämpfer sind hochmotiviert, denn alles deutet auf eine bevorstehende Landung der Alliierten an der französischen Atlantikküste hin. *»Ich habe mit vielen Freunden im Widerstand eng zusammengearbeitet, von denen manche verhaftet und sofort erschossen wurden. Das Risiko gehörte dazu. Dabei war ich gar nicht besonders mutig.«* Sein Einsatz für den französischen Widerstand bringt Hessel Lagerhaft ein.

In der Gewalt der Gestapo

Einer seiner Mitkämpfer in der *Résistance*, der in die Fänge der Gestapo geraten war und unter Folter Hinweise auf Hessels Aufenthaltsort gab, wird ihm zum Verhängnis: *»Plötzlich steht jemand hinter mir und sagt: Sie sind verhaftet! In diesem Augenblick wusste ich: Mein Leben hängt nur noch an einem seidenen Faden. Ein französischer Spion in der Gewalt der Gestapo, das kam einem Todesurteil gleich.«*

Hessel wird gefoltert: Untertauchen in einer Badewanne bis zum Ersticken, Schläge ins Gesicht. *»Die Ohrfeigen waren sehr demütigend. Da gab es einen jungen Gestapo-Mann, der schlug besonders kräftig zu. Ich war an einen Stuhl gefesselt und konnte mich nicht bewegen.«* Später hetzt die SS Schäferhunde auf ihn. Die vernarbten Bisswunden an den Waden sind noch Jahrzehnte danach sichtbar.

Dem Gefangenen kommt zugute, dass er bei den Verhören Deutsch spricht. Die deutsche Sprache hütet Hessel wie einen kostbaren Schatz. Dutzende

Widerstandskämpfer in den französischen Alpen | um 1940

von Gedichten kennt er auswendig, zitiert sie aus dem Stegreif, vor allem die Verse seiner Lieblingsdichter Hölderlin und Rilke. Sie helfen ihm über schwere Stunden hinweg und verblüffen seine Peiniger, die vielleicht denken: Diesen Gefangenen können wir noch für unsere Zwecke einsetzen! Jedenfalls entgeht er dem Erschießungskommando.

Mitglieder der »Résistance« auf dem Weg zur Hinrichtung | 1942

Überleben in Buchenwald

Zusammen mit 37 anderen *Résistance*-Kämpfern wird Hessel im August 1944 nach Buchenwald deportiert. Im völlig überfüllten Lager sterben täglich Gefangene an Hunger, Erschöpfung, Typhus oder Fleckfieber.

Schon bald nach der Ankunft Hessels in Buchenwald wird die Lage der Gefangenen bedrohlich. Während amerikanische Truppen von Westen und sowjetische von Osten her vorrücken, wächst die Nervosität auch bei den Bewachern. Niemand weiß, was die SS vorhat. Nur für die 37 Widerstandskämpfer aus Frankreich besteht makabre Gewissheit: Sie sollen gehängt werden. Die Befehle, ausgestellt auf einzelne Namen, treffen nach und nach in Buchenwald ein und werden sofort ausgeführt.

In dieser verzweifelten Lage kommt Eugen Kogon, ein deutscher Mithäftling, auf die Idee, die Identität einzelner an Typhus verstorbener Gefangener mit der Identität der französischen Häftlinge zu tauschen, um ihnen so das Leben zu retten. In seinem Buch *Der SS-Staat* beschreibt Kogon später, wie im Oktober 1944 in einem dramatischen Wettlauf mit der Zeit tatsächlich drei dem Tod geweihte Agenten gerettet werden, darunter der französische Offizier Stéphane Hessel. Er lebt als Michel Boitel weiter, während der an Typhus gestorbene Gefangene unter seinem Namen im Krematorium verbrannt wird. Rettung auf Zeit – mehr bedeutet der Identitätstausch nicht.

Exkurs: KZ Buchenwald

Das Konzentrationslager lag am Rande von Weimar auf dem Ettersberg. Da die Stadt nicht mit dem KZ in Verbindung gebracht werden wollte, legte Heinrich Himmler den Namen *Buchenwald* fest. Im Lager mit seinen 129 Außenstellen mussten die Gefangenen vor allem bei der Produktion von Waffen und anderem Kriegsgerät Zwangsarbeit leisten. Von den insgesamt etwa 240 000 Häftlingen kamen bis Kriegsende über 34 000 um – durch Massenerschießungen, tödliche Injektionen, Krankheit und Hunger. Inhaftiert wurden politische Gegner, Juden, Zeugen Jehovas und Kriegsgefangene. Am 11. April 1945 befreiten sich die Gefangenen, mit der Ankunft der US-Truppen im KZ, selbst.

Anfang November 1944 kommt Hessel in das Außenlager Rottleberode östlich von Nordhausen. Wieder hat er Glück. Statt Fahrgestelle für das Flugzeug *Junkers 53* herstellen zu müssen, wird er in der Buchhaltung beschäftigt. Im Januar 1945 fordert der Häftling das Schicksal erneut heraus. Mit einem Kameraden flieht er aus dem Lager. Als die beiden sich schon in Sicherheit wähnen, werden sie von einer Feldgendarmen-Streife überrascht und festgenommen. Auf Flucht steht Tod durch den Strang. Aber Hessel landet in einem Strafbataillon im KZ Mittelbau-Dora, wo sich in einer Fabrik im Tunnel Häftlinge beim Bau von Raketen zu Tode schuften. Hessel wird im Lager eingesetzt.

Schießerei am Bahndamm

Am 5. April werden die Häftlinge des Lagers Mittelbau-Dora, dem sich US-Truppen nähern, abtransportiert in Richtung Bergen-Belsen. Im Zug schmiedet Hessel mit zwei Kameraden wieder einen Fluchtplan. Während die beiden noch zögern, macht er sich ans Werk. »*Wir mussten versuchen, vom Zug abzuspringen. Zuerst galt es, Bretter im Boden des Waggons zu lösen, und zwar nachts, damit niemand etwas merkte. Als der Zug bremste, sprang ich als Erster und lief den Bahndamm hinunter. Plötzlich begann eine Schießerei. Ob die Schüsse mir galten, weiß ich nicht, es war ja stockdunkel. Meine Kameraden dachten, mich hätte es erwischt. Deshalb sind sie nicht gesprungen.*«

Die abenteuerliche Flucht geht von Lüneburg in Richtung Hannover. Unterwegs wird Hessel von US-Soldaten aufgelesen. Mit dem Panzer soll es nach Magdeburg gehen. »*Aber sie haben mich* (bei einer Übernachtung unterwegs) *schlafen lassen. Plötzlich wachte ich auf und stand SS-Leuten gegenüber, die in der Gegend umherirrten. Dann gelang mir etwas, woran ich selbst nicht geglaubt hatte: Ich konnte den SS-Trupp überreden, mir zu folgen, indem ich vorgab, den Weg zu kennen. Ich überlegte, wo die Amerikaner sein könnten, und führte die SS-Leute direkt zu ihnen. Sie ließen sich widerstandslos festnehmen. Ich glaube, bei dieser Flucht hatte ich mehr als einen Schutzengel an meiner Seite.*«

Paris wird befreit, die deutschen Soldaten ergeben sich. | 25. August 1944

»Der Durst, mit dem ich aus dem Krieg heimkehrte, ist nie gestillt worden. Ich habe diese fünfzig Jahre nach meinem Überleben intensiv von einem Tag auf den anderen gelebt, als würde sich die Zeit über mich ergießen, noch bevor ich auf sie hätte zugehen können.«

Stéphane Hessel

Ein neues Kapitel

Im Frühsommer 1945 beginnt ein ganz neues Kapitel für Stéphane Hessel, und zwar das eines rastlosen Weltbürgers, der den Globus als sein Wirkungsfeld betrachtet. Nach den Schrecken des Krieges hat er sich entschlossen mitzuhelfen, die Welt menschlicher zu gestalten, Krisenherde zu entschärfen sowie Hunger und Elend zu bekämpfen.

Am Sitz der *Vereinten Nationen* in New York wirkt Hessel 1948 an der UN-Menschenrechtscharta mit. Der Weltorganisation dient er in verschiedenen Missionen. New York, Saigon, Algier, Genf – Hessel ist auf allen Kontinenten unterwegs, wobei ihm besonders Afrika ans Herz gewachsen ist. »*Ich glaube nicht, dass Afrika verloren ist*«, sagt er im Gespräch. »*Ich habe vier Jahre in Algerien gelebt und bin oft nach Burundi und Burkina Faso gereist. Die Menschen in Afrika leiden noch immer an den Folgen der Kolonialherrschaft. Aber sie versuchen, diese Vergangenheit zu überwinden. Ihre Gastfreundschaft, ihre Menschlichkeit beeindrucken mich immer wieder zutiefst.*«

Ein junger Senegalese trainiert Hessel gerade für den Umgang mit dem Internet. »*Er beherrscht das sehr gut. Ich höre ihm zu und lerne von ihm.*«
Mitte der 1990er-Jahre steht Hessel in Frankreich wochenlang in den Schlagzeilen, weil er sich für illegale Einwanderer einsetzt, die keine Papiere besitzen. Um ihrer Abschiebung zu entgehen, haben die Immigranten sich in die Kirche St. Bernard in Paris geflüchtet. Während Hessel mit dem Premierminister über eine Lösung verhandelt, wird die Kirche brutal geräumt.

»Ich gebe nicht auf«

Niederlagen gehören im Leben von Stéphane Hessel dazu. Aber das Scheitern schreckt ihn keineswegs ab. »*Ich gebe nicht gerne auf*«, sagt er. »*Wahrscheinlich bin ich auch deshalb Diplomat geworden, weil ich Menschen überzeugen will und sie nicht verprelle. Und wenn etwas schiefläuft, lasse ich mich nicht entmutigen.*« Sein Optimismus, aber auch seine Energie scheinen grenzenlos. Allerdings versucht seine Frau Christiane, ihn zu bremsen. »*Sie meint, ich sei zu alt. Die anderen sollen es ohne mich machen. Aber ich sage: Na ja, solange ich noch etwas Nützliches beitragen kann und der Körper mitmacht, kann ich doch nicht Nein sagen. Der Gedanke mitzuhelfen, dass zum Beispiel Kinder im Gaza sauberes Trinkwasser bekommen, macht mich glücklich. Also, ich mache weiter!*«

Manche seiner Sätze wirken wie frohe Botschaften an die Adresse der geplagten Menschheit. Stéphane Hessel ein »*Botschafter des Glücks*«, wie eine Zeitung meint? Seine Zuversicht jedenfalls ist ungebrochen: »*Alles Wünschenswerte wird einmal wahr – nicht alles, was wir uns wünschen, aber alles, was es wert ist, gewünscht zu werden.*«

Stéphane Hessel

Der ehemalige Résistance-Kämpfer und Diplomat will die Welt besser und menschlicher gestalten.

Stéphane Hessel (Zweiter von links) neben dem ehemaligen US-Präsidenten Jimmy Carter bei der Preisverleihung des »Every Human Has Rights Media Awards 2008« in Paris

Herr Hessel, Sie sind gebürtiger Berliner und haben als junger Mann die französische Staatsbürgerschaft angenommen. Was hat Ihnen das damals bedeutet?
SH – Ich bin als Siebenjähriger nach Frankreich gekommen und habe sofort eine französische Schule besucht. Es war klar, dass ich eines Tages Staatsbürger Frankreichs sein würde. Kein Nationalist, niemals! Aber ich wusste: Ich gehöre zu Frankreich. Somit war es auch kein Problem, in die französische Armee einzutreten.

Sie haben zunächst Philosophie studiert und wurden 1939 eingezogen. Im Gegensatz zu vielen Franzosen haben Sie sich nach der Kapitulation für die *Résistance,* also die Fortsetzung des Kampfes, entschieden. Weshalb?
SH – Ich wollte die Niederlage nicht akzeptieren. Es stimmt, viele haben sich mit dem Regime des greisen Marschall Pétain abgefunden. Ich nicht. Pétain war erzkonservativ, er verstand sich mit dem spanischen Diktator Franco. Damit wollte ich nichts zu tun haben. Außerdem waren wir doch bei den Engländern im Wort, nicht aufzugeben, sondern weiterzukämpfen.

Nach Ihrer Verhaftung durch die Gestapo wurden Sie gefoltert. Was genau geschieht mit einem Menschen in einer solch schrecklichen Situation?
SH – Zunächst stellte ich fest: Der Körper machte irgendwie nicht mit, machte schlapp. Der Geist arbeitete dagegen auf Hochtouren. Ich überlegte: Was sage ich jetzt? Was muss ich tun, um aus dieser Lage herauszukommen? Jedenfalls habe ich durchgehalten. Ich wurde nicht gebrochen und verriet nichts von dem, was ich nicht verraten wollte.

Die Frage bleibt: Wie haben Sie es immer wieder geschafft, lebensbedrohliche Situationen zu überstehen?
SH – Ich bin heute noch stolz darauf, dass ich den SS-Mann, der uns nach der Flucht aus dem Außenlager Rottleberode festnahm, davon überzeugen konnte, uns wieder ins Strafbataillon zu schicken, statt uns

zu erhängen oder zu foltern. In ganz schwierigen Situationen gelingen mir gewisse Dinge. Wenn man in Buchenwald eine Kartoffel organisierte, war das etwas Gelungenes. Das Gelingen ist enorm wichtig.

Ihr Überleben hängt auch damit zusammen, dass Sie mehrfach versucht haben zu fliehen.

SH – Gegen den Verlust der Freiheit habe ich mich immer aufgelehnt. Ich dachte: Wenn man fliehen kann, muss man fliehen. Die Chance zur Flucht darf man nie verstreichen lassen.

Sie beschreiben sich selbst als einen Mittler. Nach dem Krieg haben Sie als Diplomat an zahlreichen Missionen und Aktionen mitgewirkt, und das bis ins hohe Alter. Woher nehmen Sie die Energie?

SH – Das hängt wiederum mit dem Gelingen zusammen. Wenn ich zur Lösung eines Problems beitragen kann und es nützt, dann bin ich froh. Und mache weiter.

Aber manche Ihrer Einsätze sind ja auch gescheitert. Manchmal gibt es so etwas wie die Dialektik des Scheiterns, das heißt, es misslingt etwas und beim nächsten Versuch klappt es dann plötzlich doch.

SH – Ganz recht. Im Scheitern liegt oft eine neue Chance. In Afrika ist es mir oft so ergangen. Auch wenn es nur ganz geringe Fortschritte bei der Lösung eines Problems gab, habe ich mir gesagt: Na ja, es ist wenig, aber ein Anfang ist gemacht. Und beim nächsten Anlauf komme ich vielleicht weiter.

Es gibt nicht viele Menschen, die ein ähnlich intensives Leben geführt haben wie Sie. Manche davon werden im Laufe der Zeit zu Egomanen, die stets um die eigene Person kreisen. Sie, Herr Hessel, sind das Gegenteil eines Egozentrikers.

SH – (lacht) … es klingt unbescheiden, wenn ich sage: Ich habe mich nicht viel um mich selbst gekümmert. Zum Beispiel habe ich große Lieben gehabt. Ich habe Frauen geliebt, meine erste Frau, meine jetzige und noch andere, nicht zu vergessen: meine Mutter. Das Gegenüber ist mir wichtig, die anderen (…) Mich selbst halte ich nicht für so wichtig.

Ihr Blick in die Zukunft?

SH – Ich glaube, die Menschheit steht vor großen Umbrüchen, vielleicht vor einem großen Sprung nach vorn. Das ist sehr interessant. Ich selbst werde nicht mehr dabei sein. Aber jungen Menschen, die ich oft treffe, sage ich: Die Verantwortung für die Zukunft liegt jetzt bei euch. Ihr seid jung, fangt euer Leben gerade erst an. Auf euch kommen neue Herausforderungen zu. Darauf müsst ihr euch vorbereiten. Es liegt an euch, alles Schlechte – das heißt die vielen ungelösten Probleme, die wir euch hinterlassen – anzugehen und zu versuchen, die Welt besser und menschlicher zu machen.

1909	Geburt in Ravensburg
1932–1934	Studium in Paris
1939	Französische Staatsbürgerschaft
1941–1945	Mitglied der Résistance
1947	Inhaber der Firma RAFI, Ravensburg
1953–1987	Geschäftsführender Gesellschafter
2004	Tod in Paris

Werner-Raymond Finsterhölzl-Vernière Für eine freie Welt

Im Schatten von St. Tropez an der malerischen Südküste Frankreichs liegt Port Grimaud. Hierher hat sich Raymond Vernière zurückgezogen (Anmerkung: Das Interview wurde 1981 aufgezeichnet). Der lebhafte, eher kleine Mann mit klugen Augen ist ein erfolgreicher und sozial engagierter Unternehmer, Schwabe und Franzose und ehemaliger Widerstandskämpfer.

Vernière, 1909 als Werner Finsterhölzl im oberschwäbischen Ravensburg geboren, bereitet sich auf den Ruhestand vor. Die Leitung seines Unternehmens, das in seiner Heimatstadt elektrotechnische Geräte herstellt und diese weltweit vertreibt, geht in andere Hände über. Nach einem abwechslungsreichen Leben sucht er Zeit zum Nachdenken, bevor ein neuer Abschnitt beginnt. Port Grimaud eignet sich dafür bestens. Der Ort und die Küstenregion sind ihm seit Langem vertraut. Denn das Gebiet gehörte in den 1940er-Jahren zum Einsatzbereich des *Résistance*-Kämpfers Vernière.

Die freie Welt

Nach dem Abitur absolviert Werner Finsterhölzl ein Praktikum in Nancy, schließlich soll der junge Mann eines Tages den Betrieb des Vaters übernehmen. Nancy, wirtschaftliches und kulturelles Zentrum von Lothringen, gefällt Finsterhölzl. Nach dem Praktikum schreibt er sich an der Universität ein, um vor allem die französische Sprache von Grund auf zu lernen. Er macht sein Sprachlehrer-Diplom und wechselt anschließend an die Universität *Sorbonne* in Paris. In der Hauptstadt lernt er im Dezember 1933 bei einem Wohltätigkeitsball zugunsten deutscher Emigranten die promovierte Apothekerin Yvonne Bernheim kennen, die aus einer angesehenen jüdisch-französischen Familie stammt. Die beiden heiraten im März 1934.

In Deutschland ist seit Januar 1933 Hitler an der Macht. »*Frankreich bedeutete damals für mich die freie Welt*«, berichtet Finsterhölzl, »*und es gab wenig Gründe, nach Deutschland zurückzukehren.*«

Seit der Machtübernahme der Nationalsozialisten wächst die Zahl derer, die in Paris Zuflucht vor dem NS-Regime suchen. Die Familie von Yvonne Bernheim unterhält einen literarischen Salon, in dem sich Künstler und Intellektuelle treffen, unter anderem die Schriftsteller James Joyce und Thomas Mann.

»Du warst doch Franzose«

Im Januar 1935 reist Raymond Vernière, wie er sich jetzt nennt, aus einem traurigen Anlass nach Ravensburg. Per Telegramm hat er vom plötzlichen Tod seines Vaters erfahren. *»Der Aufenthalt in Ravensburg glich einem schlechten Film. Dabei kam ich mir vor wie ein Aussätziger. Niemand sprach mit mir, und das in einer Stadt, in der jeder jeden kennt. Der protestantische Pfarrer, mit dem ich in einer Droschke zum Friedhof fuhr, der mich konfirmiert hatte, saß neben mir und sagte kein Wort, kein Beileid, nichts. Die Eltern hatten sich scheiden lassen. Mein Vater war Freimaurer, meine Mutter Jüdin. Am Grab stand eine SA-Abordnung mit Fahne. Mein Vater hatte wohl einiges gespendet. Am nächsten Tag ging ich zur Behörde, um Formalitäten zu erledigen. Ich sagte: ›Guten Morgen!‹ Leider kann ich die Köpfe, die mich plötzlich anstarrten, nicht zeichnen. Einer zeigte stumm auf ein großes Plakat mit der Aufschrift: ›Deutscher! Dein Gruß ist Heil Hitler!‹ Ich antwortete: ›Das gilt nicht für mich.‹ Sie hätten mich sofort der Gestapo melden können, taten es aber nicht. Am Tag darauf traf ich auf der Eisenbahnstraße in Ravensburg, die sehr schmal ist, einen früheren Schulfreund. Als auch er wegsah, habe ich ihn zur Rede gestellt: ›Fritz, willst du mir nicht wenigstens Guten Tag sagen?!‹ Nach dem Krieg traf ich ihn wieder. Er meinte: ›Das musst du verstehen. Wenn uns damals jemand zusammen gesehen hätte! Du warst doch Franzose!‹«*

Vernières jüdische Mutter lebt weiter in Ravensburg. Sie ist eine geachtete Bürgerin der Stadt und

Ravensburger Rutenfest; letzte Reihe ganz links: Werner Finsterhölzl | 1927

fühlt sich in ihrer Heimat sicher. Regelmäßig besucht sie Sohn und Schwiegertochter in Paris. Beide versuchen, sie in Frankreich zu halten, da der Judenhass in Deutschland immer bedrohlichere Ausmaße annimmt. Bei ihrem letzten Besuch 1939 erwidert sie: *»Also wirklich, den möchte ich sehen, der es wagt, mich anzurühren. Ich gehe nach Deutschland zurück. Da bin ich geboren.«*

»Wir haben ihre Spur verloren«

1942 wird Elsa Finsterhölzl abgeholt und in das Lager Izbica in Polen verschleppt. An ihre Schwester Hilda – sie ist durch die Ehe mit dem Kammersänger Reinhold Fritz vor Verfolgung geschützt – schreibt sie am 9. März 1942 vor der sogenannten *»Evakuierung«* ihren letzten Brief: *»Und nun heißt es eben, die Zähne zusammenbeißen und vernünftig sein. Es gehen ja so viele Bekannte mit und das gemeinsame Schicksal bindet. Ach, was sind wir für arme, arme Menschen.«* Elsa Finsterhölzls weiteres Schicksal bleibt im Dunkeln. Nach dem Krieg wird der 30. April 1942 als Sterbedatum festgelegt. Ihre Schwester ist die einzige Überlebende der sechs Geschwister; sie nimmt sich später das Leben.

Izbica
Dorf bei Lublin in Ostpolen; 1942 von der SS zum Durchgangsgetto erklärt. Zehntausende Juden aus ganz Europa werden von hier aus in die Vernichtungslager deportiert, Tausende werden in Izbica ermordet.

Raymond Vernière bedrückt es noch immer, dass er seine Mutter nicht zurückhalten konnte: *»1942 wurde sie abgeholt, kam in ein Konzentrationslager und kehrte – wie so viele andere – nicht mehr zurück. Wir haben ihre Spur verloren. Aber da gibt es etwas, was mir erst kürzlich unser damaliges Hausmädchen erzählte: ›Als Ihre Mutter verhaftet wurde und nach Buchau in ein Sammellager kam, bin ich mit dem Fahrrad dorthin gefahren, um ihr Wäsche zu bringen. Die SS wollte mich nicht durchlassen und pöbelte mich an, ich solle mich schämen, den Juden auch noch zu helfen. Ich erwiderte: ›Diese Frau verehre ich und ich werde ihr die Wäsche geben!‹ Tatsächlich traf sie meine Mutter, die ihr zum Dank ein kleines Schmuckstück in die Hand drückte. Menschen mit Zivilcourage gab es, aber es waren nur wenige.«*

Von Marseille aus

Der Überfall der Wehrmacht auf Frankreich und die schnelle Kapitulation im Sommer 1940 verändern das Leben des jungen Paares radikal. Jetzt stehen die Verfolger schon fast vor der Haustür. Ähnlich wie Stéphane Hessel will auch Raymond Vernière sich mit der Niederlage nicht abfinden. Er schließt sich der *Résistance* an und bekommt bald ein Kommando in Marseille übertragen. Von der Hafenstadt am Mittelmeer aus operiert die Einheit bis zur italienischen Grenze. Ein Postbote zählt zu seiner Gruppe, ebenso eine junge Fotografin und

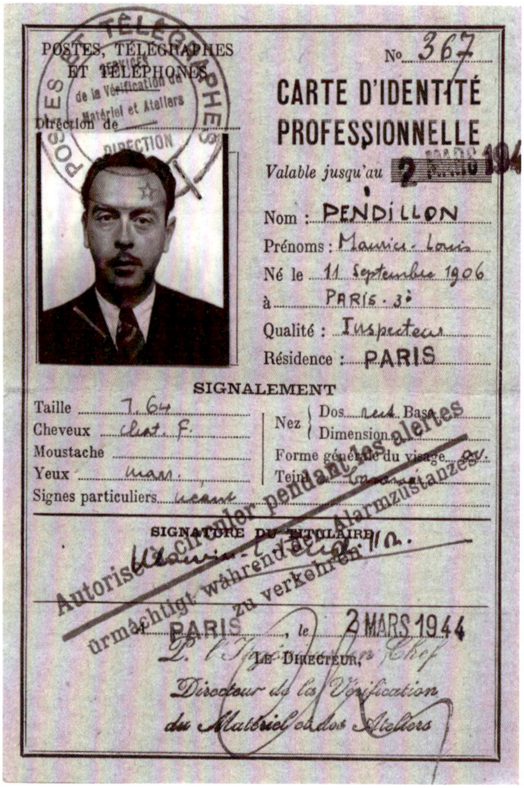

Gefälschte Papiere von Raymond Vernière | 1944

Exkurs: »Ein Mensch ist erst vergessen, wenn sein Name vergessen ist«

Der Künstler Gunter Demnig erinnert mit *»Stolpersteinen«* an die Opfer der nationalsozialistischen Verfolgung. Vor ihren letzten selbst gewählten Wohnorten lässt er Gedenktafeln aus Messing in den Boden ein. Sie erinnern in Form

und Größe an Pflastersteine. Inzwischen liegen Stolpersteine in über 480 Orten in Deutschland, Österreich, Ungarn und den Niederlanden. In Ravensburg liegt seit 2006 auch ein Gedenkstein für Elsa Finsterhölzl am Marienplatz 17.

ein Anwalt. Ferner kann Vernière sich auf ein Netz von Helfershelfern stützen: Ein Bäckermeister nimmt Botschaften entgegen und leitet sie weiter. Eine Bordellbesitzerin verwahrt Dokumente und Karten mit Angaben über Munitionsdepots, Schiffsbewegungen und Militärtransporte. Auf die

No 1708725 Série B

CARTE D'IDENTITÉ

PRÉFECTURE DE POLICE

Nom : Renauld

Prénoms Raymond

Né le 11 Sept 1906

à Paris

département Seine

Nationalité : Française

Profession : Chef de Service

Domicile Paris 16e 7 Av. Victor Hugo

SIGNALEMENT

Taille 1m 64 — Nez Dos sin. Base h. Dimension petit

Cheveux ch. f. — Forme générale du visage ov.

Moustache — — Teint m.

Yeux mar.

Signes particuliers

Empreinte digitale — Signature du titulaire, Raymond Renauld

Paris, le 8 SEPT. 1942

LE PRÉFET DE POLICE

Carte d'Identité Française

3-D — Imp. Chaix (B).

Gefälschter Ausweis | 1942

Concièrges, die Hausmeisterinnen, stimmt Vernière noch Jahrzehnte später ein Loblied an: *»Sie haben uns immer wieder geholfen. Wir konnten ihnen vertrauen. Am liebsten würde ich heute noch einen Ehrentag für die Concièrges einführen.«*

»Es ging um Leben und Tod«

Fast beiläufig schildert er die risikoreichen Einsätze der *Résistance:* Ein Eisenbahner sorgt durch eine falsche Weichenstellung dafür, dass Transportzüge ihr vorgegebenes Ziel nicht erreichen. Eines Tages wird der Adjutant des Marseiller *Résistance*-Chefs bei einer Schießerei mit der Polizei schwer verletzt und verhaftet. Der junge Mann befindet sich in einem Hospital. Durch ein offenes Fenster gelangen Kameraden in das Zimmer und befreien ihn. Vernière erinnert sich: *»Sofort wurde in Marseille Großalarm ausgelöst. Aber mein Adjutant war längst in Sicherheit. Solche Aktionen mussten genau vorbereitet werden. Denn es ging ja um Leben und Tod. Aber ich kann versichern: Wir haben nie jemanden verletzt oder umgebracht.«*

In Paris, wo Vernière anschließend einen Kommandoposten der *Résistance* übernimmt, ist die Gefahr eher noch größer. *»Dort wurde strenger als in Marseille kontrolliert. Paris ist eine Riesenstadt, viel unübersichtlicher. Aber wir lernten bald, Gestapoleute schon an Äußerlichkeiten zu erkennen, etwa, wenn sie die Baskenmütze falsch aufsetzten.«* Mehrfach wechselt Vernière die Identität, muss sich neue Namen und Daten merken. Wochenlang reist er als

Räumung des Hafenviertels von Marseille, in dem die Gestapo ein Zentrum der »Résistance« vermutete | 1943

angeblicher Vertreter eines französischen Chemieunternehmens durchs Land, das ihn mit entsprechenden Dokumenten ausstattet und finanziell unterstützt.

Die Gestapo Marseille beobachtet Raymond Vernière. In den Akten findet sich dieser Vermerk über ihn: »*Die Tätigkeit dieses Individuums begann einige Zeit nach dem Waffenstillstand. Er begann seine Tätigkeit als untergeordneter Beamter und rückte erst im Laufe der Zeit zu seiner augenblicklichen Funktion auf. Seine Beziehungen erstrecken sich vor allem auf die Industrie. Im vergangenen Jahr unternahm er längere Reisen. Er verfügt über große finanzielle Mittel. Möglicherweise bedient er sich des Decknamens Lefevre. Es wurden Briefe an diesen Namen an sein Hotel gesandt oder durch Boten abgegeben. Personenbeschreibung: 1,65, schwarze Haare, dunkle Hautfarbe, sorgfältig angezogen. Windjacke mit Pelzkragen. Vernière wurde des Öfteren von einem etwa 35-jährigen Mann besucht, der sich des Namens Bernard bediente. Die Verwalterin des Hotels ist über diese Person näher zu befragen.*«

»Wir holen Sie morgen ab«

Jeder Gang auf die Straße, jede Fahrt mit dem Rad oder der Bahn, jeder Besuch im Lokal ist riskant. Stets gilt es, einen schnellen Fluchtweg im Blick zu haben. Seine Familie sieht er nur selten. Yvonne Vernière hatte gleich nach der Kapitulation die Hauptstadt verlassen. Ein Polizist hatte sie vorgewarnt: »*Madame, wir holen Sie morgen ab. Es ist besser, wenn Sie vorher gehen.*« Sie versteckt sich mit ihrer Tochter Michele in einem Ort im Süden. Dort kommt am 5. Juni 1944, am Vorabend der Invasion der Alliierten in der Normandie, ihre zweite Tochter Dominique unter falschem Namen zur Welt. Erst nach der Befreiung Frankreichs wird Dominique als Tochter von Vernière registriert.

»Ich weiß nicht, was Hass ist«

Im September 1944 findet die Familie wieder zusammen. 1947 kommt Vernière als französischer Offizier nach Deutschland. Er beteiligt sich an Verhören von Wehrmachtssoldaten. Nach Rache ist ihm nicht zumute. *»Ich weiß bis heute nicht, was Hass ist. Manche hatten solche Gefühle in sich gespeichert und gaben ihnen freien Lauf. Das konnte ich nicht.«*

Die Familie Vernière lebt nach dem Krieg in Paris, wo Yvonne Vernière ihre Apotheke wieder betreibt. Vernière steht der Sozialistischen Partei Frankreichs nahe und denkt viel über das künftige Europa nach, das frei sein und die Rechte aller Menschen respektieren soll: *»Dafür habe ich in der Résistance gekämpft.«*

Finsterhölzl-Vernière als französischer Offizier | 1947

Werner-Raymond Finsterhölzl-Vernière | 1970er-Jahre

Trotz mancher Vorbehalte entschließt er sich 1953, mit seiner Familie nach Ravensburg überzusiedeln, nachdem ihm der väterliche Betrieb RAFI übertragen worden ist. In manchen Häusern seiner Heimatstadt entdeckt er einzelne Möbelstücke seiner Mutter. Einen Biedermeierschrank erhält er zurück. Der lebenslustige Raymond Vernière nimmt aktiv teil am gesellschaftlichen Leben, bleibt aber französischer Staatsbürger. Er ist Mitbegründer der *Deutsch-Französischen Gesellschaft* in Ravensburg. Seine Frau unterstützt ihn in allen seinen Vorhaben und gibt dafür ihren Beruf auf; die Tochter Dominique besucht eine französische Schule. Die kleine Firma seines Vaters baut Vernière zusammen mit Geschäftsführer Rolf Kreeb zu einem bedeutenden und weltweit operierenden Unternehmen aus. Nach dem Verkauf seines Unternehmens im Jahr 1987 verlässt er Ravensburg endgültig. *»Paris ist meine Stadt«*, sagt der Deutsch-Franzose. Hier stirbt der mit vielen Auszeichnungen geehrte Vernière am 27. Januar 2004 und wird neben seiner Frau auf dem jüdischen Teil des Friedhofs *Père Lachaise* beigesetzt.

Auschwitz – Zentrum des Holocaust

Am 60. Jahrestag der Befreiung von Auschwitz hat die polnische Regierung etwa 1000 Überlebende zu einer Gedenkfeier auf dem Gelände des ehemaligen Vernichtungslagers eingeladen. Nicht alle schaffen an diesem 27. Januar 2005 den Weg dorthin. Aber mehrere Hundert Menschen kehren an ihre frühere Leidensstätte zurück, darunter die französische Politikerin und ehemalige Präsidentin des Europaparlaments Simone Veil und Polens ehemaliger Außenminister Wladyslaw Bartoszewski. Nach der offiziellen Gedenkfeier gehen einige der Überlebenden zum Stacheldrahtzaun, der Auschwitz von der Außenwelt trennte. Andere blicken stumm auf die Trümmerhaufen der einstigen Gaskammern und Krematorien.

Todesstätte | Der 78-jährige Abraham Zelek trägt auf seinem Arm die eintätowierte Häftlingsnummer 74790. Er hat in den Konzentrationslagern seine ganze Familie verloren. Fassungslos steht er vor den Verbrennungsöfen, bei deren Bau er mitarbeiten musste. Fast drei Jahre verbrachte er an dieser Todesstätte, die zum Ort des größten Verbrechens der Menschheitsgeschichte wurde. In Auschwitz-Birkenau wurden über eine Million Menschen ermordet.

Auschwitz ist heute ein offenes Buch. Viele Überlebende haben über den Albtraum der Lagerhaft berichtet. Die Ton- und Schriftdokumente mit mehr als 300 Zeugenaussagen und Protokollen des Frankfurter Auschwitz-Prozesses, der von Dezember 1963 bis August 1965 dauerte, liegen vor. Dazu kommen Dutzende Funk- und Fernsehsendungen sowie zahlreiche Bücher – eine erdrückende Materialfülle also. Doch dieser Massenmord ist nicht zu begreifen. Denn was in den Vernichtungslagern Auschwitz, Majdanek, Belzec, Sobibór, Chelmno und Treblinka geschah, übersteigt die menschliche Vorstellungskraft. Das Wissen um Auschwitz und die Erinnerung daran bleiben jedoch unabdingbar. Deswegen haben die Vereinten Nationen den 27. Januar, den Tag der Befreiung von Auschwitz 1945 durch sowjetische Truppen, zum *Internationalen Holocaust-Gedenktag* erklärt.

60. Jahrestag der Befreiung von Auschwitz | 27. Januar 2005

Simone Veil (Mitte)

Eingang des KZ Auschwitz | um 1943

Auschwitz: Endstation

Dr. Josef Mengele

Aus allen Himmelsrichtungen kommen die Züge in Auschwitz an – aus den Niederlanden, Belgien, Frankreich, Italien, Deutschland, Österreich, Ungarn, Griechenland, Rumänien, Polen, Estland und Litauen. Auschwitz ist Endstation. Die Häftlinge werden noch an der Bahnrampe »*selektiert*«, das heißt SS-Leute, flankiert von Ärzten, bestimmen darüber, wer sofort in die Gaskammer kommt und wer noch verwendungsfähig ist – als Arbeitskraft oder medizinisches Versuchsobjekt.

Dr. Josef Mengele, Angehöriger der *Waffen-SS*, steht gern an der Rampe. Beim Eintreffen eines neuen Zuges kann er gleich vor Ort festlegen, wer für seine medizinischen Experimente infrage kommt. Der Arzt hat mehrere Spezialgebiete: körperliche Anomalitäten wie Kleinwüchsigkeit zum Beispiel und Zwillingsforschung. In einem Sonderprojekt widmet er sich der »*Vererbung von Augenfarben*«. Kinder und Mütter werden ermordet, um ihnen die Augäpfel zu entnehmen. Diese werden an das *Kaiser-Wilhelm-Institut für Anthropologie, Erblehre und Eugenik* in Berlin-Dahlem geschickt. Hunderte von Häftlingen werden mit Typhus- oder Fleckfieber-Erregern geimpft, um den Verlauf der Krankheit zu beobachten. Mengele ist ein perverser Einzeltäter und gleichzeitig Glied in einer Kette von Medizinern, die barbarische Menschenversuche unternehmen, um den »*arischen Nachwuchs*« zu fördern.

Zentrum des Holocaust | Auschwitz ist Zentrum des Holocaust. Das größte nationalsozialistische Konzentrations- und Vernichtungslager gliedert sich in drei Bereiche: Das Stammlager umfasst Produktionsanlagen. Das Lager II Auschwitz-Birkenau besteht aus Gaskammern und Krematorien, außerdem aus Sonderbereichen für Frauen sowie Roma und Sinti. Der dritte Komplex, das Lager Monowitz, ist Produktionsstätte des größten deutschen Chemieunternehmens *I. G. Farben.*

Insgesamt ist das Gelände etwa 200 Hektar groß. Über diese Fläche verteilen sich heute noch 155 Häuser und Baracken sowie 300 Ruinen. Der Zustand der Baracken ist sechseinhalb Jahrzehnte nach der Befreiung zum Teil bedenklich. Grundwasser greift die Fundamente an. Die Bahnrampe und die Ruinen der Krematorien zerfallen allmählich. Die Blocks im Stammlager von Auschwitz, in dem sich die Dauerausstellung des 1947 gegründeten *Staatlichen Museums Auschwitz in Oświęcim* befindet, sind dem Besucherandrang kaum noch gewachsen. 2008 waren es über 1,1 Millionen Menschen, die nach Auschwitz kamen, fast zwei Drittel davon Jugendliche und junge Erwachsene.

Eine Stiftung unter der Leitung des Vorsitzenden des *Internationalen Auschwitz-Rates,* Wladyslaw Bartoszewski, plant die Schaffung eines Fonds von 120 Millionen Euro, um Auschwitz als Gedenkstätte zu erhalten. Bartoszewski, der ehemalige Außenminister Polens, war selbst Häftling in Auschwitz. »*Wir werden alles tun, was in unseren Kräften steht, um sicherzustellen, dass der Ort Auschwitz auch in dreißig bis vierzig Jahren noch zugänglich und für die Besucher nachvollziehbar sein wird.*«

Selektion an der Rampe | 1944

Die Lagerbaracken heute

1927	Geburt in Nizza
1944–1945	KZ Auschwitz, KZ Bergen-Belsen
1974–1979	Gesundheitsministerin
1979–1982	Präsidentin des Europäischen Parlaments
1993–1995	Ministerin für Soziales
1998–2007	Mitglied des französischen Verfassungsrates

Simone Veil Neben der Rampe

»Wir waren eine glückliche Familie« mit diesem Satz beginnt Simone Veil ihre Autobiografie, die 2007 unter dem Titel *Une Vie (Und dennoch leben)* erscheint. Veil, eine der bekanntesten europäischen Politikerinnen, gehört wie ihre Eltern und ihre drei Geschwister zu den über 78 000 französischen Juden, die in den letzten Kriegsjahren deportiert werden. Weniger als 2500 kehren zurück. Ihr Vater André Jacob, Architekt von Beruf, und ihr Bruder Jean werden nach Litauen verschleppt und dort ermordet. Ihre Mutter Yvonne, eine ausgebildete Chemikerin, stirbt an Typhus. Simone und ihre Schwester Milou überleben Auschwitz und Bergen-Belsen, ihre Schwester Denise die Lager Ravensbrück und Mauthausen.

»Ich wohnte im Block neben der Rampe«

Ihre Kindheit verbringt Simone in Nizza. Sie ist 16 Jahre alt, als mit der Deportation das Unglück über die Familie hereinbricht. Nach einem Aufenthalt im Durchgangslager Drancy nordöstlich von Paris kommt sie mit Mutter und Schwester Mitte April 1944 in Auschwitz-Birkenau an. Auf ihren linken Arm wird die KZ-Nummer tätowiert: 78651. Im Mai beobachtet sie aus nächster Nähe das Eintreffen ungarischer Juden. *»Ich erlebte ihre Ankunft hautnah mit, denn ich wohnte in einem Block gleich neben der Rampe.«* Die Ungarn verlassen die überfüllten Waggons. Sie müssen das Letzte, was sie noch besitzen, abgeben und stehen tief verstört und voller Angst vor ihren Bewachern. Nur wenige dürfen aus der Menge heraustreten. Die meisten werden sofort in die Gaskammern getrieben.

Zu hübsch, um zu sterben

Innerhalb von drei Monaten sterben über 400 000 ungarische Juden im Gas. Wie überlebt Simone Jacob Auschwitz? Eines Tages wird sie von einer polnischen Aufseherin angesprochen: *»Du bist wirklich zu hübsch, um hier zu sterben. Ich schicke*

»Gefühlt hat man sich als letztes, gehetztes, vogelfreies Tier. Und man konnte sich trotzdem nicht vorstellen, was noch kommen sollte.«

Annelies Haymann, Jüdin aus Konstanz

dich woandershin.« Es ist die Zeit, als die Rote Armee nach Westen vorrückt und absehbar ist, wann sie Auschwitz erreichen wird. Die Polin sorgt dafür, dass Simone mit Mutter und Schwester nach Bergen-Belsen verlegt wird. Anfang 1945 verlassen Zehntausende das Lager Auschwitz, ohne Proviant, bei Temperaturen bis zu minus 30 Grad. SS-Kommandos und Soldaten der Wehrmacht marschieren vorweg. *»Sie versuchten, den Russen um jeden Preis zu entkommen, dem Tod zu entfliehen, der ihnen dicht auf den Fersen war.«* Stürzt ein Häftling zu Boden, wird er sofort erschossen.

Ein Bild des Grauens

Zu Fuß und in Viehwaggons erreicht der Treck das KZ Mittelbau-Dora im Harz. Von dort geht es für einige Frauen weiter nach Bergen-Belsen. Als sie Ende Januar 1945 das Lager erreichen, bietet sich ein Bild des Grauens: Unweit der Baracken liegen Stapel von Leichen. Der Gestank ist unerträglich. Elendsgestalten, vom nahen Tod gezeichnet, wanken orientierungslos umher. Eine medizinische Versorgung existiert kaum noch.

Die Geschwister Jacob überleben dank der polnischen Aufseherin, die den Frauen nach Bergen-

Ein Transport mit ungarischen Juden trifft an der Rampe in Auschwitz ein. | 1944

Belsen gefolgt ist. Denn Simone darf in der Küche der SS arbeiten und kann Essensreste abzweigen. Doch ihre typhuskranke Mutter verliert immer mehr Lebenskraft. Sie stirbt wenige Wochen vor der Befreiung des Lagers durch britische Truppen. *»Noch heute, sechzig Jahre später, wird mir immer wieder bewusst, dass ich mich nie mit ihrem Tod abgefunden habe«*, schreibt Veil.

Tätowiertes Vieh

Mitte April 1945 naht die Erlösung. Britische Truppen befreien das KZ. Bald darauf kehrt Simone mit ihrer Schwester nach Frankreich zurück. Die Bilder des Grauens, der Schmerz um den Verlust der Eltern und des Bruders – all das gräbt sich tief in ihr Gedächtnis ein. Monatelang kann sie nicht in einem Bett schlafen, *»nur auf dem Boden, wie im Lager«*. Bei Feiern verkriecht sie sich hinter einem Vorhang, *»um mit niemandem reden zu müssen«*. Andererseits vermisst die Überlebende Takt- und Mitgefühl bei ihren Mitmenschen. *»Niemand interessierte sich für das, was Milou und ich erlitten hatten.«* Der unterschiedliche Umgang mit früheren Angehörigen der *Résistance* und den ehemaligen KZ-Häftlingen macht ihr ebenfalls zu schaffen. Die Widerstandskämpfer seien als Helden gefeiert worden, berichtet sie; diese hätten im Krieg ihr Schicksal wählen können. *»Uns dagegen blieb keine Wahl – wir waren nur die schamerfüllten Opfer, tätowiertes Vieh.«*

Jüdische Menschen aus Ungarn in Auschwitz | 1944

Bei einem Empfang sieht ein hoher französischer Beamter die tätowierte Nummer auf Simones Unterarm und fragt, ob das ihre Garderobennummer sei. Fortan trägt sie nur noch langärmelige Kleider oder Pullover. Die Bitterkeit, die sie in solchen Momenten empfindet, überwindet sie im Laufe der Zeit. Es gelingt ihr, den Schmerz gewissermaßen in Energie zu verwandeln, mit der sie ihr weiteres Leben angeht. Während des Jura-Studiums lernt sie ihren Mann, Antoine Veil, kennen. Noch vor dem Examen kommt ihr erstes Kind zur Welt.

»Hassfigur der Reaktionäre«

Statt einen Richterposten anzustreben, schlägt Simone Veil eine politische Laufbahn ein. Sie entwickelt sich zu einer resoluten Kämpferin für die Rechte von Frauen und Minderheiten. Für ihre Ziele sucht Veil Verbündete sowohl im linken wie im rechten Lager. Gegen massive Proteste setzt sie 1975 als Gesundheitsministerin das Recht auf einen Schwangerschaftsabbruch durch. *»Ich wurde zur Hassfigur der Reaktionäre«*, berichtet sie 2009 in einem Interview dem Berliner *Tagesspiegel*. *»Damals trieben in Frankreich jedes Jahr 300- bis 400 000 Frauen illegal ab. 300 Frauen starben dabei jährlich. Nur wer Geld hatte, konnte ins Ausland.«* Im Parlament versteigt sich ein Abgeordneter zu dem Satz, der abgetriebene Fötus werde direkt in den Verbrennungsofen geschickt. *»Als der Tag der Verabschiedung nahte, bekämpften mich orthodoxe und antisemitische Katholiken. Manche attackierten mich auf offener Straße. Mehrere Male wurden Hakenkreuze an meine Hauswand geschmiert.«*

Präsidentin des Europaparlaments | 1979

In Frankreich gibt es zu der Zeit wohl nur eine politische Persönlichkeit, die stark genug ist, ein derartiges Reformvorhaben durchzusetzen, und das ist Simone Veil. Bei allem, was sie anpackt, fühlt sie sich in erster Linie ihren humanitären, fortschrittlichen Überzeugungen verpflichtet und weniger den politischen Maximen einer Partei. Gerechtigkeit bedeutet für sie eine unverrückbare Leitlinie. Im Jahr 1979 steigt die Mutter von drei Söhnen zur ersten Präsidentin des Europaparlaments auf.

Im Alter wird der Unbeugsamen die nach dem Krieg schmerzlich vermisste Anerkennung schließlich zuteil. Die *Académie Française* nimmt 2008 die Auschwitz-Überlebende Simone Veil als sechste Frau in ihre Reihen auf. Veil gehört damit zum Kreis der 40 *»Unsterblichen«*.

»Die Erinnerungen waren ja nie weg. Sie begleiten mich bis heute.«

SIMONE VEIL | 2009

1920	Geburt in Neutitschein (Tschechoslowakei)
1943–1945	KZ Theresienstadt, KZ Auschwitz, KZ Warschau, KZ Dachau
1946	Rückkehr nach Deutschland
Seit 1988	Vorsitzender der Lagergemeinschaft Dachau, Vizepräsident des Internationalen Dachau-Komitees
2000	Ehrendoktorwürde der Universität München

Max Mannheimer »Die Erinnerung ist immer da«

Max Mannheimer hat im Dritten Reich fast alles erlitten, was ein Mensch unter dem NS-Regime erleiden konnte: den Tod seiner Eltern, seiner Frau und seiner Geschwister, KZ und Vernichtungslager, Hunger und Krankheiten, Misshandlungen sowie Demütigungen jedweder Art. Von der Familie Mannheimer haben nur Max und sein jüngerer Bruder Edgar den Holocaust überlebt.

Trotz dieser Leidensgeschichte, die ihn über Theresienstadt, Auschwitz und Warschau bis nach Dachau führte, hat Max Mannheimer seinen Humor nicht verloren. Gleich zu Beginn eines langen Gesprächs in seiner Wohnung in einem Münchener Stadtteil verbittet er sich, mit *Herr Doktor* angeredet zu werden. Der Titel *Dr. h. c.* wurde ihm neben zahlreichen anderen Auszeichnungen der Ehre wegen, also *honoris causa*, verliehen. Aber Mannheimer besteht darauf: *»Ich bin ein Dr. humoris causa.«* Geblieben sind Selbstironie, der Schalk und ein großer Charme, der auch auf Schülerinnen und Schüler wirkt, wenn der alte Mann ihnen die Geschichte seines langen und ungewöhnlichen Lebens erzählt. *»Ich komme ja nicht als Richter oder Ankläger in eine Schulklasse oder einen Vortragssaal«*, sagt er. *»Vielmehr will ich deutlich machen, was eine Diktatur für einen einzelnen Menschen bedeutet und wie viel wertvoller für uns alle unsere Demokratie ist.«*

Jugend in Neutitschein

Max Mannheimer wächst in der Stadt Neutitschein in Nordmähren auf. Seine Vorfahren stammen väterlicherseits ursprünglich aus Spanien, wo sie Ende des 15. Jahrhunderts die Wahl hatten, katholisch zu werden oder das Land zu verlassen. Sie kamen nach Mannheim, legten ihre hebräischen Namen ab und nahmen den Namen ihrer neuen Heimatstadt an. Später übersiedelte die Familie nach Osteuropa; die Familie der Mutter stammte aus Ungarn.

Erste Reihe ganz links: Max Mannheimer

Vaters Lieferwagen

Nach dem Besuch der Handelsschule und einer kaufmännischen Lehre soll Max Mannheimer im elterlichen Großhandel mitarbeiten. Doch die politischen Ereignisse Ende der 1930er-Jahre greifen tief in das Leben der Familie Mannheimer ein. Hitler hat sich im *Münchener Abkommen* von 1938 den Zugriff auf das Sudetenland gesichert. Im März 1939 marschieren deutsche Truppen in den Rest Böhmens und Mährens ein, die zum *Protektorat* erklärt werden. Die Hakenkreuzfahnen, die schon seit dem 10. Oktober 1938 in Neutitschein wehten, prägen jetzt auch das Bild Böhmens und Mährens.

Unter dem Jubel deutschstämmiger Einwohner marschieren Kolonnen der Wehrmacht durch die Straßen. Für Juden dagegen beginnt ein Spießrutenlaufen. Ständig treten neue Vorschriften in Kraft, die ihnen das Leben unerträglich machen: *»Für Juden nicht zugänglich«*, *»Für Juden verboten«* – überall stoßen die Menschen, die seit Generationen friedlich in der Kleinstadt leben, auf Barrieren.

Der Lieferwagen von Jakob Mannheimer, ein *Chevrolet* mit sechs Zylindern, mit dem er Waren transportiert und auf den er so stolz ist, wird für die *NS-Wohlfahrt* beschlagnahmt. *»Brot und Konserven wurden an die ›hungernde‹ Bevölkerung verteilt. Eine groteske Situation. Deutsche Konserven aus einem jüdischen Wagen.«* Die Kunden kommen, wenn überhaupt, nur noch auf Nebenwegen in sein Geschäft. Die Familie Mannheimer wird im Januar 1939 ausgewiesen und übersiedelt nach Ungarisch-Brod (Südmähren), dem Geburtsort von Margarethe Mannheimer. Dort wohnen nur einige deutsche Familien, weshalb sich die Begeisterung für Hitler in Grenzen hält.

Neuanfang

Da Max Mannheimer kaum noch Möglichkeiten sieht, in seinem Beruf als Kaufmann zu arbeiten, meldet er sich im Sommer 1939 zum Straßenbau – eine weitsichtige Entscheidung, wie sich bald herausstellen wird. Anfang September beobachtet er lange Schlangen von Militärfahrzeugen. Der deutsche Überfall auf Polen hat begonnen.

Welche Folgen der Ausbruch des Krieges hat, darüber macht sich der 19-Jährige zunächst keine Gedanken. Er will leben und seine Jugend genießen. Ende 1940 lernt er Eva Bock kennen, die Tochter strenggläubiger Juden. Die beiden wollen heiraten und schmieden Pläne für eine gemeinsame Zukunft. Am 24. September 1942 werden sie von einem Rabbiner getraut. Max Mannheimer erinnert sich: *»Für die Zeit nach dem Krieg planten wir unsere Hochzeitsreise. Was um uns herum geschah, die Nachrichten von Judentransporten, Gettos – all das kümmerte uns nicht. Es war wie im Traum. Wir waren glücklich und vergaßen alles andere.«*

Hochzeitsfoto mit Eva Bock | 24. September 1942

Eine Kette schlimmer Ereignisse

Das Glück des jungen Paares währt nur wenige Monate. Ende Januar 1943 kommt eine Vorladung des Sicherheitsdienstes, wonach sich die Familie mit allen Verwandten in einer Schule unweit des Bahnhofs einzufinden habe. Vor einem solchen Papier hatten sie sich lange gefürchtet. Jetzt liegt es vor und setzt eine Kette schlimmer Ereignisse in Gang. Max Mannheimer: »*Ein Zug brachte uns nach Theresienstadt. Wir kamen zunächst in einem Pferdestall unter, wo unsere Namen und weitere Angaben festgehalten wurden. Danach ging es weiter nach Auschwitz-Birkenau.*«

An der Rampe beginnt die Selektion. Selektion heißt Entscheidung über Leben oder Tod im Sekundentakt. Die Aufseher suchen unter den Häftlingen nach Arbeitskräften. Als Max Mannheimer an der Reihe ist und seinen Beruf nennen soll, antwortet er: »*Straßenarbeiter.*« Das rettet ihm das Leben, auch wenn er danach noch weitere Selektionen überstehen muss. Die Schwielen an seinen Händen überzeugen den SS-Arzt. »*Nach links*«, entscheidet dieser. Sein Bruder Edgar ist gelernter Schuhmacher, Ernst Installateur. Auch sie dürfen auf die linke Seite. Und dann geht alles ganz schnell. Vergeblich sucht Max unter den vielen Häftlingen, die mit Schlägen und Tritten auf bereitstehende Lastwagen getrieben werden, seine Eltern und die Schwester Käthe. Nur von seiner Frau erhascht er noch einen letzten Blick. Er weiß es noch nicht, aber er wird sie alle nie wiedersehen.

»Die gehen durch den Kamin«

»*Wir mussten dann in Dreierreihen antreten und wurden gezählt. Anschließend ging es in eine Baracke. Dort mussten wir uns ausziehen und sämtliche Wertsachen abgeben. Ein Sinti-Häftling tätowierte uns Nummern auf den Unterarm. Edgar bekam die Zahl 99727, ich 99728 und Ernst 99729. Unsere Namen waren damit gelöscht. Wir wurden nur noch mit*

Nummern angesprochen. Ich fragte einen Gefangenen, was mit den alten Leuten, den Frauen und Kindern passiere, die auf die Lastwagen klettern mussten. Eiskalt erwiderte er: ›Die gehen durch den Kamin!‹«

Max ist verzweifelt, macht in der Nacht kein Auge zu. Beim Appell am nächsten Morgen flüstert er Edgar zu: »*Du wirst sehen, wir werden unser eigenes Grab schaufeln müssen. Am besten, ich gehe direkt in den Elektrozaun.*« Der Bruder sieht ihn verständnislos an: »*Willst du Ernst und mich alleinlassen?*«

Für sechs Wochen kommen die Brüder Mannheimer in Quarantäne, dann beginnt der Arbeitseinsatz, von den Häftlingen »*Kommando*« genannt. Edgar geht zu den Schuhmachern, Ernst zu den Installateuren. Max schuftet für eine Essener Baufirma. »*Der Tag begann um 6 Uhr mit dem Morgenappell, der etwa eine Stunde dauerte. Wenn alles glattlief, hieß es dann: ›Arbeitskommando formieren!‹ Unter den Klängen von Marschmusik marschierten wir zum Tor. Dort kommandierte ein Kapo: ›Mützen ab! Augen rechts!‹ Und dann wurde wieder abgezählt. Und nach dem Gerätefassen ging es an die Arbeit.*« Wie kann ein Mensch unter solchen Bedingungen überhaupt existieren? In Auschwitz lernt Max Mannheimer die Hölle kennen.

Grüne Kapos

Die unmittelbare Aufsicht beim Arbeitseinsatz überlässt die SS den sogenannten »*grünen Kapos*«. Das sind Kriminelle, die mit ihrer Brutalität die SS manchmal noch übertreffen. Max Mannheimer schildert einen solchen Fall. »*Kapo Helmuth sah, dass ein Gefangener nicht richtig laufen konnte, und stellte ihn zur Rede. Der Häftling sagte, er habe Magengeschwüre und leide unter Krämpfen. Eigentlich müsse er Diät leben. Der Kapo: ›Dagegen habe ich ein gutes Mittel. Nach der Verteilung der Geräte meldest du dich bei mir im Geräteschuppen.‹ Ich glaubte wirklich, der Kapo wolle ihm helfen, bis ich aus dem Schuppen furchtbare Schreie hörte. Ein Schaufelstiel war das ›gute Mittel‹.*«

Die schwere körperliche Arbeit und die mangelnde Ernährung setzen auch Mannheimer beim Kanalisationsbau zu. Er hat mit zwei tschechischen politischen Häftlingen Zementsäcke zur Betonmischmaschine zu transportieren. Ein Hungerödem bereitet ihm unerträgliche Schmerzen in der Leistengegend. Seine zwei Mithäftlinge, die er später als »*rettende Engel*« bezeichnet, erlauben ihm, auf die Stahlumrandung der Kipplore zu steigen, damit er nicht laufen muss. Als der Mörder des magenkranken Häftlings, Kapo Helmuth, vorbeigeht, steigt Mannheimer ab. Der Kapo sieht, dass er hinkt und befiehlt ihm, im Geräteschuppen auf ihn zu warten. »*Ich weiß nicht mehr, wie lange es dauerte. Wenn man in Todesangst lebt, verliert man das Gefühl für die Zeit. Jedenfalls geht plötzlich die Tür auf und der Kapo kommt herein. In meiner Not sage ich: ›Kapo Helmuth, ich bewundere Sie. Diese Disziplin und der Respekt, den die Häftlinge Ihnen entgegenbringen – Sie sind eine richtige Führernatur!‹ Der Kapo stutzt: ›Wirklich?‹ Ich sage: ›Ja, wirklich. Ganz bestimmt!‹ Er: ›Setz dich zum Ofen, damit du nicht so frierst.‹ Da stand ein kleiner Eisenofen. Ich rückte ganz nahe ran und merkte zu spät, dass die glühende Hitze durch die Jacke bis auf die Haut ging und eine riesige Brandblase verursachte. Die Narbe trage ich heute noch. Das Kompliment für den Kapo rettete mir das Leben. Religiös eingestellte Menschen sagen vielleicht: Gott wollte, dass ich überlebe. Ich sehe es eher pragmatisch: Ich habe Glück gehabt.*«

Am nächsten Morgen begibt er sich in den Häftlingskrankenbau. Die wenigsten Patienten kehren von dort lebend zurück. Häftlinge, die nicht innerhalb kurzer Zeit gesund werden, tötet man mit der chemischen Substanz Phenol, die in das Herz gespritzt wird. Am Eingang zum Krankenbau trifft er Jan Weiß, einen slowakischen Juden, Zahntechniker von Beruf, der ihm Auskunft über das Schicksal seines Bruders Erich geben kann. Erich habe erfrorene Füße gehabt und sei »*den Weg der Nichtarbeitsfähigen*« gegangen, also ermordet worden.

Max Mannheimer ergänzt in seiner Autobiographie *Spätes Tagebuch* das Sterbedatum seines Bruders: »*Im Totenbuch von Auschwitz ist er mit dem Datum 15. Februar 1943 eingetragen.*«

»Mein Vater liegt dort«

Vor seiner Operation an der Leiste muss Max eine weitere Selektion über sich ergehen lassen. Die Patienten werden anhand ihrer Nummern aufgerufen und vom Häftlingsarzt gemustert. Der Arzt vermerkt auf einem Kärtchen, wer für einen Eingriff infrage kommt. Die anderen werden umgebracht. In diesem Zusammenhang berichtet Mannheimer von einem erschütternden Erlebnis:
»*Ein gewisser Josef Klehr, Schreiner von Beruf, trat als Sanitäter im weißen Kittel auf, in der Hand eine Magnumspritze. Er zählte die Rippen der Häftlinge und spritzte ihnen Phenol ins Herz. Jan Weiß musste die auf einem Stuhl sitzenden Gefangenen festhalten. Eines Tages nahm dort sein Vater Platz. Als dieser zur Seite kippte, verlor Jan die Fassung und brach in Tränen aus. Klehr fragte ihn: ›Warum weinst du? Du machst das doch schon länger!‹ Jan sagte: ›Dort am Boden liegt mein Vater.‹ Der Sanitäter: ›Ja, warum hast du nichts gesagt?!‹ Jan Weiß erwiderte, er habe Angst davor gehabt, sich auch auf den Stuhl setzen zu müssen.*

Jan Weiß hat meinen Bruder Edgar vor etwas Schlimmem bewahrt. Edgar, Jahrgang 1925, bekam eines Tages einen Zettel mit der Aufforderung, er solle sich im chirurgischen Block einfinden. Daraufhin ging er zu Jan und fragte ihn, was das zu bedeuten habe. Dieser zerriss den Zettel sofort und sagte: ›Sprich mit niemandem darüber!‹

Der Jahrgang 1925 wurde zur Sterilisation herangezogen. Davor hat Jan Weiß Edgar bewahrt. Mein Bruder hatte nach dem Krieg eine große Familie und war wohlhabend.

Er hat Jan bei Zürich eine Existenz ermöglicht. Aber dieser litt unter schweren Depressionen, die ihn ständig verfolgten. Von seinem Trauma ist er nie wieder losgekommen.«

Max Mannheimer muss noch einen Test bestehen, bevor er das Krankenhaus lebendig verlassen kann. »*Am Morgen nach der Operation ließ die Wirkung der Narkose nach und ich hatte starke Schmerzen. Als es hell wurde, freute ich mich über den neuen Tag. Aber das war verfrüht. Denn es hieß: Hemden ausziehen, Verband abnehmen. An der Tür stand breitbeinig ein SS-Arzt und rief nacheinander die Nummern der Häftlinge auf, die einzeln durch die Bettreihen zu ihm rennen sollten. Ich sah, wie diejenigen, die hinkten, an der Tür festgehalten wurden. Auch ich hatte Schmerzen, aber mir wurde schnell klar: Das ist ein Lauf ums Leben. Ich war ja Sportler gewesen, hatte Fußball gespielt. Also: Arme angewinkelt, Brust raus, so bin ich losgerannt und durfte anschließend ins Bett zurück.*«

Max Mannheimer ist zum Skelett abgemagert. Sein Bruder versucht, ihn in der Schuhmacherwerkstatt unterzubringen. Der zuständige Kapo merkt sofort, dass der Häftling vom Schusterhandwerk nichts versteht. Er kann nicht einmal einen Stift in eine Sohle einschlagen. Sofort hagelt es Schläge mit dem Schusterleisten. Der Kapo fordert ihn auf, mit einem Messer Stifte zu schneiden. Auch das geht schief. Der Kapo: »*Zu wenig und zu ungleichmäßig. Bück dich! Jeden Tag fünf Schläge!*« Max Mannheimer: »*Er war ein Sadist. Ich bekam eine Entzündung, eine Phlegmone, in der sich Eiter sammelte. Also musste ich wieder in den Krankenbau.*«

Das Familienfoto

Nach der Entlassung aus dem Krankenbau arbeitet Mannheimer auf dem Dachboden einer Lederfabrik. Zusammen mit einem Russen zupft er Wolle aus Decken, die Juden aus Griechenland mitgebracht haben. Die Wolle dient als Füllmaterial für Polstermöbel der SS. »*Das war meine beste Arbeit.*« Aber sie dauert nicht lange. Ein polnischer Mithäftling gönnt ihm den Job nicht, tritt ihm ins Gesäß, sodass Max über einen Eimer mit Wasser stürzt, nachdem er vorher den Werkstattboden schrubben musste. Am Ende bekommt er ein »*Hofkommando*« aufgebrummt, eine Strafe, die mit Sägen, Fegen und anderen Hilfsarbeiten verbunden ist. Dabei trifft Max Mannheimer Rudi Müller, einen ehemaligen Handschuhfabrikanten aus Prag. Die beiden freunden sich an. Müller ist damit beschäftigt, das Futter von Koffern aufzuschneiden, um nach Geld und Wertsachen zu suchen. Der Zufall will es, dass ihm der Koffer der Familie Mannheimer unter die Finger gerät und er ein Familienfoto findet, das er Max überlässt. »*Ich habe das Bild in drei Streifen zerschnitten und in meinen Gürtel geschoben, der doppelt genäht war. Bis zu meiner Befreiung besaß ich das Foto. Meine Familie hat mich also die ganze Zeit begleitet.*«

»Ihr seid Kerle!«

Mannheimer und Müller haben sich viel zu erzählen. Als sie beim »*Hofkommando*« eine kurze Pause einlegen, nimmt der Oberkapo sie von oben ins Visier. »*Ihr Drecksäcke*«, brüllt er, »*bleibt stehen, bis ich runterkomme.*« Der Aufseher treibt sie in die Gerberei und stößt die beiden in ein Becken, in dem die gegerbten Häute gewässert werden. In der gelbbraunen Brühe beginnt ein Kampf auf Leben und Tod. Der Oberkapo tritt die Häftlinge auf die Hände und auf den Kopf, als diese mit letzter Kraft versuchen, sich aus dem Becken zu ziehen. Sie halten durch, und irgendwann reicht es dem Oberkapo: »*Ihr seid Kerle*«, sagt er anerkennend, »*ihr dürft am Leben bleiben.*«

Familie Mannheimer; stehend von links: Edgar, Erich, Max, Ernst; sitzend von links: Jakob, Käthe, Margarethe Mannheimer | 1938

Nach Warschau

Max Mannheimer zieht sich eine schwere Bronchitis zu und hat einen Abszess auf der Brust, der aufgeschnitten werden muss. Er erfährt von einem Kameraden, dass sein Bruder Edgar, der stets in seiner Nähe war, für den Transport ausgewählt worden sei. Transport bedeutet: Weg von Auschwitz. Das ist wichtig fürs Überleben. Der Mithäftling rät ihm, sich sofort an den zuständigen SS-Obersturmführer zu wenden. »*Das müssen Sie sich so vorstellen: Ein abgemagerter Häftling, Mütze an der Hosennaht, wendet sich an einen SS-Offizier: ›Herr Obersturmführer, Häftling Nr. 99728 bittet um eine Unterredung.‹ – ›Ja, was wollen Sie?‹ Das ›Sie‹ stimmt mich optimistisch. ›Mein Bruder wurde zum Transport eingereiht. Und ich, obwohl ich vollkommen gesund und arbeitsfähig bin, wurde abgelehnt. Ich bitte Herrn Obersturmführer, auf Transport gehen zu dürfen.‹ – ›Aber Sie haben doch eine Wunde an der Brust.‹ Ich sage: ›Bei mir heilt alles sehr schnell. Ich habe gesundes Blut und bin vollkommen arbeitsfähig.‹ Er: ›Öffnen Sie Ihr Hemd. Wollen mal sehen.‹ Ich reiße meine Jacke auf, Hemd aus, Pflaster runter. Und tatsächlich: Der Obersturmführer schickt mich mit auf den Transport. Es ist derselbe, der mich an der Rampe selektiert hat.*«

Max Mannheimer | Juni 1945

Am 8. Oktober 1943 treffen die Häftlinge nach Mitternacht in Warschau ein. Zu Fuß geht es ins zerstörte Warschauer Getto. Die Atmosphäre dort ist gespenstisch. Wo noch wenige Monate zuvor Zehntausende von polnischen Juden mit dem Mut der Verzweiflung gegen den Transport in die Vernichtungslager kämpften, breitet sich eine dunkle Trümmerlandschaft aus. In ihren Holzschuhen marschieren die Häftlinge auf die Baracken zu. Max Mannheimer: »*Das Echo der Holzpantinen brach sich an Wänden und Mauerresten. Ich habe es immer noch im Ohr.*« Die Rede, die die völlig erschöpften Gefangenen bei der Ankunft über sich ergehen lassen müssen, haben sie schon oft gehört: »*Ordnung, Sauberkeit, Disziplin*« wird von ihnen verlangt. Außerdem sollen sie den Schutt wegräumen und Wertgegenstände bergen, die selbstverständlich sofort abzugeben sind.

Eine blonde Polin, die Jüdin war

Max Mannheimer hat wieder einmal Glück: Wäscher werden gesucht. Das Kommando heißt »*Wäscherei-Nachtschicht*«. Die Wäsche für die SS und die Wehrmacht wird dort gewaschen. Seine neue Arbeit empfindet er als angenehm. Außerdem gibt es einen Lichtblick: »*Dort arbeitete Cesia, ein blondes polnisches Mädchen. Sie war freundlich und nett zu uns Häftlingen. Ich hatte gleich den Verdacht, sie könnte Jüdin sein, obwohl sie mit ihren blonden Haaren und blauen Augen nicht danach aussah. Ich wollte sie jedoch nicht direkt fragen, sondern erkundigte mich nach ihren Eltern. Da kamen ihr die Tränen.*«

Wie sich später herausstellt, versteckte sie in ihrer Wohnung in Warschau eineinhalb Jahre lang sechs Juden. Nach 55 Jahren findet Max Mannheimer sie in Sydney wieder. Das Bayerische Fernsehen lädt sie ein, und es entsteht der Film *Die blonde Heldin des Warschauer Gettos*, der später auch in Australien gezeigt wird. Mannheimer hatte sich in Cesia, die eigentlich Esther hieß, verliebt. »*Wissen Sie, ich kam aus diesem verlausten Lager. Und da stand in der Wäscherei plötzlich diese junge Frau in ihrem weißen Kittel vor mir. Da begriff ich: Es gibt ja noch ein anderes Leben …*«

Eines Morgens werden Häftlinge, die mit Büroarbeit vertraut sind, gesucht. Max Mannheimer beherrscht Stenografie. Er landet in der Schreibstube. An einen Besucher erinnert er sich genau: Amon Göth, Kommandant des Lagers in Krakau-Plaszów. Göth sucht Facharbeiter. »*Ich zitterte, als er mir eine Liste in die Maschine diktierte.*«

Richtung Westen

Ende Juli 1944 geht es zunächst zu Fuß in Richtung Westen. Später werden Lastwagen und Viehwaggons eingesetzt. Der Aufbruch und die Reise selbst verlaufen chaotisch. Häftlinge, die zu schwach sind, werden erschossen. Unterwegs leiden die Gefangenen unter fürchterlichem Durst. Sie übernachten auf einer Wiese, graben den Boden auf und stoßen auf verschlammtes Wasser, das sie gierig verschlingen. Oder stürzen sich auf einen Fluss und trinken das Wasser, auch mit Kaulquappen. Mannheimer: »*Wenn Sie Durst haben, trinken Sie alles. Denn Durst ist noch schlimmer als Hunger.*«

Im Konzentrationslager Dachau ist der Transport zu Ende. Mannheimer atmet auf: »*Mein erster Eindruck war: Hier kann man überleben. Wir kamen völlig verlaust und dreckig in Dachau an. Wir wurden zum Duschen geschickt, bekamen gestreifte Kleidung. Alles sah geordnet aus. Allerdings blieben wir nur drei Wochen im Hauptlager.*«

Noch einmal beginnt eine Phase, die mit schwerer körperlicher Arbeit verbunden ist. Mannheimer wird nach Karlsfeld verlegt, eines der vielen Außenlager von Dachau. Ein SS-Aufseher namens Jäntzsch ist der Schrecken der Häftlinge. »*Der hetzte seinen aggressiven, auf Menschen abgerichteten Hund auf uns. Erst wenn das Tier sich verbissen hatte, rief er es zurück. Dieser Hund hat mich lange Zeit in meinen Träumen verfolgt, obwohl er mich nie angegriffen hat.*« Der nächste Einsatzort heißt Mettenheim mit dem Lagerkomplex Mühldorf, wo unter Tage das Flugzeug *Messerschmitt 262* gebaut wird. Max Mannheimer ist jetzt am Ende seiner Kräfte. Um ihn herum sterben die Gefangenen an Fleckfieber. Auch ihn packt die von Läusen übertragene Krankheit. Für Patienten wie ihn gibt es nur noch die »*Fleckfieberbaracke*«, wo die Gefangenen ihrem Schicksal überlassen bleiben, bis sie sterben.

In höchster Not unternimmt Edgar Mannheimer einen verzweifelten Versuch, seinen Bruder zu retten. Er wendet sich an den Lagerführer Sebastian Eberl. »*Dieser Mann, ein arbeitsloser Konditor, NSDAP-Mitglied seit 1933, Angehöriger der SS, also wahrlich kein guter Mensch, hat mich nicht weggeschickt. Hätte er es getan, wäre ich sehr wahrscheinlich umgekommen.*«

Am 30. Mai 1945 befreien die Amerikaner die beiden Brüder in der Nähe des Bahnhofs Tutzing. »*Kaum jemand kann sich vorstellen, was es heißt, nach diesen 27 Monaten in einem sauberen Bett zu liegen – ohne Angst, umgebracht zu werden.*«

Edgar Mannheimer | Juni 1945

Max Mannheimer

Der KZ-Überlebende erinnert seit Jahren als Zeitzeuge an das Grauen, das er überlebt hat.

Max Mannheimer vor einem seiner Kunstwerke | 3. September 2009

Herr Mannheimer, nach Ihrer Befreiung sind Sie nach Neutitschein, Ihrer Heimatstadt, zurückgekehrt. Sie haben sich geschworen, nie wieder deutschen Boden zu betreten. Dieser Entschluss hielt jedoch nicht lange. Was war der Grund?

MM – Das stimmt, ich wollte nie mehr deutschen Boden betreten. Denn ich wollte nicht unter Menschen leben, die andere Menschen nur wegen ihrer Religion in Gaskammern schicken. Dann habe ich in einem Obst- und Gemüsegeschäft in Neutitschein eine junge Deutsche kennengelernt. Sie gefiel mir. Und um sie ein wenig zu provozieren, fragte ich sie auf Tschechisch: *»Fräulein, haben Sie Bananen?«* Natürlich gab es keine Bananen. Freundlich und bestimmt antwortete sie auf Tschechisch. Ich lernte Elfriede Eiselt dann näher kennen. Sie stammte aus einer sozialdemokratisch geprägten Familie. Schon als Schülerin hat sie einen Lehrer gegen Angriffe von Nazi-Schülern verteidigt. Sie flog von der Schule, wurde als *»Arbeitsmaid«* nach Ostpreußen geschickt, hat in Königsberg Feldpost sortiert und kehrte schließlich nach Neutitschein zurück, wo sie dem Gemüsegeschäft als Bürokraft zugeteilt wurde.

Sie lernte privat Englisch und hat den englischen Kriegsgefangenen, die in Begleitung eines deutschen Soldaten zum Gemüsefassen kamen, Skizzen über die militärische Lage zugesteckt und Meldungen der BBC übermittelt. Das war natürlich sehr gefährlich. Sie war eine Heldin.

Wann sind Sie nach Deutschland zurückgekehrt?

MM – Das war am 7. November 1946. Es kam mir so unwirklich vor: Ich hatte mich in eine Deutsche verliebt, ich, der Jude, der sechs Angehörige verloren hatte. Aber Elfriede, die ich dann geheiratet habe, sagte: *»Nach allem, was passiert ist, hat Deutschland ausgezeichnete Chancen, eine Demokratie zu werden.«* Von 1952 bis 1960 war sie Stadträtin in München. Sie starb 1964 im Alter von 42 Jahren an Krebs.

Wie sind Sie mit den schrecklichen Ereignissen in Ihrem späteren Leben umgegangen?

MM – Das ist noch mal ein eigenes Kapitel. Ich habe ja noch einmal geheiratet. Meine Frau ist Amerikanerin, stammt aus Boston. Auf einer der Inseln verbrachte sie öfter mit ihrer Cousine die Ferien. Ich habe sie einige Male dorthin begleitet. Bei unserer gemeinsamen letzten Reise entdeckte ich auf einer Säule ein tief eingraviertes Hakenkreuz. In diesem Augenblick brach für mich eine Welt zusammen. Die USA, eine alte Demokratie mit garantierten Freiheitsrechten – und dann dieses Hakenkreuz.

Was haben Sie gemacht?

MM – Zuerst wollte ich es herausmeißeln. Ich kenne mich ja mit Steinen aus. Aber ich besaß nicht das richtige Werkzeug. Dann brach ich zusammen. Der Arzt, der mich behandelte, fragte: *»I am a Jewish Doctor. May I give you an injection?« (»Ich bin ein jüdischer Arzt. Darf ich Ihnen eine Spritze geben?«)* Warum hat er vorher gefragt? Weil er wusste, dass viele KZ-Häftlinge per Spritze ermordet wurden. Man brachte mich in eine psychiatrische Anstalt südlich von Boston. Mein Unterbewusstsein spielte mir einen Streich. Wenn ich unter die Dusche ging, habe ich zunächst ganz vorsichtig den Wasserhahn aufgedreht, um zu sehen, ob tatsächlich Wasser herauskommt. Die Gaskammern waren ja als Duschen getarnt worden.

Und wie haben Sie sich aus diesem inneren Gefängnis befreit?

MM – In den USA wurde ich als geheilt entlassen, allerdings mit der Empfehlung, eine Zeit lang noch psychotherapeutische Hilfe in Anspruch zu nehmen. Ich war bei zwei Ärzten und nahm weiter Tabletten. Der erste hat mich behandelt, mit dem zweiten habe ich fast nur jüdische Witze ausgetauscht.

Was mir letztlich geholfen hat? Die Tabletten, ja, auch das Malen, womit ich Anfang der 1970er-Jahre begonnen habe. Ich habe ganz naturalistisch angefangen und male jetzt abstrakt mit kräftigen, explodierenden Farben. Und dann die Gespräche, Vorträge und Diskussionen in den Schulen.

Was vermitteln Sie den Jugendlichen? Was ist Ihnen wichtig?

MM – Zum Beispiel, dass es sich lohnt, für die Demokratie einzutreten, dass es die Demokratie nicht zum Nulltarif gibt. Die junge Generation hat viel zu verlieren, wenn sich eines Tages wieder eine Diktatur durchsetzen sollte.

Was sagen Sie zum Treiben von Neonazis und Rechtsextremisten? Wie sollte der freiheitliche Staat ihnen begegnen?

MM – Ich bin für ein Verbot der NPD. Manche Menschen sind eben leicht verführbar. Ansonsten müssen die einschlägigen Gesetze angewandt werden, und zwar schnell und konsequent. Ich selber versuche, mich in diese Rechtsradikalen hineinzuversetzen. Was treibt sie an? Der Halt in den Familien ist oft nicht da. Das Abenteuer, das in Wahrheit keines ist, wirkt verlockend. Filme, rechtsradikale Musik, von der Gesellschaft an den Rand gestoßen, von den Erwachsenen nicht ernst genommen werden – da kommt einiges zusammen.

Herr Mannheimer, Sie sind vielfach geehrt und ausgezeichnet worden. Empfinden Sie Genugtuung, nach allem, was Ihnen widerfahren ist?

MM – Ach ja, das schon. Am 26. Januar 2009 war ich bei Bundespräsident Horst Köhler eingeladen. Das war vor seiner Wiederwahl. Ich lud ihn nach Dachau ein, um an einer Gedenkfeier teilzunehmen. *»Erst muss ich wiedergewählt werden«,* sagte er daraufhin. Ich erwiderte: *»Das steht doch schon fest!«* Köhler: *»Woher wissen Sie das?«* Ich sagte: *»Herr Bundespräsident, vergessen Sie nicht, ich stamme aus dem Volk der Propheten!«*

Jurek Hronowski als Häftling im KZ Auschwitz | 1941

Jurek Hronowski • Katarina Bader

Über die ungewöhnliche Freundschaft zwischen einem Auschwitz-Überlebenden und einer jungen Deutschen

KB – Manchmal entstehen Freundschaften, die schwer zu erklären sind. Die Freundschaft zwischen Jurek und mir war eine solche. Er war 60 Jahre älter als ich und Pole, seine Jugend hatten ihm die Deutschen geraubt. Ich bin Deutsche, und als wir uns kennenlernten, steckte ich in der geborgensten Jugend, die man sich vorstellen kann: in einem schwäbischen Dorf, inmitten einer großen Familie.

Im Herbst 1998 nahm ich in der Jugend-Begegnungsstätte Auschwitz an einem Seminar für Schülerzeitungsschreiber teil. Jurek Hronowski, ein Überlebender des Lagers, beantwortete unsere Fragen. Ein Herr Ende 70, klein, aufrecht und in jeder Bewegung entschieden und kraftvoll. Auf seinen Arm hatten die Nazis Nummern tätowiert. Ich wusste viel über das Dritte Reich, hatte das *Tagebuch der Anne Frank* gelesen und *Hitlers willige Vollstrecker,* aber als ich einem Menschen gegenübersaß, der Auschwitz überlebt hatte, verstand ich, dass ich nichts verstanden hatte. Als 17-Jähriger war er verhaftet worden. Nicht weil er den Besatzern Widerstand geleistet hatte, sondern weil er Offizierssohn war und Pfadfinderführer.

JH – *Ich landete in einem Gefängnis, in einer Zelle mit etwa 15 weiteren Häftlingen. Wir waren alle Gymnasiasten und keiner hatte etwas ausgefressen. Das musste ein Missverständnis sein. Ein paar Tage später wurden wir in den Hof geschafft und mussten zu je 30 Personen auf Lastwagen steigen. Bewacht wurden wir von zwei SS-Männern, die mit uns auf dem Lkw saßen.*

Katarina Bader

KB – Jurek erzählte über das Lager. Traurige Geschichten, aber in jeder war ein Funken Hoffnung. Sie handelten von einem Freund, den er vor dem Verhungern bewahren konnte. Und davon, wie Jurek bei einem »medizinischen Versuch« von einem Nazi-Arzt mit Fleckfieber infiziert wurde, aber überlebte, weil ein jüdischer Pfleger ihm heimlich Medikamente zuschob. *»Warum erzählen Sie nur Geschichten, die gut ausgehen?«*, habe ich vorlaut gefragt. *»Mein Fräulein, zwei Gründe«*, sagte Jurek. *»Erstens: Wenn sie nicht gut ausgegangen wären, könnte ich sie nicht erzählen. Zweitens: Ihr seid jung. Ich will euch nicht den Glauben nehmen.«* Ich sagte, dass er selbst genauso alt war, als er diese schrecklichen Dinge erlebte. Er sagte: *»Eben.«* Das war unsere erste Diskussion, und ich glaube, meine Stichelei hat ihn amüsiert. Für das Gespräch war eine Stunde angesetzt. Wir redeten drei, und als das Putzteam kam, gingen wir zusammen Abendessen (...) Mich beeindruckte die Kraft, die er ausstrahlte. Da war etwas sehr Junges in seinem Blick, etwas Waches, Warmes und ein bisschen Listiges. Ich erzählte, dass ich Polnisch lernen wollte. Faselte von *»historischer Verantwortung«* und *»nachbarschaftlicher Aussöhnung«*. *»Das erlaube ich nicht«*, sagte Jurek. *»Ich erlaube dir nicht, aus solchen Gründen Polnisch zu lernen. Lern es, um reich zu werden. Weil du an Polens Zukunft glaubst und profitieren willst.«* Er lud mich ein, einen Sprachkurs in Warschau zu machen und bei ihm zu wohnen. Das haute mich um. Es war halb drei in der Nacht und ich kannte diesen alten Herrn noch keine sieben Stunden.

Jurek Hronowski

Ein paar Wochen später habe ich Jurek geschrieben, dass ich ihn gerne einladen würde und auch Vorträge organisieren könne – in den Schulen der Umgebung. Ich schrieb, dass ich beeindruckt von ihm sei. Er rief an und sagte: *»Danke für den Liebesbrief!«* Dann machte er sich darüber lustig, dass ich einen polnischen Rentner als Schwarzarbeiter anwerben wolle, zu einem *»Urlaub in Deutschland«*, in dem er schuften müsse. Er genoss es, mich verlegen zu machen. Jurek war zweimal bei meiner Familie. Er küsste meiner Oma die Hand, machte ihr Komplimente und fragte sie nach ihren Erinnerungen an das Dritte Reich. Er redete geduldig mit all den Schulklassen, die ich ihm vermittelte.

JH – *Ostern 1941 bekam ich Bauchtyphus. Diesmal, dachte ich, werde ich sterben. Ich hatte blutigen Durchfall. Feliks Klecha fand mich ohnmächtig auf dem Boden von Block 3. Ich war dort hingelegt worden, um als Leiche abtransportiert zu werden. Ich hatte Feliks Brot gegeben, als er am Verhungern war. Jetzt verkaufte er seine Wochenration Essen, um Opium zu bekommen, und stoppte damit den Durchfall. Am nächsten Tag schleppte er mich in den Kälberstall, wo er arbeitete. Er grub ein Loch im Misthau-*

fen und polsterte es mit Teerpapier und sauberem Stroh. Er legte mich in das Loch und deckte es mit Teerpapier und Mist ab. Abends schleppte er mich auf den Block und morgens holte er mich wieder ab. Wer tags auf dem Block war, wurde erschossen.

KB – Die Schüler, die von dem Erbschuldgerede unserer Ex-68er-Lehrer genervt waren, hörten Jurek gebannt zu, sie waren berührt, fragten nach und hinterher hatten alle etwas verstanden. Nicht nur über Auschwitz – über Menschen. Als ich Jahre später einen ehemaligen Mitschüler traf, fragte er mich gleich, wie es denn diesem *»coolen alten Polen«* gehe. Nach dem Abitur bin ich wirklich nach Polen gegangen, nach Krakau, weil es dort die besten Polnischkurse gab. Ein Jahr lang lernte ich die komplizierte Grammatik und am Wochenende fuhr ich oft zu Jurek nach Warschau. Er hatte eine klitzekleine Wohnung: eine enge Küche, in der ein Gästebett stand. Ein Bad, in dem es kein Waschbecken gab, man wusch sich die Hände über der Badewanne. Ein helles Zimmer mit einem runden Holztisch, an dem Jurek saß, und seinem Bett mit einer dünnen Wolldecke.

JH – *Es gab Nächte mit Temperaturen von minus 20 Grad. Wir Häftlinge umarmten uns nachts, um uns zu wärmen. Aber es kam vor, dass man am nächsten Morgen eine Leiche im Arm hatte. Bis heute kann ich nicht unter einer warmen Decke schlafen, weil mir viel zu heiß ist.*

KB – Auf dem Nachttisch stand ein Bild seiner beiden Enkelkinder, die er nur vom Foto kannte. Sie wuchsen in Amerika auf und sprachen nur Englisch. An den Wänden hingen zwei Porträts einer wunderschönen Frau, Jureks Mutter (...) In einem der Bilder war ein Loch. Am Tag von Jureks Verhaftung hatte ein Gestapo-Mann darauf geschossen. Ich wusste, dass Jurek gerne isst, und versuchte, bei jedem Besuch toll zu kochen, bis ich merkte, dass ihm Einfaches lieber war. Salzgurken, Erbsensuppe – Lebensmittel, die er aus der Kindheit kannte, nach denen er sich in Auschwitz gesehnt hatte – Rollmöpse, dunkles Brot und Schinken. Stundenlang sprachen wir über Schinken. *»Das ist ein sehr guter Schinken«*, sagte Jurek, wenn er den ersten Bissen nahm. Und: *»Deutscher Schinken ist nicht so gut wie polnischer Schinken.«* Er war enttäuscht, wenn ich auf Provokationen nicht reagierte. *»Einmal habe ich auch in Deutschland hervorragenden Schinken gegessen«*, meinte er wieder versöhnlich, *»das war 1978, als ich in Flensburg einen Vortrag hielt.«*

JH – *Die 18-Jährigen wie ich, die keinen Beruf erlernt hatten, mussten die schwerste Arbeit machen. Ich musste Zementsäcke zu je 50 Kilogramm entladen; dabei war ich selbst nur 1,65 Meter groß und kaum schwerer als die Säcke. Es gab im Lager nur wenige Häftlinge, die Deutsch sprachen. Um eine bessere Arbeit zu bekommen, dachte ich mir, es wäre besser, Deutsch zu lernen. Das Lager befand sich noch im Bau und es wurden Leute gebraucht, welche Schilder malten. HALT! TODESZONE! oder »Es wird scharf geschossen!«*

KB – Nach dem Krieg wollte er von Deutschen erst nichts mehr wissen, aber Anfang der 1960er-Jahre begann Jurek, deutsche Jugendliche in Auschwitz zu betreuen. Er baute das Begegnungszentrum mit auf, in dem ich ihn kennenlernte. Er leistete so viel für die Aussöhnung, dass er ein Bundesverdienstkreuz bekam. Das bewahrte er in seinem Nachttisch auf. Aber sein Deutsch war noch immer das Deutsch, das er im Lager gelernt hatte. Wenn nur noch eine Scheibe Schinken übrig war, dann sagte er: *»Kati, willst du nicht den Schinken eliminieren?«*

JH – *Warum mir die Versöhnung zwischen Polen und Deutschen wichtig war? Sie gehört zu meiner Art von Patriotismus. Schon 1942, in einer Zeit schlimmer Unterdrückung, gab es im polnischen Untergrund den Befehl, alle Verbrechen den Nazis anzulasten, nicht den Deutschen. Benachbarte Völker können nicht im kollektiven Hass leben und im KZ wurde mein Leben oft von Deutschen gerettet.*

KB – Über Auschwitz erzählte Jurek immer dieselben 30 Episoden. Ich habe jede viele Male gehört. Sie waren immer gleich. Nie schmückte er mehr aus, nie ließ er etwas weg. Jurek beherrschte diese Episoden und sie halfen ihm, seine Erinnerungen zu beherrschen. Aber ich weiß, dass er Erinnerungen jenseits dieser Episoden hatte. Einmal fragte ich, ob man in seiner Baracke das Krematorium roch. Seine Augen füllten sich mit Tränen.

Ich ging, um Tee zu kochen, und habe nie wieder gefragt. 30 Erinnerungen an Auschwitz sind für einen Menschen schon zu viel.

JH – *Die Verpflegung im Lager wurde weniger. Als wir fast nichts mehr bekamen, nahm ich den Mut zusammen und ging zu meinem Vorgesetzten, einem deutschen Ingenieur. »Herr Meister, Deutschland wird den Krieg verlieren. Man wird Leute dafür verantwortlich machen, was sie getan oder unterlassen haben. Sie haben uns anständig behandelt. Aber wenn wir verhungern, können wir niemandem die Wahrheit sagen.« Der Meister schrie mich an: Wie könne ich mir so etwas erlauben, er werde es der politischen Abteilung melden. Ich erwiderte ihm, dass ich nichts zu verlieren hätte, weil ich in zwei bis drei Tagen ohnehin an Hunger krepieren würde. Am nächsten Morgen kam er mit seinem Auto quer durch die Fabrikhalle angerast. Er stieg aus, warf mir einen auffordernden Blick zu und ging ins Büro. Im Kofferraum fanden wir einen 80-Kilo-Sack Kartoffeln.*

KB – In den letzten Jahren sprach er weniger über die Vergangenheit. Er hörte lieber zu, wie ich über meine Familie erzählte und über die unbezahlten Praktika jammerte (...) Zwei Monate rief ich ihn nicht an. Dann bekam ich die Nachricht, dass Jurek tot sei (...) Es war eine kleine Beerdigung. Sein Sohn und die Nachttisch-Enkel kamen aus den USA. Sie waren keine Kinder mehr, sondern gestandene Amerikaner. In dem Tulpenstrauß, den ich ihm aufs Grab gelegt habe, habe ich ein kleines Stück polnischen Schinken versteckt (...)

1932 Geburt in Prag
1939 Flucht nach Frankreich
1948 Auswanderung nach Israel
1967–1987 Professor am Institut für Internationale Studien, Genf
Seit 1976 Professor für moderne Europäische Geschichte, Tel Aviv
1987 Professor an der University of California, Los Angeles
1998 Geschwister-Scholl-Preis
2007 Friedenspreis des Deutschen Buchhandels

Saul Friedländer Holocaust als Lebensthema

Ein grausamer Zufall macht Saul Friedländer zum Waisen und bestimmt sein ganzes Leben: Als Kind deutschsprachiger Juden 1932 in Prag geboren – sein Vorname lautet Pawel –, verlässt er mit seinen Eltern 1937 die Tschechoslowakei. Aus Furcht vor den Nazis hat die Familie sich zur Flucht entschlossen. Paris ist das Ziel – in den Augen vieler ein sicherer Zufluchtsort.

Doch nach dem Einmarsch der Wehrmacht in Paris 1940 ändert sich die Lage der Flüchtlinge dramatisch. Die Familie Friedländer setzt sich nach Süden in den nicht besetzten Teil Frankreichs ab. Als aber auch dort Lebensgefahr droht, weil das Vichy-Regime Juden an Deutschland ausliefert, planen die Eltern ihre Flucht in die neutrale Schweiz. Sie beschließen, dass Pawel in einem katholischen Internat versteckt wird. Er wird getauft und erhält einen neuen Namen.

Kaum haben die Eltern 1942 die Grenze zur Schweiz überquert, werden sie festgenommen und müssen erfahren, dass an diesem Tag nur Familien mit Kindern einreisen dürfen. In der folgenden Woche werden dann wieder Personen ohne Kinder zugelassen. Hätten die Eltern Pawel mitgenommen, wären die drei vermutlich gerettet worden. Die Behörden schicken die Eltern nach Frankreich zurück, womit ihr Schicksal besiegelt ist. Elli und Jan Friedländer werden nach Auschwitz deportiert und vergast.

Lehrtätigkeit in Tel Aviv und Los Angeles

Der Krieg hinterlässt bei Saul Friedländer ein schweres Trauma, aus dem er sich erst allmählich lösen kann. Seine Eltern leben nicht mehr. Was er über die Rolle der katholischen Kirche im Nationalsozialismus erfährt, irritiert ihn. Der junge Mann, der daran dachte, Priester zu werden, löst sich von der Kirche, kehrt zum Judentum zurück und sieht im Staat Israel seine Heimat. Friedländer studiert in Tel Aviv, Paris und Genf Geschichte. In

»Wer etwas wissen wollte, musste nur Hitler zuhören, der 1942 fünfmal die gleiche Formulierung gebrauchte – nämlich dass die Juden früher über seine Prophezeiung, dass er die Juden vernichten würde, gelacht hätten. Dann, als der Krieg sich ausbreitete, hätten nur noch wenige gelacht. Bald würde keiner mehr lachen.«

SAUL FRIEDLÄNDER

der Schweiz erhält er seinen ersten Lehrauftrag. Während der 1970er- und 1980er-Jahre ist er Professor für moderne Europäische Geschichte in Tel Aviv und Los Angeles und gehört bald zu den wichtigsten internationalen Holocaust-Forschern. In Büchern und Vorträgen legt er seine Sicht der Schoah dar. Sein wichtigstes Buch *Das Dritte Reich und die Juden* wird zum Standardwerk.

Das Recht auf Erinnerung

Als Historiker wehrt Friedländer sich dagegen, den Holocaust nur als wissenschaftliches Forschungsprojekt zu betrachten. Er greift die belastete *»HJ-Generation«* unter den deutschen Historikern an, die sich anmaße, neutral zu sein. Den Opfern der Schoah und ihren Nachkommen werde das Recht auf Erinnerung genommen, wenn Geschichtsforscher *»mit akademischer Arroganz«* ihre Sicht auf die NS-Zeit als die allein gültige durchsetzen wollten. Saul Friedländer geht es darum, den Opfern eine Stimme zu geben, indem er sie mit ihren Aufzeichnungen zu Wort kommen lässt. Zugleich warnt er vor Tendenzen, den verbrecherischen Charakter des NS-Regimes bei wachsendem zeitlichen Abstand zu verharmlosen. Bücher und Filme aus der NS-Zeit enthalten noch immer das Gift der Verführung. Wenn dieses Material etwa in Fernseh-Dokumentationen einfließt, kann es die kritische und auf Aufklärung gerichtete Botschaft eines Films verdrängen. Darauf zielt seine Sorge.

Im Jahr 2007 erhält Saul Friedländer den Friedenspreis des Deutschen Buchhandels für sein schriftstellerisches Werk. Aus der Begründung der Jury: *»Saul Friedländer hat den zu Asche verbrannten Menschen Klage und Schrei gestattet, Gedächtnis und Namen geschenkt (...)«*

In der Dankesrede erinnert der Historiker an seine in Auschwitz ermordeten Eltern. Er tut es in einer Weise, die seine über 1000 Zuhörer in der Frankfurter Paulskirche zutiefst bewegt und berührt.

Holocaust und Schoah

Das aus dem Griechischen stammende Wort *»Holocaust«* bezeichnet ursprünglich ein völlig verbranntes Opfer. Heute wird der Massenmord an den europäischen Juden während des Dritten Reichs als *»Holocaust«* bezeichnet. In der jüdischen Welt ist das hebräische Wort *»Schoah«* die gebräuchlichste Bezeichnung für den Holocaust.

Saul Friedländer erhält am 14. Oktober 2007 den Friedenspreis des Deutschen Buchhandels in der Frankfurter Paulskirche.

Aus der Dankesrede Saul Friedländers

Am 15. Juli 1942 begannen die Massendeportationen ausländischer Juden aus Frankreich. Betroffen war zunächst die besetzte Zone; im August kamen dann, mit Unterstützung durch Vichy, die ausländischen Juden an die Reihe, die in den unbesetzten Zonen lebten. Von da an wurde das Überleben zu einer Sache des reinen Zufalls; in der Rückschau kann man sagen, dass alle Planungen nicht mehr als ein Tappen im Dunkeln waren. (...) In panischer Angst suchten meine Eltern nach einem sicheren Versteck für mich; schließlich entschieden sie sich für ein katholisches Internat, einen Wechsel der Identität und die Taufe. Madame Macé de Lepinay, eine Anwohnerin des Ortes, die bei meinem Vater Deutsch lernte, traf alle Abmachungen. Meine Mutter hatte sie in einem auf Deutsch geschriebenen Brief vom 28. August inständig gebeten: *»Meine große innige Bitte an Sie, gnädige Frau, ist nun, sich unseres Kindes anzunehmen und ihm, bis zum Ende dieses furchtbaren Krieges Ihre Patronage angedeihen zu lassen. Wie es am besten zu schützen ist, weiß ich nicht, habe aber vollstes Vertrauen in Ihre Klugheit und Güte. Meines Mannes und mein Schicksal liegt nunmehr in Gottes Händen. Wenn Er will, dass wir durchkommen, so werden wir das Ende dieser grauenhaften Zeit erleben. Wenn wir zugrunde gehen müssen, so haben wir das große Glück, unser geliebtes Kind gerettet zu wissen. Der Junge ist reichlich versorgt mit Kleidern, Wäsche und Schuhen, und auch Geld ist genug für ihn da. Ich werde alles bei Ihnen deponieren, wenn Sie die unbeschreibliche Güte haben, mir ›Ja‹ zu sagen.«* Da meine Eltern keine Zuflucht finden konnten, beschlossen sie, sich einer Gruppe anzuschließen, welche die Schweizer Grenze zu überschreiten versuchte. Paare mit Kindern ließ man in dieser Woche ins Land; Personen ohne Kinder wies man zurück. (...)

Am 30. September 1942 schrieb mein Vater, noch immer in St. Gingolph (schweizerischer Grenzort), an Madame Macé de Lepinay: *»Wir haben nach einer sehr anstrengenden Reise die Schweiz erreicht und wurden abgeschoben. Man hatte uns nicht richtig informiert. Wir erwarten nun unsere Überführung ins Lager von Rivesaltes, wo man in der Ihnen wohl bekannten Art und Weise über unser Schicksal entscheiden wird. Wir haben keine Worte, um Ihnen unser Elend und unsere Verzweiflung zu beschreiben.«* Am 5. Oktober überführte man sie von Rivesaltes nach Drancy bei Paris; das war das zentrale Sammellager für Juden, die aus Frankreich abtransportiert werden sollten. (...)

Zu dem Deportationstransport Nr. 40, der am 3. November 1942 meine Eltern von Drancy nach Auschwitz brachte, gehörten 468 Männer, 514 Frauen und 18 Personen, deren Geschlecht nicht angegeben war, insgesamt 1000 Juden, unter denen sich 200 Kinder befanden. Der Transport traf am 6. November in Auschwitz ein. Von denen, die die Reise überlebt hatten, wurden 639 gleich nach ihrer Ankunft vergast. Keine der Frauen und nur vier der Männer waren bei Kriegsende noch am Leben. Auf den Lagerlisten ist als Todesdatum meines Vaters der 1. Dezember 1942 angegeben. Der Name meiner Mutter wird nicht genannt; das Datum und die Umstände ihres Todes sind unbekannt. (...)

Den letzten Brief meiner Eltern schrieb mein Vater an Madame Macé de Lepinay am 5. Oktober auf dem Transport, der sie von Rivesaltes nach Drancy brachte (sie wussten nicht, wohin der Zug fuhr). Das Schreiben wurde aus dem Zug geworfen und von Quäkern entgegengenommen, die auf den Bahnhöfen warteten, als die Konvois durchkamen. *»Madame«*, schrieb mein Vater auf Französisch, *»ich schreibe Ihnen dies aus dem Zug, der uns nach Deutschland bringt. Im letzten Moment habe ich einem Vertreter der Quäker 6000 Francs und ein Armband mit Anhängern sowie einer Dame ein Briefmarkenalbum zur Weitersendung an Sie übergeben. Heben Sie alles für den Kleinen auf und nehmen Sie zum letzten Mal unseren unendlichen Dank für Sie und Ihre ganze Familie entgegen. Verlassen Sie nicht den Kleinen! Gott möge Ihnen alles vergelten und Sie und Ihre ganze Familie segnen! Elli und Jan Friedländer.«*

Sechzig Jahre sind vergangen, seit diese und zahllose ähnliche Stimmen zu vernehmen waren. Und doch berühren sie uns, mag auch lange Zeit verstrichen sein, mit einer ungewöhnlichen Stärke und Unmittelbarkeit, die weit über die Grenzen der jüdischen Gemeinschaft hinaus fortwirkt und die große Teile und mehrere Generationen der abendländischen Gesellschaft bewegt hat. Wenn wir diesen Schreien lauschen, dann haben wir es nicht mit einem ritualisierten Gedenken zu tun, und wir werden auch nicht durch kommerzielle Darstellungen des Geschehens manipuliert. Vielmehr erschüttern uns diese individuellen Stimmen infolge der Arglosigkeit der Opfer, die nichts von ihrem Schicksal ahnten, während viele rings um sie das Ergebnis kannten und manchmal an seiner Herbeiführung beteiligt waren. Vor allem jedoch bewegen uns die Stimmen der Menschen, denen die Vernichtung bevorstand, bis auf den heutigen Tag gerade wegen ihrer völligen Hilflosigkeit, ihrer Unschuld und der Einsamkeit ihrer Verzweiflung.

Thomas Walther

Dass der NS-Verbrecher John Demjanjuk vor Gericht gestellt wird, ist Walthers mit Beharrlichkeit geführten Recherchen zu verdanken.

Thomas Walther | September 2009

Im November 2009 geht in München ein jahrzehntelanges juristisches Tauziehen um einen NS-Verbrecher zu Ende. John Demjanjuk, staatenlos, 1920 in der Nähe von Kiew in der Ukraine geboren, wird vor Gericht gestellt. Das Landgericht München beschuldigt den 89-Jährigen der Beihilfe zum Mord in 27 900 Fällen. Justizbehörden mehrerer Länder hatten seit Langem vergeblich versucht, diesen Mann zur Rechenschaft zu ziehen. Die USA, wo Demjanjuk seit 1952 lebte, erkannten ihm die amerikanische Staatsbürgerschaft ab und überstellten ihn im Frühjahr 2009 an die Bundesrepublik. Bereits 1986 war Demjanjuk in Israel angeklagt und zwei Jahre später zum Tod verurteilt worden. Doch das höchste israelische Gericht musste schließlich seine Freilassung anordnen, als sich herausstellte, dass der Angeklagte offenkundig mit einem anderen Wachmann verwechselt worden war, der als *»Iwan der Schreckliche«* im Vernichtungslager Treblinka die Gaskammern mit Dieselmotoren betrieb.

Iwan Demjanjuk war als Rotarmist in deutsche Kriegsgefangenschaft geraten. In den Kriegsgefangenenlagern suchte die SS Männer als Wachpersonal für die KZ und Vernichtungslager. Auch Iwan Demjanjuk gehörte schließlich zu den *»Trawniki«*, die wegen ihrer Brutalität gefürchtet waren. Nach den staatsanwaltschaftlichen Ermittlungen war Demjanjuk von März bis September 1943 Wachmann im Lager Sobibor in Ostpolen. Während dieser Zeit trafen dort neben vielen anderen Transporten auch 15 Züge mit insgesamt etwa 29 000 Juden aus den Niederlanden ein, darunter 1940 Deutsche, die vor den Nazis nach Holland geflüchtet waren. In Sobibor wurden insgesamt etwa 250 000 Juden ermordet, die meisten von ihnen in den als Duschräume getarnten Gaskammern, in die Abgase von schweren Dieselmotoren geleitet wurden. Die Gefangenen starben innerhalb von 20 bis 30 Minuten einen qualvollen Tod. Demjanjuk bestreitet, jemals in Sobibor gewesen zu sein.

Dass dieser Mann ausgerechnet in der Bundesrepublik vor Gericht kam, ist der Zähigkeit und dem juristischen Spürsinn eines ehemaligen Amtsrichters aus Lindau am Bodensee zu verdanken. Thomas Walther, 1943 geboren, wechselte 2008 zur *Zentralen Stelle der Landesjustizverwaltungen für die Aufklärung von NS-Verbrechen* in Ludwigsburg. Mit der Auslieferung Demjanjuks rückte die Aussicht auf den vermutlich letzten großen NS-Prozess in greifbare Nähe.

Herr Walther, was hat Sie veranlasst, dem Fall Demjanjuk nachzugehen?

TW – In der *Zentralen Stelle* gibt es sogenannte Beobachtungsakten. Wenn ein Referent einen Zeitungsausschnitt über Demjanjuk fand, heftete er den ab und fügte einen Vermerk hinzu: *»Keine neuen Erkenntnisse, keine neuen Beweismittel. Wiedervorlage in einem Jahr.«* So passierte lange nichts.

Als ich bei der *Zentralen Stelle* anfing, stellte ich fest, dass sie sehr kurzfristig darüber informiert wurde, wenn eine Auslieferung an Deutschland bevorstand, etwa zwei oder drei Wochen vorher. Daraufhin habe ich bei der zuständigen Behörde in den USA – das ist das *Office of Special Investigation (OSI)* – angefragt, ob diese Unterrichtung nicht etwas früher möglich sei. Die Antwort lautete: *»Ja, das geht. Aber vielleicht können Sie dafür sorgen, dass die Bundesrepublik ihre Haltung insgesamt ändert.«* Denn sobald es um *»fremdvölkische Hilfswillige«*, also nicht um Deutsche, sondern Ukrainer, Tschechen, Serben oder Letten gehe, erkläre Deutschland, damit habe man nichts zu tun.

Das heißt, die deutsche Justiz hatte kein Interesse daran, Leute wie Demjanjuk aufzunehmen und bei entsprechender Beweislage vor Gericht zu stellen?

TW – Richtig. Die Bundesregierung vertrat den Standpunkt: Es diene nicht deutschen Interessen, wenn die Justiz solchen Fällen nachgehe. Ein Argument lautete: Wir können nicht zulassen, dass Deutschland als Zufluchtsort und Auffangland für NS-Täter dasteht. Vielleicht dachte man auch daran, dass womöglich auch noch Sozialhilfe zu zahlen sei.

Dennoch kam Bewegung in den Fall Demjanjuk. Wie brachten Sie die Sache voran?

TW – Zunächst beschäftigte ich mich mit zwei anderen ehemaligen KZ-Leuten. Bei meinen Recherchen im Internet stieß ich im Februar 2008 auf das Urteil des Sechsten Berufungsgerichts in Cincinnati im US-Bundesstaat Ohio, das Demjanjuks Einspruch gegen die Ausweisung verwarf. Das war die letzte Tatsacheninstanz. Darüber stand nur noch der *Supreme Court*, also das höchste Gericht der USA. Das Urteil des Berufungsgerichts befasste sich nicht mehr mit den Argumenten der Verteidigung, sondern nur mit Fragen der Zuständigkeit der Vorinstanz. Wesentliche Punkte, etwa die Frage der Identität Demjanjuks, die Echtheit seines Ausweises, waren damit juristisch geklärt.

Sie mussten aber noch die Leitung der *Zentralen Stelle* überzeugen.

TW – Dabei kam mir der Umstand entgegen, dass die *Zentrale Stelle* am 1. Dezember 2008 ihr 50-jähriges Bestehen feiern wollte. Die Entscheidung des *Supreme Court* im Fall Demjanjuk war spätestens für den Herbst 2008 zu erwarten. Und spätestens dann hätte die ausländische Presse die Frage gestellt, was die Ludwigsburger *Zentrale Stelle* in der Sache unternommen hat. Ich bekam den Auftrag, zusammen mit einer Richterkollegin die Vorermittlungen aufzunehmen und vor Dezember 2008 abzuschließen.

Zuerst mussten wir prüfen, ob wir einen Tatvorwurf in tatsächlicher und rechtlicher Hinsicht der Beteiligung an den Mordtaten nachweisen konnten. Ich habe mich auch bald danach auf die Suche nach möglichen Nebenklägern gemacht. Dabei hat mir die *Sobibor-Stiftung* in den Niederlanden sehr geholfen. Als die Opferlisten weitgehend vollständig waren, ging es darum, Angehörige der Ermordeten zu finden. Wir haben Archive in den USA, Russland, Polen usw. aufgesucht. In Israel haben uns die Gedenkstätte *Yad Vashem* und das Nationalarchiv unterstützt. Als ich die Leiterin des Lesesaals im Nationalarchiv ansprach, fragte sie: *»Demjanjuk, weshalb?«* Ich berichtete, das

Verfahren käme jetzt in Gang. *»Danke, endlich!«*, erwiderte sie und ihre Augen füllten sich mit Tränen. Wir haben Aufrufe in der *Jüdischen Allgemeinen* und in der *New York Times* geschaltet. Gemeinsam mit einem Kölner Strafrechtsprofessor habe ich einen Kreis gebildet, der die Nebenkläger, also die Angehörigen der Opfer, unterstützt.

Wie viele Überlebende von Sobibor gibt es überhaupt noch?

TW – Es gibt neun Überlebende. Sie waren als Jugendliche in dem Vernichtungslager und konnten Demjanjuk bewusst natürlich nicht wahrnehmen. Es gibt die Geschwister und Kinder der Getöteten. Sie sind zwischen Ende 60 und über 80 Jahre alt. Vielleicht melden sich noch Personen, die Demjanjuk in Flossenbürg oder Landshut gesehen haben. Die Wachmänner und das übrige Lagerpersonal standen nach der Kapitulation auf der Straße. Sie haben sich in Gruppen wiedergefunden. Wenn sie überhaupt ein soziales Netz hatten, dann dieses! Ich habe die Personallisten und das Waffenbuch von Flossenbürg überprüft, um zu sehen, wer mit Demjanjuk in Verbindung stand.

Die Identität von Demjanjuk ist eindeutig geklärt?

TW – Ja, einwandfrei. Demjanjuk sagt selbst: *»Ich war auf der Krim als russischer Soldat im Einsatz. Ich wurde verwundet, erlitt im unteren Rückenbereich eine Schrapnellverletzung – davon ist eine Narbe zurückgeblieben.«* Demjanjuk ist jener ehemalige sowjetische Soldat. Er ist auch der Demjanjuk aus dem Vernichtungslager Sobibor. Ein dichtes Netz an Beweisen und Indizien führt zu diesem Ergebnis.

Wie haben Sie die Zahl 29 000 ermordeter Juden ermittelt?

TW – Es steht eindeutig fest, dass in dem besagten Zeitraum etwa 29 000 Menschen über Westerbork nach Sobibor transportiert worden sind. Es steht auch fest, dass diese Menschen innerhalb eines Tages getötet worden sind. Über diesen Tötungsvorgang gibt es ebenfalls verwertbare Erkenntnisse. Außerdem ist hinlänglich belegt, dass Demjanjuk in dieser Zeit dort Wachmann war. Das geht aus Versetzungslisten, seinem Dienstausweis und nicht zuletzt aus Zeugenaussagen eindeutig hervor. Die Beteiligung von Demjanjuk an der Ermordung einer so großen Zahl von Menschen ist dadurch bewiesen, dass er zu den etwa 100 *»Trawniki«*-Wachmännern gehörte, die in dieser Zeit in Sobibor Dienst taten. Diese Tatsache genügt. Es handelte sich schließlich um ein Vernichtungslager. Und wer in einem Vernichtungslager tätig ist, beteiligt sich an der Vernichtung von Menschen. Um nichts anderes ging es in Sobibor.

Warum hat es so lange gedauert, bis John Demjanjuk vor ein ordentliches Gericht gestellt wurde und sich nun verantworten muss?

TW – Der Ausgang der Verfahren in Israel und den USA entspricht Recht und Gesetz. Demjanjuk musste in Jerusalem freigesprochen werden. Er sollte sich für Taten verantworten, die ein anderer in Treblinka begangen hatte. Die USA hatten verfassungsrechtlich keine Möglichkeit, Demjanjuk strafrechtlich zu belangen.

Herr Walther, warum muss ein fast 90 Jahre alter Mann überhaupt noch vor Gericht erscheinen?

TW – Es gab auch keine Altersgrenze beim Töten. Das jüngste Opfer in Sobibor war nach unseren Ermittlungen dreieinhalb Wochen, das älteste 98 Jahre alt. Entscheidend ist: Mord verjährt nicht! In den Niederlanden gibt es einen Strafrechtsprofessor, der das Verfahren gegen John Demjanjuk scharf kritisiert. Es sei idiotisch, meint er, dass die deutsche Justiz aus einem späten Reuegedanken heraus nun den ältesten und am hintersten Ende der Befehlskette stehenden ukrainischen Bauern vor Gericht zerre. Er findet das *»obszön«*. Aufgrund des strengen Legalitätsprinzips ist eine deutsche Staatsanwaltschaft gezwungen, jedes derartige Verbrechen aufzuklären. Wir können uns das Alter und den Rang der Täter nicht aussuchen. Dass jedes Lebensjahrzehnt bei der Bilanz der Schuld berücksichtigt wird, ist klar. Schuld ist eine hochsensible, individuelle Angelegenheit. Die Rechtsprechung zu Schuldkriterien ist unendlich, so unendlich, wie letztlich menschliches Leben bunt und unendlich ist.

Zu einem anderen Aspekt: Rechtsextremisten bedanken sich im Internet dafür, dass Sie denen einen Märtyrer beschert hätten.

TW – Wenn man so gestrickt ist wie ich, kann man sein Tun und Lassen niemals danach ausrichten, wie Menschen darauf reagieren, die zu den Unbelehrbaren gehören. Verblendete Menschen dürfen mein Handeln nicht bestimmen. Das geht nicht, und bei einem Richter schon gar nicht!

Wie gehen Sie mit den Drohungen um, die im Netz gegen Sie vorgebracht werden?

TW – Ich habe Kontakt zu Polizeidienststellen. Die fahren jetzt öfters mal hier vorbei. Ich stehe auf einer Liste mit den Namen gefährdeter Personen. Insgesamt nehme ich das aber nicht so ernst. Außerdem besitze ich eine gehörige Portion Gottvertrauen. Gefährlich sind weniger die, die sich da im Netz austoben, als jene, die dadurch angeheizt werden und zu Aktionen greifen könnten. Wissen Sie, ich fühle mich mit meinem verstorbenen Vater ziemlich stark verbunden. Wenn ich vor einer wichtigen Entscheidung stehe, richte ich manchmal einen Gedanken nach oben und frage: »*Wie findest du das?*« Ich sehe mich letztlich nur in einer Kette der Generationen und nicht als einzelnen leuchtenden Stern am Firmament. Diese höhere Ebene, die man als aus christlichen Quellen gespeist ansehen kann, gibt mir ein gewisses Urvertrauen. Meine vier Kinder sind mir sehr nahe, halten Kontakt, stützen mich, bestärken mich und finden das absolut richtig und angemessen, was ich tue.

Wie viele »*Demjanjuks*« sind der Justiz eigentlich durch die Lappen gegangen? Viele Ärzte und Juristen kehrten trotz ihrer Verbrechen nach dem Krieg unbehelligt in ihre Berufe zurück.

TW – Wie viele »*Demjanjuks*« und »*Trawniki*«-Männer, mordende Ärzte, mordende Juristen hat es gegeben? Wenn man versucht, sie alle aufzulisten, dann liefe jede Antwort auf eine Bankrotterklärung der Justiz, der Strafverfolgungsbehörden und der Polizei hinaus. Der Leiter der Mordkommission Köln wurde irgendwann verhaftet. Er zählte zu den NS-Mördern bei den Einsatzkommandos im Osten. Der zahlenmäßige Ansatz wird der Sache nicht gerecht. Wenn ich sage »*gerecht*«, dann hat das nie etwas mit Quantität, sondern mit Qualität zu tun. Jedes NS-Strafverfahren war auch eine Aufarbeitung im historischen Sinne. In diesem qualitativen Bereich ist die Bilanz gar nicht so schlecht. Bedenkt man, wie viele auf der Bremse standen und jede Aufarbeitung verhindern wollten, dann ist doch sehr viel geschehen.

Im Fall Demjanjuk haben Sie Zivilcourage bewiesen. Sehen Sie das auch so?

TW – Nein, überhaupt nicht. Das ist für mich selbstverständlich und hat mit meinen Grundauffassungen zu tun. Ich habe zum Beispiel Referendare ausgebildet. Wenn die Urteile entwerfen sollten und dann ständig andere Urteile als Beleg für eigene Ergebnisse heranzogen, habe ich zu ihnen gesagt: »*Warum zitiert ihr andere Gerichte? Ihr sollt euere eigenen Urteile fällen, eigene Gedanken entwickeln und Farbe bekennen!*«

Werden Sie weitere NS-Täter verfolgen?

TW – Beruflich bin ich jetzt als Rechtsanwalt tätig und mache etwas anderes. Somit habe ich mit diesem Gebiet abgeschlossen. Allerdings habe ich viele Menschen kennengelernt, mit denen ich gern in Verbindung bleiben möchte. Es gibt noch einige Verfahren, die ich eingeleitet habe. Jetzt könnten noch weitere Fälle von »*fremdvölkischen*« Tätern ermittelt werden.

Wir sind frei! – Zwischen Überleben und Vergeben

Im Dritten Reich gibt es Rettungsaktionen, die mit einem fast übermenschlichen Mut ausgeführt werden und deswegen zeitlose Bewunderung verdienen. Eine davon ist mit dem Namen Oskar Schindler verbunden. Schindler, Unternehmer aus dem Sudetenland und NSDAP-Mitglied, bewahrt im polnischen Krakau und dann im südböhmischen Brünnlitz über 1000 Juden vor dem Tod, indem er sie in seinem Betrieb beschäftigt. Denn Arbeit bedeutet in der Zeit des Nationalsozialismus nicht nur Ausbeutung bis zum Tode, sie kann auch Überleben bedeuten.

Rettung durch Arbeit | Die Konzentrationslager sind durch die Zwangsarbeit, die die Häftlinge leisten müssen, bedeutende Wirtschaftsfaktoren. Ab 1942 stellt sich die deutsche Führung auf einen langen Krieg ein. Nur noch wichtige Rüstungslieferanten dürfen die Arbeitskraft der Häftlinge ausbeuten. Zehntausende von Juden schuften in den sogenannten *»kriegswichtigen Betrieben«*. Viele Firmen verlagern ihre Produktion in Konzentrationslager, zum Beispiel das *Messerschmitt*-Werk Regensburg, das seit Anfang 1943 einen Teil der Fertigung im KZ Flossenbürg (Oberpfalz) ausführen lässt. Bis Kriegsende arbeiten über 5000 Häftlinge für *Messerschmitt*. Im KZ Mittelbau-Dora bei Nordhausen in Thüringen arbeiten bis 1945 über 60 000 Zwangsarbeiter im größten unterirdisch angelegten Rüstungsbetrieb bei der Serienproduktion der *V2-Rakete*. 20 000 von ihnen sterben in diesem Lager. Auch in der *Deutschen Emaillewaren Fabrik* von Oskar Schindler in Krakau werden Häftlinge als Arbeitskräfte eingesetzt. Schindler hat die fast bankrotte Firma 1939 gekauft, die vorher in jüdischem Besitz war. Für die deutsche Wehrmacht produziert er Munition und Küchengeräte.

Schindler ist reich, besitzt einen Fuhrpark mit Limousinen und genießt das Leben in vollen Zügen. Was ihn von anderen Unternehmern unterscheidet: Er kämpft um jeden Juden, um ihn vor der Überstellung nach Auschwitz oder in ein anderes Vernichtungslager zu bewahren. Dafür setzt er sein ganzes Vermögen und sein eigenes Leben ein.

In seinem Schatten steht bis heute ein Mann, der wichtige Voraussetzungen für das Gelingen der Rettungsaktion schuf: Mietek (Mieczyslaw) Pemper, polnischer Jude und KZ-Häftling. Seine Lebensgeschichte verläuft nicht weniger dramatisch als die von Schindler, dem er vertraut und dem auch er letztlich sein Leben verdankt.

Zwangsarbeiter im KZ Mittelbau-Dora

1920 Geburt in Krakau
1938|39 Studium der Rechtswissenschaft und Betriebswirtschaft
1941 Krakauer Getto
1943–45 KZ Plaszów, Brünnlitz
1947|48 Abschluss des Ökonomie- und Soziologiestudiums
seit 1958 Unternehmensberater in Augsburg
seit 1993 Teilnahme an Zeitzeugengesprächen

Mietek Pemper Stenograf eines Massenmörders

Mietek Pemper entstammt einer alteingesessenen Krakauer Familie und wächst zweisprachig auf. Deutsch beherrscht er ebenso gut wie Polnisch. Seine Großmutter weigert sich, Polnisch zu sprechen. Deutsch ist für sie die Sprache der Kultur. Sie liest dem Jungen deutsche Märchen, Balladen und Gedichte vor, die ihn zeitlebens begleiten.

Amon Göth, Kommandant des Lagers Plaszów | 1945

Die Aufgabe, die Mietek Pemper im KZ Krakau-Plaszów wahrnimmt, gibt es in keinem anderen Lager: Für den Lagerkommandanten Amon Göth arbeitet er als persönlicher Stenograf, Sekretär und Dolmetscher.

Die Kommandantur eines Lagers ist für Häftlinge tabu, erst recht für jüdische. Aber Göth entscheidet sich für Pemper, einen eher kleinen, unscheinbaren Mann, den er mit seinen 1,95 Meter Größe weit überragt.

Warum ausgerechnet er? Beim Gespräch in seinem Augsburger Büro erinnert sich Mietek Pemper noch genau an das Probediktat: *»Die erste Frage, die Göth stellte, lautete: ›Beherrschen Sie die polnische Sprache?‹ Ich antwortete: ›Entschuldigen Sie, wenn jemand mit Vornamen Mieczyslaw heißt, dann ist doch klar, dass er Polnisch spricht.‹ Er suchte offensichtlich jemanden, der beide Sprachen beherrschte. Dann begann er mit dem Diktat. Ich hatte vorher fleißig die deutsche Einheitskurzschrift geübt, weil ich mir davon Chancen für eine Bürotätigkeit versprach. Außerdem war ich im Büro der jüdischen Gemeinde in Krakau tätig gewesen. Am Ende sagte Göth: ›Wenn Sie so gut schreiben, wie Sie aufnehmen, dann wird es gut sein.‹ So bin ich sein Stenograf geworden.«*

Was Göth wohl erst viel später begreift: Pemper ist hochintelligent. Sein scharfer Verstand erlaubt ihm, Situationen besser und Gefahren schneller als andere einzuschätzen. Aufgrund seines hervorragenden Abiturs im Mai 1938 durfte er, bevor die Wehrmacht Polen überfiel, an zwei Hochschulen gleichzeitig studieren, und zwar an der *Jagiellonen-Universität* in Krakau Rechtswissenschaften und an der *Hochschule für Ökonomie* Betriebswirtschaft und Rechnungswesen. Unter der deutschen Besatzung muss er sein Studium dann aufgeben; erst nach dem Krieg kann er es fortsetzen.

Der über Leichen geht

In der Zeit vom 18. März 1943 bis zum 13. September 1944 arbeitet Pemper in unmittelbarer Nähe dieses Mannes, der buchstäblich über Leichen geht. Göth hat bei der Räumung des Krakauer Gettos im Frühjahr 1943 bereits seinen blutigen Einstand gegeben. Unter seinem Kommando kommt es zu Massenerschießungen.

In Plaszów, das als Lager für Zwangsarbeiter gebaut und im Herbst 1944 in ein KZ umgewandelt wird, übernimmt Göth im Februar 1943 die Leitung. Als Kommandant sucht er geradezu nach Gelegenheiten, seine Grausamkeit zu demonstrieren. Er hetzt seine Hunde auf wehrlose Gefangene und lässt sie vor den Augen der Mithäftlinge zerfleischen. Dieser Mann ist gefühlskalt und unberechenbar, besonders in betrunkenem Zustand. Dann müssen sich vor allem seine Bediensteten in Acht nehmen, denn Göth schlägt brutal zu. Mietek Pemper versucht deshalb, sich auf den Kommandanten einzustellen, in seinem Gesicht zu lesen, um herauszufinden, ob Göth milde gestimmt oder wütend ist. Gibt es eine günstige Gelegenheit, bemüht er sich, Strafaktionen zu mildern und einzelne Mithäftlinge in Sicherheit zu bringen.

»*Eines Tages erschien im KZ Plaszów ein SS-Untersturmführer, ein Freund von Göth aus Wien, der die Leitung der Betriebe und Werkstätten im Lager übernehmen sollte. Um seinem Duzfreund zu imponieren, ordnete Göth in den Büros der Kommandanturbaracke eine Inspektion der Schreibtische an. Bei der Durchsuchung wurde eine defekte Pistole gefunden, die ein SS-Mann zur Reparatur abgegeben hatte, wie aus dem Reparaturschein klar hervorging. Göth bot der Fund jedoch einen willkommenen Anlass, seine Macht zu zeigen. Er ließ etwa 15 jüdische Häftlinge aus diesen Büros antreten. Zehn von ihnen wurden zum Erschießen abgeführt, darunter die Freundin eines früheren Klassenkameraden aus der Volksschule, der*

Krakauer Getto

Im Frühjahr 1941 für 18 000 Juden errichtet. Von dort aus Deportationen in die Vernichtungslager. März 1943 Auflösung. Weitere 2300 Häftlinge werden nach Auschwitz deportiert und ermordet. Massaker im Getto mit etwa 700 Toten. Arbeitsfähige Juden werden in das südöstlich von Krakau gelegene Lager Plaszów verlegt.

Das KZ Plaszów

Frauen bei Zwangsarbeiten im KZ Plaszów | 1944

Tatsächlich bekommt der Stenograf Einblick in Vorgänge, deren bloße Kenntnis für ihn Gefahr bedeutet. *»Von der Schutzhaft-Lagerführung kamen Blätter mit den Namen und Daten von Gefangenen, die ich dem Kommandanten vorlegen sollte. Wie sich herausstellte, handelte es sich um Angehörige von Häftlingen, die geflohen oder bei einem Fluchtversuch erschossen worden waren. Göth machte hinter die Namen meistens ein Kreuzchen, und meine Aufgabe war es, das Papier Zugwachtmeister Glaser zu bringen, der die Hinrichtungen vollstreckte. (…) Als ich wieder so ein Blatt in der Hand hielt, die Kreuzchen sah und ganz erschüttert war, rutschte es mir aus der Hand. Göth bemerkte meine Verwirrung und sagte, er müsse schließlich für Disziplin sorgen. Sonst nähmen die Fluchtversuche noch überhand. Außerdem könne er sich vorstellen, dass ich ihm Fluchtpläne von Häftlingen rechtzeitig melden würde. Dann würde er nur diese Person erschießen, die Angehörigen aber verschonen. Umständlich hob ich das Blatt Papier auf. Mir blieben nur wenige Sekunden, um zu reagieren. ›Die Leute sehen mich oft mit Ihnen zusammen im Lager‹, antwortete ich, ›ich glaube nicht, dass jemand auf die Idee kommt, sich mir anzuvertrauen.‹ Da schaute er mich an, sagte ›ja, ja‹, und das Thema war für ihn erledigt.«*

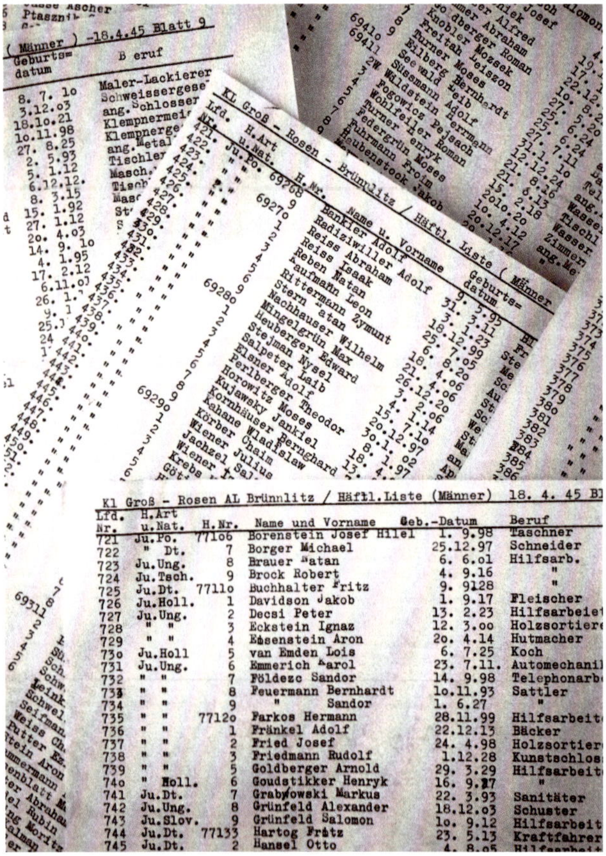

Die Schindler-Liste | 1999

Siegentscheidend

Eines Tages entdeckt Pemper in einem Schreiben an den Kommandanten ein Wort, das er bis dahin nicht kannte. Anstelle von *»kriegswichtiger«* Produktion, an der Gefangene zu beteiligen seien, ist von *»siegentscheidender«* Produktion die Rede. Pemper schließt daraus, dass sich die Kriterien für die Beschäftigung von jüdischen Häftlingen geändert hätten, was offenkundig mit den schweren Niederlagen der Wehrmacht zu tun hat.

»Bei nächster Gelegenheit sagte ich Schindler, das Regime habe die Regeln verschärft. Juden würden nur noch in einer ›siegentscheidenden‹ Produktion eingesetzt. Er wehrte ab. ›Mach dir keine Gedanken‹, meinte er, ›meine Waren sind als kriegswichtig eingetragen und anerkannt. Mir tut keiner was!‹«

Pemper fälscht die Unterlagen und gibt den Häftlingen neue Berufsbezeichnungen. Aus Textilarbeitern und Buchhaltern macht er angelernte Schlosser, Klempner oder Werkzeugmacher. Selbst Kinder und Akademiker werden zu Metallfachleuten. In den Listen stehen bald auffällig viele »*ANG*«-Berufe, die für die Rüstung wichtig sind.

Nach dem Krieg wundert Pemper sich, dass einige der geretteten Juden das Kürzel *ANG* offenbar missverstanden haben. *»Einer erklärte in einem Interview, er sei bei Schindler angestellter Werkzeugmacher gewesen. Da musste ich lachen: Angestellter von Pempers Gnaden! Nein, ANG stand für angelernt.«*

Die rettende Liste

In den folgenden Wochen dreht sich fast alles um die Frage, wer auf die Liste der Häftlinge kommt, die mit Schindler nach Brünnlitz gehen, um dort eine neue Rüstungsproduktion aufzubauen. Mietek Pemper berichtet, es habe mehrere Listen gegeben, die verändert worden seien und sich jeweils aufeinander bezogen hätten. Die heute als *Schindlers Liste* bezeichnete Aufstellung sei nicht von ihm allein, sondern von mehreren Lagerinsassen im Büro des Arbeitseinsatzführers, SS-Hauptscharführer Franz Müller, auf einer Schreibmaschine getippt worden. Auch Schindlers Buchhalter, Izak Stern, sei beteiligt gewesen. Pemper fügt hinzu: *»Ich selber habe einige Seiten der Liste neu getippt.«*

Die Liste zu erstellen, ist eine Sache; sie umzusetzen, eine andere. Das Verdienst dafür gebührt einzig und allein Oskar Schindler. Pemper nennt ihn eine *»Vaterfigur«*. Schindler sei als Geschäftsmann, nicht als Lebensretter nach Krakau gekommen und erst allmählich in diese Rolle hineingewachsen, sagt er. Die Liste mit den Namen der Juden, die von Krakau nach Brünnlitz verlegt werden, musste von mehreren Dienststellen genehmigt werden. Darin waren auch Frauen und Kinder verzeichnet, deren Einsatz in der Rüstungsproduktion kaum zu begründen war. Mietek Pemper hatte auch die Namen seiner Eltern und seinen eigenen auf die Liste gesetzt. Schindler gelingt es, alle erforderlichen Genehmigungen einzuholen.

Riskante Bahnfahrt

Der Transport von Krakau nach Böhmen im Oktober 1944 verläuft unter abenteuerlichen Umständen. Die Rote Armee rückt vor. Die Wehrmacht zieht sich zurück. In den offiziellen Verlautbarungen ist von *»Frontverkürzung«* die Rede. Dass bei anhaltenden Luftangriffen überhaupt Kapazitäten für die Verlegung von Juden Richtung Westen freigemacht werden, grenzt an ein Wunder.

Für die etwa 300 Frauen aus dem KZ Plaszów ist der Transport mit Angst und Schrecken verbunden. Ihre Waggons landen in Auschwitz, zur Quarantäne, wie es heißt. Sie müssen entwürdigende Leibesvisitationen über sich ergehen lassen. Um ihre Weiterfahrt nach Brünnlitz setzt ein heftiges Tau-

Exkurs: Gratulationstelegramme

Während der Bahnfahrt kommt es zu einem Vorfall, an den Mietek Pemper sich mit einer Mischung aus Schrecken und Vergnügen erinnert. Der Zug hält auf freier Strecke plötzlich an, und Pemper hört, wie draußen sein Name gerufen wird. Als er aus dem Waggon springt und sich dabei den Knöchel verstaucht, rechnet er mit dem Schlimmsten. Ein SS-Mann bringt ihn zum Zugführer. Zu Pempers Überraschung will dieser von ihm allen Ernstes das Geburtsdatum von Amon Göth wissen, der inzwischen wegen Veruntreuung in Haft sitzt. Man wolle ihm zum Geburtstag ein Glückwunschtelegramm schicken. Pemper mit seinem ausgezeichneten Gedächtnis kennt alle Daten, sogar die von Frau Göth und ihren Kindern. Da er sich inzwischen wieder gefasst hat, rät er dem Zugführer in einem Anflug von Humor, gleich zwei Telegramme zu entwerfen: auch eins für den Fall der Freilassung Göths. In seinem 2005 erschienenen Buch *Der rettende Weg* schreibt Pemper: *»Da stehe ich also, ein jüdischer Häftling, irgendwo in Schlesien auf dem Weg zwischen zwei Konzentrationslagern, und formuliere unter SS-Bewachung und bei Scheinwerferbeleuchtung Gratulationstelegramm A und Gratulationstelegramm B für einen Massenmörder.«*

»In all den finsteren Jahren bin ich keinem zweiten Menschen begegnet, der wie Oskar Schindler über so lange Zeit so mutig und entschieden eine so große Rettungsaktion organisierte. Dabei war er keineswegs ein Heiliger, sondern sehr menschlich und oftmals leichtsinnig. Aber wir jüdischen Häftlinge konnten uns auf ihn verlassen. Er ließ uns niemals im Stich.«

Mietek Pemper

ziehen ein. Schindler schickt seinen Sekretär, der mit der Gestapo für jede Frau ein Kopfgeld aushandelt. Erst dann können sie Auschwitz verlassen. Einen vergleichbaren Fall, in dem jüdische Frauen dem Vernichtungslager den Rücken kehren durften, ist nicht bekannt. In der zweiten Novemberhälfte sind alle jüdischen Gefangenen aus Plaszów schließlich in Brünnlitz versammelt. Ohne die Mitwirkung von Mietek Pemper hätte diese Rettungsaktion nicht stattfinden können. Er ist zweifelsohne die Schlüsselfigur in einem der waghalsigsten und zugleich erfolgreichsten Unternehmen, dem Tod geweihte Menschen vor Auschwitz oder einem der anderen Vernichtungslager zu bewahren.

Angetrunkene Inspektoren

Die Produktion von Geschosshülsen und anderen Werkstücken für die Ausrüstung der Wehrmacht kommt in Brünnlitz nur langsam in Gang. Beschwerden der SS hinsichtlich der Qualität nimmt Schindler auf die leichte Schulter. Inspekteuren, die sich in der Fabrik umsehen wollen, lässt der Unternehmer vorher reichlich Alkohol servieren. Von Mithäftlingen erfährt Mietek Pemper, die Herren hätten eine »*Fahne*« gehabt und kein großes Interesse an den Produktionsabläufen gezeigt.

Als sich die Hinweise auf das Vorrücken sowjetischer Truppen verdichten, beginnen die jüdischen Häftlinge, sich um Oskar Schindler und seine Frau Emilie Sorgen zu machen. Mietek Pemper berichtet, es sei nicht leicht gewesen, Schindler von der Notwendigkeit zur Flucht zu überzeugen.

»*Als Fabrikbesitzer und Mitglied der NSDAP wäre er vermutlich sofort erschossen worden*«, sagt Pemper. Nach einigem Zögern erklärt Schindler sich schließlich einverstanden. Aber vorher will er mit der Belegschaft am 28. April 1945 seinen Geburtstag feiern.

Etwas kleinlaut legen ihm seine Mitarbeiter an diesem Tag ein neuerliches Schreiben der SS vor, in dem Einzelteile zur Herstellung von Granaten als unbrauchbar gerügt werden – eine Tatsache, die an Sabotage grenzt. Mit seiner Reaktion auf den Brief überrascht Schindler wieder einmal alle in seiner Umgebung: »*Das ist mein schönstes Geburtstagsgeschenk!*«

Schutzbrief für Schindler

Vor dem Abschied von Oskar und Emilie Schindler verfassen die Häftlinge einen »*Schutzbrief*« in Hebräisch, Englisch und Russisch, in dem Schindlers Verdienste um die Rettung der Juden hervorgehoben werden. Außerdem stellt einer der Gefangenen sein Zahngold zur Verfügung, aus dem ein Ring geformt wird. Auf der Innenseite werden die Worte aus dem Talmud eingraviert: »*Wer ein Menschenleben rettet, rettet die ganze Welt.*« Auf bewegende Weise ändern sich gegen Ende des Krieges die Rollen: Die von Schindler geretteten Juden werden jetzt zu seinen Beschützern.

In der Nacht vom 8. auf den 9. Mai 1945 verlässt Oskar Schindler die Stadt Brünnlitz in Begleitung von jüdischen Häftlingen, die zu seiner Sicherheit mitfahren. Vorher hält er eine lange Abschiedsrede, die den meisten unvergesslich bleibt. Er bittet die Gefangenen, sich nach ihrer Befreiung nicht von Rachegefühlen leiten zu lassen. Am Ende dankt er allen, die ihm bei seiner Rettungsaktion zur Seite standen. »*Für euer Überleben dankt nicht mir, dankt euren Leuten, die Tag und Nacht arbeiteten, um euch vor der Vernichtung zu retten. Dankt euren unerschrockenen Stern und Pemper und einigen anderen, die bei ihrer Aufgabe für euch, vor allem in Krakau, jeden Moment dem Tode ins Auge geschaut haben, die an alle dachten und für alle sorgten.*«

Am Schluss bittet Schindler um eine Gedenkminute für die Tausenden von Juden aus Krakau, die nicht gerettet werden konnten. Dann setzt sich die Wagenkolonne in Richtung Westen in Bewegung. Etwa zur gleichen Zeit geht der Zweite Weltkrieg endgültig zu Ende. Für die Überlebenden ist es die Befreiung aus einem Albtraum, der in ihren Seelen tiefe Spuren hinterlassen wird.

»Schindlers Liste«

Nach dem Krieg lebt Schindler in Deutschland mittellos und fast vergessen. Unterstützung erhält er von den geretteten 1000 *Schindler-Juden*. Seine Verdienste werden in Israel gewürdigt. Die Liste mit den Namen der geretteten Juden sowie eine Aufstellung aller Ausgaben zur Bestechung von SS-Offizieren (nach heutigem Wert etwa eine Million Euro) werden 1999 in einem Koffer in der Wohnung seiner letzten Lebensgefährtin in Hildesheim gefunden. Der mehrfach prämierte Film *Schindlers Liste* des amerikanischen Regisseurs Steven Spielberg macht Oskar Schindler in den 1990er-Jahren weltberühmt.

Oskar Schindler: »Meine Juden«

»*Kein Außenstehender kann ermessen, wie groß die Arbeit war, von dem gefassten Beschluss an, meine Juden nach Westen mitzunehmen, bis zur durchgeführten Tatsache, wo ich über 1000 Menschen an einem neuen Ort in Sicherheit hatte. Chaos und Bürokratie, Neid und Böswilligkeit waren Hindernisse, die die Verlagerung illusorisch erscheinen ließen und mich an den Rand der Verzweiflung brachten. Nur der eiserne Wille, meine Juden, in deren Reihen ich im Laufe der sechs Jahre aufrichtige Freunde gefunden hatte, nicht einem Krematorium in Auschwitz oder sonst wo zu überlassen, nachdem ich diese jahrelang unter aufreibendem persönlichen Einsatz den Krallen der SS vorenthalten hatte, half mir, mein Ziel zu erreichen.*«

Szenenfoto aus dem Spielfilm »Schindlers Liste« | 1993

Mietek Pemper

Schindler war ein Menschenfreund – Gespräch mit Mietek Pemper, der an der Rettung von über 1000 Krakauer Juden mitwirkte

Mietek Pemper | 2007

Herr Pemper, warum fand Oskar Schindler mit seiner Rettungsaktion nach dem Krieg in Deutschland so wenig Beachtung?

MP – In Deutschland wurde Schindler regelrecht diskriminiert. Die Medien stürzten sich auf seine Frauengeschichten, wobei ich ziemlich sicher bin, dass die aktive Seite dabei von den Frauen ausging. Schindler war ein hochdekorierter, gut aussehender, mit allen irdischen Gütern ausgestatteter Mann. Er lebte in einer kinderlosen Ehe mit der Tochter eines vermögenden Hofbesitzers. Manche Frauen klammerten sich regelrecht an ihn.

Spielte Neid auch eine Rolle?

MP – Ja, gewiss. In Deutschland jedenfalls. Immerhin gelang es ihm, so viele Juden aus Krakau zu retten. In den USA, wo viele *Schindler-Juden* leben, und in Israel wird er deswegen fast wie ein Heiliger verehrt.

Über Emilie Schindler, seine Frau, wurde diskutiert, auch über die Frage, inwieweit sie an der Rettung der Juden mitwirkte.

MP – Emilie Schindler hat sich in der letzten Phase des Krieges, als wir schon in Brünnlitz waren, aufopfernd um kranke und notleidende Häftlinge gekümmert. Sie beschaffte Medikamente und nutzte ihre persönlichen Kontakte, um Lebensmittel zu besorgen. Aber mit der Idee und der Durchführung der Rettungsaktion hatte sie nichts zu tun.

Warum hat Schindler überhaupt Juden gerettet? Von seiner Einstellung her war er ein überzeugter Nationalsozialist.

MP – Er war ein deutscher Patriot, der ein anderes Programm personifizierte als die NSDAP. Sicher, auch er befürwortete ein starkes Großdeutschland. Aber deswegen musste man doch nicht die Juden vernichten! So dachte er. Schindler war ein Menschenfreund. Unter den Juden hatte er viele Freunde.

Herr Pemper, wir sprachen über Rollen. Wie sehen Sie Ihre Rolle bei der Rettungsaktion? Ohne Sie hätte es *Schindlers Liste* gar nicht gegeben, oder?

MP – Sagen wir es so: Die Liste wäre anders ausgefallen. Ich kann nicht sagen, wie viele Menschen dann gerettet worden wären. Denn es gab keine Alternative. Ich befand mich in einer extremen Situation. Ich habe tatsächlich nicht geglaubt, wirklich nicht geglaubt, dass ich den Krieg überleben würde. In dieser Lage habe ich Informationen gesammelt und ausgewertet – in der Hoffnung, dass diese für andere nützlich sein würden.

Was mich an Ihrem Buch *Der rettende Weg* und auch an unserem Gespräch beeindruckt, ist die nüchterne, geradezu berechnende Art, mit der Sie damals vorgegangen sind.

MP – Wenn Sie mich so ansprechen, ist mir das ein wenig peinlich. Ich will nur sagen: Ich war ein Einser-Schüler und besitze die Gabe zu unterscheiden, wie weit man gehen darf (lacht).

Sie haben sich offenkundig ganz tief in den Lagerkommandanten Göth hineinversetzt.

MP – Das stimmt. Den meisten Häftlingen, die in den Lagerbüros tätig waren, war die Bedeutung der Listen mit den Namen der Gefangenen nicht bewusst. Ich konnte mich in den Charakter der Deutschen hineinversetzen und wusste, wie bürokratisch sie vorgehen. Insofern galt es aufzupassen, denn bestimmte Papiere konnten über Leben und Tod entscheiden. Deswegen habe ich die Berufe gefälscht, die Produktionsziffern und manches mehr.

In den Gesprächen zwischen Ihnen und Schindler hat er Sie geduzt. Zählten Sie zu seinen Freunden?

MP – Ich habe ihn immer gesiezt, er hat mich geduzt. In diesem Du lag etwas, als wenn er einen umarmen möchte.

Ein Blick zurück auf die Zeit unmittelbar nach dem Überfall der Wehrmacht auf Polen: Wie haben Sie diesen 1. September 1939 erlebt?

MP – Der Angriff geschah etwa 100 Kilometer westlich von Krakau. Am 4. bzw. 5. September erreichten die deutschen Truppen dann Krakau. In den Nachrichten liefen Berichte, dass in den westlichen Grenzgebieten Juden geschlagen, ihnen die Bärte abgeschnitten und sie auf andere Weise misshandelt wurden. Wir konnten uns das nicht vorstellen, denn wir glaubten an die Überlegenheit der deutschen Kultur, nach der so etwas einfach unmöglich schien. Andererseits kannten wir die Reden Hitlers, in denen er die Vernichtung der jüdischen Rasse in Europa ankündigte.

Sie haben 1993 als Berater an *Schindlers Liste*, dem Film von Steven Spielberg, mitgewirkt. Waren Sie mit dem Ergebnis zufrieden?

MP – Ja. Der Film enthält einige historische Ungenauigkeiten, auf die ich Spielberg hingewiesen habe, die er als Regisseur aber bewusst in Kauf genommen hat. Aber das sind Nebensächlichkeiten.

Sie selbst sind 1958 in die Bundesrepublik übergesiedelt und leben seitdem in Augsburg. Haben Sie diesen Schritt je bereut?

MP – Nein. Ich stand damals vor der Frage, allein in Krakau zu bleiben oder in der Bundesrepublik zu leben, wo sich bereits mein Vater und mein jüngerer Bruder befanden. Vorher hatte ich in Krakau an der Ökonomischen Universität u.a. Bilanzwirtschaft studiert. Sie werden sich in den Bilanztheorien vermutlich nicht auskennen. Jedenfalls gibt es davon mehrere. Ich habe mich für die dynamische Bilanztheorie von Prof. Eugen Schmalenbach entschieden, und zwar aus folgendem Grund: Schmalenbach hat während der NS-Zeit dem Druck des Regimes widerstanden und sich nicht von seiner jüdischen Frau scheiden lassen. Das hat mir imponiert. Sie sehen, mein Leben ist sehr kompliziert ...

Familie mit »Judenstern« | 1941

Deportation von Juden | 1941

KZ Bergen-Belsen | Mai 1945

Protokoll einer Kindheit im Holocaust

Unmittelbar nach Beendigung der Kriegshandlungen führten Vertreter der *Jüdischen Historischen Kommission* in Polen Interviews mit Kindern durch, die den Holocaust überlebt hatten. Die Gespräche mit den Kindern wurden protokolliert und anschließend in schriftlichen Berichten zusammengefasst. Im *Jüdischen Historischen Institut* in Warschau werden 7300 Originalberichte archiviert. Die Protokolle sind einzigartige und bedrückende Zeugnisse des Überlebens jüdischer Kinder.

Auszug aus dem Bericht der Inge Rotschild

Thorn, den 25. Januar 1946

Ich bin am 18. Februar 1932 als Tochter des Metzgers Max Rotschild und dessen Ehefrau, der Modistin Henriette, geb. Horn, in Euskirchen/Rheinland geboren. Wir waren drei Geschwister. Ich war die Älteste. Meine zwei jüngeren Brüder waren 1934 bzw. 1937 geboren. Seit 1935 durfte mein Vater seinen Beruf nicht mehr ausführen. Er wechselte in den Beruf eines Masseurs, Sanitäts- und Fußpflegespezialisten über. Als ich ein halbes Jahr alt war, verzogen wir nach Hellental/Eifel. Den ersten, mir im Gedächtnis gebliebenen Eindruck von der Naziherrschaft bekam ich im Jahr 1938. Am Morgen dieses Schreckenstages bekamen wir die Nachricht, dass mein

Großvater Jakob Horn und zwei Brüder meiner Mutter verhaftet seien. Das Eigentum meines Großvaters, ein kleines Warenhaus, wurde von SA-Banditen geplündert und die Mauern dann niedergerissen. Inzwischen hatte es sich auch schon in unserer kleinen jüdischen Gemeinde herumgesprochen, dass die Synagoge gesprengt würde. Niemand von uns wagte sich auf die Straße. Wir saßen gerade beim Mittagessen, als die Gestapo bei uns erschien und meinen Vater verhaftete. Er durfte nur seinen Mantel anziehen und seinen Hut aufsetzen und wurde sofort mit anderen jüdischen Männern unseres Ortes nach Aachen gebracht und dort in Haft behalten.

Nach etwa vier Wochen wurde er plötzlich wieder entlassen. Von dieser Zeit an begannen die Schikanen der Nazis sich immer mehr zu steigern. Die Arbeit meines Vaters wurde boykottiert. Die deutsche Kundschaft meines Vaters musste sich förmlich zu uns schleichen. Unsere Kennkarten wurden mit einem großen *»J«*, welches Jude bedeutete, versehen. Genauso wurden bei Anfang des Krieges unsere Lebensmittelkarten gezeichnet. Kleiderkarten bekamen wir überhaupt nicht. Anfang Januar 1940 mussten wir auf Befehl der Gestapo nach Köln, Burgunderstr. 4, III. Stock, verziehen.

Es wurde der Befehl erlassen, dass sämtliche Juden mit einem gelben Stern mit schwarzer Aufschrift *»Jude«* zu kennzeichnen seien. Kurz vor dem 17. Dezember 1941 bekamen wir von der Gestapo den Befehl, uns zur Evakuierung bereitzuhalten. Am 17. Dezember wurden wir mit Tausenden anderen in einer Messehalle zusammengetrieben und mussten dort eine Nacht verbringen. Wir waren so eng zusammengepfercht, dass viele Kleinkinder erstickten. Meine Mutter hatte meinen jüngsten Bruder Kurt, vier Jahre alt, bereits vorher in ein jüdisches Kinderheim gebracht. Wir haben nie wieder etwas von ihm gehört. Am folgenden Tag wurden wir in einen von SS-Männern bewachten Personenzug verladen. Vorher wurden uns sämtliche größeren Gepäckstücke abgenommen und nur kleines Handgepäck belassen. Die Fahrt dauerte vier Tage und brachte uns nach Riga, Lettland. Unser Bestimmungsort war das Rigaer Getto. Bis dort mussten wir etwa 15 km marschieren. Hier bekamen wir lettische SS zur Bewachung. Am 22. Dezember waren wir im Getto angelangt. In den Straßen fiel uns auf, dass der Schnee Blutspuren aufwies. Wir wurden dann auf die Häuser verteilt. Beim Betreten derselben fanden wir in vielen Wohnungen Leichen lettischer Juden. Später erfuhren wir, dass kurz vor unserer Ankunft durch die SS eine Zwangsräumung des Gettos durchgeführt worden war. Wer nicht sofort räumte, wurde ermordet. Die Männer waren in einem anderen Teil des Gettos untergebracht. Frauen und Kinder dieser lettischen Juden sind mit unbekanntem Ziel zur Liquidierung fortgeschafft worden. Einzelne Frauen und Kinder, welche sich während der Zwangsräumung versteckt hielten, tauchten später wieder im Getto auf. Wir wurden in Gruppen eingeteilt, die unserer Heimat entsprachen – z. B. Köln, Düsseldorf, usw. (…)

Das Getto wurde durch lettische SS-Angehörige, welche durch deutsche SS-Führer kommandiert wurden, bewacht. Kommandant des Gettos war der SS-Obersturmbannführer Krause. Ihm stand der SS-Oberscharführer Gimmenich, Besitzer eines Schuhgeschäftes aus Köln, zur Seite. Im Rigaer Getto verblieben wir bis zum Sommer 1943. Wir hausten in einem Zimmer mit elf Personen. Mein Vater arbeitete als Sprechstundenhilfe beim Gruppenarzt der Kölner Gruppe. Meine Mutter musste im Außenkommando arbeiten – wie Schnee schaufeln, Steine tragen oder Schiffe aus- und beladen. (...)

Die Verpflegung wurde in Rohprodukten ausgegeben, welche zum großen Teil verdorben waren. Es gab täglich kleine Mengen Pferdefleisch, Grütze und muffiges Mehl. Da meine Eltern noch einige Wertsachen gerettet hatten, konnte meine Mutter manchmal etwas gegen Lebensmittel eintauschen, sodass wir zu Anfang immer etwas Zusätzliches hatten.

Am 2. November 1943 (...) erschienen plötzlich vor der Getto-Umzäunung viele SS-Posten, die kurz darauf sämtliche Kinder innerhalb des Gettos auf die Straße trieben. Meine Mutter brachte meinen neunjährigen Bruder Heinz und mich in einem Verschlag in Sicherheit, da sie nicht wusste, was die Posten für Aufgaben hatten, sagte sie uns, wir sollten warten, bis sie wiederkäme. Nach fünf- bis sechsstündigem Warten wurden wir von SS-Posten entdeckt und auf einen in der Nähe liegenden Sportplatz getrieben. Dort war die ganze Bevölkerung des Gettos angetreten. Meine Mutter lief uns aus der Reihe entgegen und holte uns trotz des Verbotes zu sich. Es begann ein Vorbeimarsch vor dem Kommandanten zwecks Aussortierung mit den dazu üblichen Kolbenschlägen. (...)

Meine Mutter wurde gefragt, wie alt wir seien. Sie antwortete: *»10 und 12 Jahre.«* Das war unser Glück, denn sämtliche Kinder unter 10 Jahren sowie ältere und schwache Personen wurden mit großen Autos abtransportiert und nicht wieder gesehen. Nachdem wir noch einige Zeit in einem Hause eingesperrt waren, konnten wir wieder in unsere Wohnung zurückkehren. Dort hatten inzwischen die lettischen SS-Posten alles geplündert. Strümpfe, Schals, Taschentücher und was ihnen sonst noch brauchbar erschien, war gestohlen worden und sämtliche Einrichtungsgegenstände durcheinandergeworfen.

Ende November 1943 (...) mussten wir wieder alle auf dem Sportplatz antreten und wurden in ein Arbeitslager überführt. Vorher wurden wir im Konzentrationslager Riga-Kaiserwald registriert und uns sämtliche doppelt vorhandenen Kleidungsstücke abgenommen. (...) Die Verpflegung wurde bereits gekocht ausgegeben und war noch schlechter als im Getto. (...)

An einem Tage im März 1944 holte mich ein Mann des jüdischen Ordnungsdienstes von der Kolonnenführerin, bei der ich gerade Ordonnanzdienste machte, ab. Meine Eltern, die auf dem Kommando Mühlgraben waren, kamen mir entgegen und weinten. Mein Bruder war fortgeschafft worden. Durch geschicktes Fragen hatte man von ihm herausbekommen, dass er erst neun Jahre alt war. Dass er arbeitete, wurde nicht berücksichtigt. Ein Mann, zu dem mich mein Vater später schickte, erzählte, dass mein Bruder mit vielen anderen Kindern nach Auschwitz transportiert worden wäre.

Im Juli 1944 wurden wir, nachdem wir eine Nacht im strömenden Regen gestanden hatten, auf ein großes Schiff verladen und fuhren in drei Tagen bis nach Danzig. Das Schiff war stark überladen. Während dieser drei Tage bekamen wir jeder etwas Brot, Käse und eine Tasse Wasser. In Danzig angekommen, wurden wir auf Schleppkähne verladen und ohne jegliches Essen und Trinken drei Tage und drei Nächte weichselaufwärts gefahren. Bis zum Konzentrationslager Stutthof hatten wir dann noch etwa 10 km zu marschieren. Wir waren nur noch zwei Kinder. Mia Safran, elf Jahre alt aus Sachsen, und ich. Im Lager angekommen, wurde mein Vater von meiner Mutter getrennt. Wir wurden in Baracken untergebracht und mussten mit vier Personen auf einer Holzpritsche schlafen, drei Pritschen waren übereinander. Mit uns war das Armee-Bekleidungslager 701 nach Stutthof verlegt worden und wir mussten am Tage dort arbeiten. Wir bekamen täglich einen halben Liter Wassersuppe und 200 g Brot. Von den 4 g Margarine, die uns zustanden, sahen wir nur sehr wenig. Diese wurde vom Küchenpersonal, welches fast nur aus Berufsverbrechern bestand und das sogar freien Ausgang bekam, unterschlagen. (...)

Jeden Tag war dreimal Zählappell, welcher jedes Mal zwei Stunden dauerte, – morgens um 4, mittags um 12 und abends um 18 Uhr. Anschließend wurde Kaffee bzw. Suppe empfangen. Bei den Zählappellen waren Misshandlungen an der Tagesordnung. Besonders die Kapos, welche nur aus Verbrechern und Mördern bestanden, taten sich hierbei hervor. Sie wollten sich bei den SS-Banditen beliebt machen. Oft verlängerten sie die Zählappelle auf eigenen Willen. Die Häftlinge wurden dann von ihnen mit Stöcken geschlagen oder in den Leib getreten, sodass sie besinnungslos zusammenbrachen. Durch die Entkräftung kann ich mich an die Daten dieser Zeit nicht mehr genau erinnern. (...)

Im Laufe der Zeit wurden wir in eine andere Abteilung des Lagers verlegt. Wie wir bald feststellten, war dieses das Vernichtungslager. Hier wurde kein Zählappell mehr durchgeführt, und wir mussten auf bloßer Erde eng zusammengedrückt hausen. Es gab keine Waschgelegenheit und wir waren in wenigen Tagen vollkommen verlaust. Diese Abteilung war der Tätigkeitsbereich des SS-Oberscharführers Thiede und des SS-Unterscharführers Fet. Sie gingen jeden Tag durch die Reihen und suchten die Schwächsten aus und brachten sie zur *»sitzenden Arbeit«*, das hieß: zum Verbrennungsofen. An Verpflegung bekamen wir hier täglich einen halben Liter heißes Wasser mit roten Rübenschnitzeln und abends zwei Pellkartoffeln, die oft nur aus Schalen bestanden. (...)

Am 18.2.1945 (...) starb meine Mutter. Sie wurde von einigen Kapos zum Verbrennungsofen geschleppt. Eine Woche später wurden wir Übriggebliebenen mit sowjetischen Kriegsgefangenen nach Danzig transportiert. Auf der Fahrt, die zwei Tage dauerte, wurden durch Granatsplitter ein Gefangener getötet und mehrere verletzt. Man legte sie in unseren Waggon, in dem wir schon mit 80 bis 100 Personen standen. Von diesem Barackenlager rückte die SS eines Tages mit sämtlichen noch gesunden Häftlingen ab. (...) Am 31.3.1945 erschienen plötzlich in der Tür des Bunkers Soldaten der Roten Armee. *»Wir waren frei!«*

1930 Geburt in Belzyce (Polen)
1943–45 Häftling in Gettos und Lagern
1944 KZ Flossenbürg
1945 Emigration in die USA
1950er-Jahre Studium der Geologie und Psychologie

Jack Terry   Den Glauben verloren

Zwischen Leben und Tod – manchmal sind es glückliche Zufälle, die einzelnen Häftlingen in den Konzentrations- und Vernichtungslagern das Überleben ermöglichen. Im Fall des Amerikaners Jack Terry ist es ein Mithäftling, der ihn versteckt, damit er nicht am Todesmarsch nach Dachau teilnehmen muss.

Allein auf der Welt

Als das KZ Flossenbürg im Oberpfälzer Wald nahe der tschechischen Grenze am 23. April 1945 von den Amerikanern befreit wird, ist Jack Terry 15 Jahre alt. »*Für mich war es der traurigste Tag in meinem Leben*«, erinnert er sich. »*Als die Amerikaner kamen, da wurde mir das erste Mal bewusst, dass ich ganz allein auf der Welt war, keine Familie hatte, nichts.*« Als Waise hatte er versucht, sich irgendwie durchzuschlagen: »*Juden war es verboten, Fleisch zu essen. Juden war es verboten, weißes Brot zu essen. Nach dem Ende der dritten Klasse durfte ich nicht mehr zur Schule gehen. Deshalb fing ich an, die Stiefel der deutschen Soldaten zu putzen.*«

Jack Terry, der eigentlich Jakub Szabmacher heißt und aus der polnischen Kleinstadt Belzyce bei Lublin stammt, hat seinen Vater im Vernichtungslager Majdanek verloren. Sein Bruder wurde bei der Vertreibung der Juden aus seiner Heimatstadt umgebracht. Seine Mutter und seine Schwester wurden im Lager Budzyn vor seinen Augen von SS-Männern erschossen. »*Ich fühle immer noch den Schmerz meiner Mutter.*«

Als die Russen näher rücken, kommt Jakub nach Flossenbürg. Auch wenn das KZ kein Vernichtungslager ist – das Leben der Häftlinge hängt stets an einem seidenen Faden. In Flossenbürg sind ukrainische »*Trawnikis*«, die »*fremdvölkischen*« Gehilfen der SS, im Einsatz. Unter ihnen John Demjanjuk, der erst 2009 von den USA ausgeliefert wird. »*Das KZ-Personal war von großer Brutalität. Aber die Trawnikis haben darin alle übertroffen.*

Neben dem ständigen Terror und der Angst waren vor allem der Hunger und die erbarmungslose Kälte in Flossenbürg sehr schlimm. Besonders wenn man bei dem kalten Wind nicht richtig angezogen war und kein Fett und keine Muskeln hatte. Ich wog bei der Befreiung 34 Kilo.«

Jakub überlebt in einem Schacht, in dem er zwei Tage lang ohne Wasser und ohne Nahrung ausharrt – dem Tode nahe, während die anderen Häftlinge sich auf einen mörderischen Marsch nach Dachau begeben müssen und unterwegs zu Tausenden sterben.

Ein dünner Firnis

Ein amerikanischer Soldat ermöglicht ihm die Einreise in die USA, dort adoptiert ihn die Familie Terry. Zunächst studiert er Geologie. Nach dem Studium kehrt Terry in den 1950er-Jahren als amerikanischer Soldat nach Deutschland zurück und wird in Heidelberg stationiert.

Die Beschimpfungen und Erniedrigungen, die er wenige Jahre zuvor erlebt hatte – sie wollen nicht aus seinem Gedächtnis verschwinden. Später, bei einem Einsatz als Geologe im Dschungel von Venezuela, kehren plötzlich die schrecklichen Bilder vom Appellplatz in Flossenbürg zurück, wo er Zeuge wurde, wie Häftlinge einem Sterbenden ein Stück Brot entrissen. Daraufhin entschließt er sich zu einem Neuanfang und wird Psychoanalytiker. *»Ich wollte wissen, warum Menschen das taten, was ich gesehen hatte.«* Terry will der Grausamkeit der Aufseher auf den Grund gehen, will begreifen, warum der Blockälteste ihn geschlagen und immer wieder als *»Drecksack«* beschimpft hat. Eine Antwort findet er jedoch nicht.

Der Satz eines Patienten bleibt für ihn gültig: *»Die Zivilisation ist ein ganz dünner Firnis über der menschlichen Natur.«* Das ist seine Erkenntnis als Überlebender, der erfahren musste, was es heißt, wenn die winzige Schicht der Zivilisation zerbricht.

Eine weitere Erkenntnis von Jack Terry klingt ebenfalls bitter: *»Ich verlor den Glauben an Gott in Flossenbürg. Er hatte mich zuvor verlassen. Deshalb verließ ich ihn. Nach Flossenbürg war ich überzeugt, dass es keinen Gott gibt. Wie kann es einen Gott geben, wenn so etwas geschehen kann? Wenn sie kleine Kinder nehmen, gegen die Wand werfen und erschießen? Wenn es einen Gott gäbe, wäre das nicht passiert.«*

1995 kehrten zum 50. Jahrestag der Befreiung erstmals ehemalige Häftlinge zu einem Treffen nach Flossenbürg zurück. Seither kommt Jack Terry als ihr Sprecher jedes Jahr an diesen Ort, diskutiert mit Jugendlichen und engagiert sich bei der Neugestaltung der Gedenkstätte: *»Flossenbürg ist ein Ort, den ich immer gehasst habe. Es ist ein Ort, von dem ich wünschte, er hätte nie existiert. Es ist ein Ort, von dem ich wünschte, dass er zerstört werden würde. Aber jetzt komme ich zurück und wünsche mir, dass der Ort erhalten bleibt. Und das ist sehr wichtig – nicht nur für Deutschland, sondern für ganz Europa, für die ganze Welt, damit die Leute hierherkommen und daraus lernen.«*

Nach der Befreiung: Jack Terry ganz rechts am Tor | 1945

Alfred Schreyer: Bruno Schulz und ich

Beim Gang durch die Innenstadt von Drohowytsch, unweit der westukrainischen Metropole Lemberg gelegen, hält Alfred Schreyer plötzlich inne. »*Ja, hier ist es passiert*«, sagt der ehemalige Musikdozent, Sänger und Geiger, und seine melodische Stimme bekommt einen etwas gepressten Klang. »*Bruno Schulz wollte Brot holen. Zugleich erwartete er einen Offizier der polnischen Untergrund-*

Bruno Schulz

Zeichnung von Bruno Schulz

armee, der ihn an diesem Donnerstag, dem 19. November 1942, nach Warschau bringen sollte, um ihn aus den Fängen der SS zu befreien.«

Doch die Aktion zur Rettung des berühmten polnischen Dichters, Grafikers und Malers scheiterte. Bruno Schulz wurde an diesem »*schwarzen Donnerstag*« ermordet. Alfred Schreyer, 81 Jahre alt, wahrscheinlich der letzte Zeitzeuge, der Bruno Schulz noch persönlich gekannt hat, ist auch sechs Jahrzehnte nach dessen Tod erschüttert: »*Der Offizier aus Warschau verspätete sich. Bruno Schulz stand mit drei anderen Juden an einer dieser Tafeln mit der Aufschrift: ›Achtung, Judenviertel. Betreten wird mit dem Tode bestraft!‹, als sich der SS-Scharführer Karl Günther im Laufschritt näherte. Günther forderte Schulz auf, sich umzudrehen. Mit zwei Schüssen in den Hinterkopf streckte er ihn zu Boden.«*

Bruno Schulz

Maler und Schriftsteller; 1892 als Sohn einer jüdischen Textilhändler-Familie in Drohowytsch geboren. Nach dem Abitur Studium der Architektur und Kunst in Lemberg und Wien. Von 1924 bis 1941 Lehrer für Kunst und Werken. 1942 ermordet. Seine Werke wurden in viele Sprachen übersetzt.

Vernichtung einer Kultur | Im September 1939, nach dem Einmarsch deutscher und sowjetischer Truppen nach Polen, wird Galizien geteilt: Westgalizien fällt an Deutschland, Ostgalizien an die Sowjetunion. So war es im geheimen Zusatzprotokoll des *Hitler-Stalin-Pakts* 1939 vereinbart worden. Am 30. Juni 1941 bricht Deutschland diesen Vertrag und marschiert in das sowjetische Gebiet ein. Schon einen Tag später beginnen die Deutschen mit ukrainischer

Deutsche Militärposten kontrollieren in Galizien Juden. | 18. September 1939

Beteiligung während eines drei Tage dauernden Pogroms mit der Ermordung von Juden: In den folgenden Monaten werden die Juden in das Vernichtungslager Belzec deportiert. Das gilt auch für Czernowitz, Brody und andere Orte des alten Galiziens: Mit der Ausrottung der Juden vernichten die Deutschen gleichzeitig und unwiederbringlich eine einzigartige Kultur, die Weltgeltung besaß und sich auf viele Schaffensgebiete erstreckte: Literatur, Musik, Malerei, bildende Kunst. Der Mord an Bruno Schulz symbolisiert bis heute dieses barbarische Werk der Zerstörung. Nach der Befreiung durch die Rote Armee gegen Ende des Zweiten Weltkrieges kam Drohowytsch erneut unter sowjetische Herrschaft. Galizien wurde mit Lemberg Teil der Sozialistischen Republik der Ukraine, die nach dem Zusammenbruch der Sowjetunion 1990 schließlich ihre staatliche Eigenständigkeit erreichte.

Opfer einer Rivalität | Bruno Schulz wurde das Opfer einer Rivalität zwischen zwei SS-Offizieren, die sich jeweils einen sogenannten »*Hofjuden*« hielten. Das waren häufig Arbeitssklaven mit besonderen Fähigkeiten, die sich die Deutschen zunutze machten. Im Fall von Felix Landau, dem SS-Stadtkommandanten von Drohowytsch, nahm Bruno Schulz diese Rolle ein. Landau wohnte mit seiner Geliebten und zwei Kindern aus erster Ehe in einer beschlagnahmten Villa, die der Maler mit allegorischen Gemälden verzierte: So tummelten sich an den Wänden der Kinderzimmer Flötenspieler, Hofnarren, ein König, eine Prinzessin, ein Reiter sowie ein Kutscher, der unverkennbar die Gesichtszüge von Schulz trug. Es war kein fröhliches Arrangement, denn die Figuren blickten ernst, beinahe starr, auf den Betrachter.

Kommandant Landau bereitete es ein sadistisches Vergnügen, vom Balkon seiner Villa aus Juden ins Visier zu nehmen und zu erschießen. So zielte er auf drei junge Frauen, die ihm aufgefallen waren, als sie beim Anstreichen eine kurze Pause einlegten. Opfer seiner Schießwut wurde auch der »*Hofjude*« seines Stellvertreters, SS-Scharführer Günther. Im Nachhinein lässt sich nicht mehr klären, ob der Jude von Beruf Zahnarzt oder, wie manche meinen, ein begnadeter Tischler war. Jedenfalls hatte es Günther seitdem auf Bruno Schulz abgesehen, der unter dem Schutz von Landau stand. Als der Stadtkommandant seinen Stellvertreter nach dem Mord an Schulz zur Rede stellte, antwortete Günther: »*Nimmst du mir meinen Juden, so nehme ich dir deinen.*«

Alfred Schreyer sieht sein eigenes Leben eng mit dem Schicksal von Bruno Schulz verknüpft. Als Jude verlor Schreyer während der deutschen Besatzung die gesamte Familie. Seine Mutter wurde in einem Wald unweit von Drohowytsch erschossen. Der Vater und weitere Angehörige kamen vermutlich im Lager Belzec um. Schreyer hatte Schulz von 1934 bis 1937 als Lehrer am Gymnasium in Drohowytsch erlebt. Der Schriftsteller konnte von seinen literarischen Texten und Büchern nicht existieren. Zwar brachte ihm sein Hauptwerk

Exkurs: Galizien

Drohowytsch, wo Bruno Schulz 1892 zur Welt kam, liegt im Osten Galiziens, in einem Gebiet, in dem über die Jahrhunderte verschiedene Völker weitgehend friedlich zusammenlebten: Polen, Ukrainer, Russen, Weißrussen, Deutsche und Juden. Galizien entwickelte sich zu einem Schmelztiegel von Sprachen und Kulturen, der viele berühmte Dichter und Schriftsteller hervorbrachte, darunter Josef Roth, Paul Celan und eben Bruno Schulz. Bis zum Ende des Ersten Weltkriegs gehörte die Region zum Staatsgebiet der Monarchie Österreich-Ungarn. Deswegen gibt es dort bis heute viele deutsche Namen. 1918 wurde Galizien Teil der neu gegründeten Republik Polen. Drohowytsch war vor dem Zweiten Weltkrieg eines der wichtigsten Zentren der jüdischen Kultur in Osteuropa. 1939 lebten in der Kleinstadt 36 000 Einwohner, darunter 17 000 Juden. Nur 400 von ihnen entgingen dem deutschen Terror.

Juden beim Studium des Talmud | 1937

»Wenn Bruno Schulz erzählte, schmückte er die Märchen aus, fügte Drachen und andere Fabeltiere hinzu. Seine Fantasie war grenzenlos. Wir lauschten wie gebannt. Wenn jemand mitgeschrieben hätte, wäre daraus bestimmt ein wunderschönes Märchenbuch geworden.«

Alfred Schreyer

Zimtläden, das 1933 erschienen war, großen Ruhm in Polen ein, aber kein ausreichendes Einkommen. Also unterrichtete er Zeichnen und Werken am Gymnasium seiner Heimatstadt. Schulz war zugleich ein begnadeter Handwerker, der sich auf Holz, Glas und Eisen verstand. Schreyer: *»Er war ein Genie. Zum Beispiel hat er mir das Tischlern beigebracht, sodass ich eine Zeit lang als Gehilfe in einer Tischlerwerkstatt arbeiten konnte.«*

Märchenerzähler | Alfred Schreyer beschreibt seinen Lehrmeister als klein und bescheiden. *»Schulz gehörte zu den Leuten, die man nicht hörte und fast nicht sah. Nie verteilte er schlechte Zensuren, nur ›gut‹ oder ›sehr gut‹.«* Manchmal stand er ratlos vor der Klasse und sagte nichts mehr. Der ständige Lärm machte ihm zu schaffen. *»Schulz schwieg einfach, weil er nichts mehr mit uns anzufangen wusste. Dann baten wir ihn, uns ein Märchen zu erzählen.«*

Unter sowjetischer Besatzung ist der Schriftsteller Schulz nicht mehr gefragt. Er wird zum Plakatmalen abgestellt. Zum Jahrestag der Oktoberrevolution malt der Künstler ein überdimensionales Stalin-Porträt. *»Als das riesige Transparent hing, machten Tauben den oberen Rand zum Rastplatz und verschmutzten es gründlich. Dann kam der Regen, der die wasserlöslichen Farben mit dem Taubendreck über die ganze Fläche verteilte. Schulz meinte dazu: ›Zum ersten Mal in meinem Leben ist es mir nicht zu schade um meine Arbeit‹«*, erinnert sich Alfred Schreyer.

Seit 1941 steht Drohowytsch unter deutscher Besatzung. In dieser Zeit muss Schulz neben der Wandmalerei Listen von Kunstgegenständen und wertvollen Büchern erstellen. Diese dienen später als Grundlage für die Plünderung der Kunstschätze durch die Deutschen. Schulz tut, was ihm befohlen wird. Er kann sich nicht vorstellen, dass ausgerechnet ihm jemand etwas antun würde – doch er verblutet nach den Schüssen des SS-Mannes Günther auf dem Bürgersteig der Florianska Straße.

»Ich war ein Muselmann« | Alfred Schreyer wird im April 1942 aus Belzec in das Lager Krakau-Plaszów verlegt, wo Kommandant Amon Göth wütet. Weitere Stationen sind die Lager Groß-Rosen, Buchenwald und Taucha bei Leipzig, wo Schreyer Panzerfäuste zusammenschrauben muss. Hier beginnt die schrecklichste Zeit seines Lebens.

»Mein ganzer Körper war aufgequollen vor Hunger. Ich konnte mich kaum noch bewegen. Ich war ein Muselmann, dem Tod näher als dem Leben. Als die sowjetischen Truppen mich am 8. Mai 1945 befreiten, wog ich noch 40 Kilo. Meine Beine waren unten dicker als oben – vom vielen Wasser.« Dem sicheren Hungertod im Lager entronnen, bekommt Schreyer nach seiner Befreiung zunächst eine Anstellung bei der sowjetischen Handelsorganisation in Sachsen. Pläne, zu einer Tante nach Argentinien auszureisen, scheitern an der Bürokratie der Besatzungsmacht. Irgendwann 1946 heißt es dann: zurück in die Heimat.

Nach einer Zwischenstation in Weißrussland, wo er zwei Monate lang in einem Erdbunker zubringt, kehrt er als einer von wenigen überlebenden Juden nach Drohowytsch zurück. Mit seiner Frau und den beiden Kindern lebt er in seiner Heimatstadt, die mehr und mehr das Grau und die Eintönigkeit sowjetischer Städte annimmt.

Die Bücher des unvergessenen Bruno Schulz machen unterdessen ihren Weg um die Welt. Allein *Zimtläden* wird in 26 Sprachen übersetzt. Im Jahr 1961 erscheint die erste deutsche Ausgabe des Buches. Seit 2008 ist eine neue Übersetzung auf Deutsch erhältlich.

Muselmann
KZ-Häftlinge, die zwischen Leben und Tod schwebten, wurden von den anderen Gefangenen *»Muselmann«* genannt. Hunger sowie körperliche Strapazen führten dazu, dass Gefangene zu Skeletten abmagerten. Oder der Körper schwemmte auf. Ein *»Muselmann«* nahm seine Umgebung kaum noch wahr und starb langsam und elend.

Eine Entdeckung | Im Jahre 2001 gelingt etwas, woran Alfred Schreyer selbst nicht mehr geglaubt hat. Nach langer Suche entdeckt der deutsche Regisseur und Filmemacher Benjamin Geissler bei den Dreharbeiten zu seinem Film *Bilder finden* in der ehemaligen Landau-Villa die vielfach übermalten Wandbilder von Bruno Schulz. Die sensationelle Nachricht geht um die Welt.

Schreyers Freude währt jedoch nicht lange. Denn drei Monate nach der Entdeckung entfernen israelische Spezialisten mit Billigung des Bürgermeisters von Drohowytsch die Gemälde von der Wand und bringen sie in die Gedenkstätte *Yad Vashem* in Jerusalem. Die Begründung für diese umstrittene Aktion lautet: *»Schulz wurde getötet, weil er Jude war. Die Gemälde schuf er während des Holocausts. Deshalb ist der beste Platz für ihre Aufbewahrung Yad Vashem.«*

Alfred Schreyer spricht dagegen von *»Diebstahl«* und einer *»Nacht-und-Nebel-Aktion«*. Er vermutet, dass dabei viel Geld geflossen ist, und fügt hinzu: *»Für mich ist Bruno Schulz ein polnischer Künstler und ein polnischer Schriftsteller jüdischer Herkunft. Seine Werke gehören einzig und allein nach Drohowytsch.«*

Krieg und Frieden – Auf verschiedenen Seiten

Als Adolf Hitler im Herbst 1940 mit den Vorbereitungen für den Krieg gegen die Sowjetunion beginnt, beherrscht er bereits halb Europa. Im Handstreich hat er nach Polen auch die Länder in Nord- und Westeuropa besiegt. Nur England widersteht ihm. Aber dieser Gegner wird vorerst ausgeklammert. Der NS-Diktator will zunächst die Sowjetunion überfallartig erobern. Nach einer Serie gewonnener Schlachten gerät der Vormarsch nach Osten im frühen russischen Winter 1941/42 kurz vor Moskau ins Stocken. In Stalingrad kommt es 1943 zu einer verheerenden Niederlage für Hitler und seine Wehrmacht – dies ist die Wende im Zweiten Weltkrieg. Danach verzeichnet das Deutsche Reich fast nur noch Rückschläge und Niederlagen.

Feldmarschall und Deserteur | Generalfeldmarschall Friedrich Paulus, Oberbefehlshaber der 6. Armee in Stalingrad, und der Marinegefreite und Deserteur Ludwig Baumann – zwei Kriegsteilnehmer, deren Wege im Krieg wie im Frieden ganz unterschiedlich verlaufen: Paulus zählt zu den ranghöchsten Militärs der Wehrmacht. Nach der verlorenen Schlacht von Stalingrad geht er in russische Gefangenschaft, später in die DDR. Ludwig Baumann dagegen desertiert bereits im Februar 1942 von der Wehrmacht, wird von der Militärjustiz zum Tod verurteilt, verbringt zehn Monate in der Todeszelle, überlebt KZ, Militärgefängnis und Strafbataillon. Als Friedensaktivist setzt Baumann sich in der Bundesrepublik mit Erfolg für die Rehabilitierung von Deserteuren und sogenannten »*Kriegsverrätern*« ein.

Deutsche Soldaten in Stalingrad nach der Kapitulation | 31. Januar 1943

1890 Geburt in Breitenau (Hessen)
1915–1918 Ordonnanzoffizier im Ersten Weltkrieg
1942 Oberbefehl über die 6. Armee
1943 Generalfeldmarschall
1943–1953 Sowjetische Kriegsgefangenschaft
1957 Tod in Dresden

Friedrich Paulus Heerführer

Am 2. Februar 1943 ist die Schlacht um Stalingrad geschlagen. Der Nordkessel ergibt sich der sowjetischen Übermacht zuletzt. Die deutschen Soldaten sind geschwächt, ausgehungert, krank oder verwundet. Sie sind gezeichnet vom zermürbenden Kampf der letzten Wochen. Hitler hat sie schmählich im Stich gelassen: Der versprochene Nachschub war nicht eingetroffen. Den Landsern bleibt nichts als das nackte Leben und auch das vielleicht nicht mehr lange.

Stalingrad
Hafenstadt an der unteren Wolga, hieß bis 1925 *Zaryzin.* Heute *Wolgograd.* Unter Stalin zu einem Industrie- und Rüstungszentrum ausgebaut. Wichtiger Verkehrsknotenpunkt und Umschlagplatz für Öl und Getreide aus dem Kaukasus. Von Stalingrad aus wurde vor allem der Norden der UdSSR mit Gütern versorgt.

Generaloberst Friedrich Paulus, Oberkommandierender der 6. Armee in Stalingrad, hatte bereits am 31. Januar aufgegeben. In seinem Kommandostand im Keller des Kaufhauses *Univermag* unweit des Roten Platzes in Stalingrad konnte er schon seit Tagen nichts mehr ausrichten. Die Verbindung zu seinen Soldaten war weitgehend zerstört. So harrt er aus, bis ein Trupp Rotarmisten vor dem Kaufhaus aufkreuzt und ihn stellt. Der kurz zuvor zum Feldmarschall beförderte Paulus lässt sich widerstandslos festnehmen.

Hoffnungsvoller Auftakt und Gegenoffensive

Die deutsche Wehrmacht hatte mit einem schnellen Sieg über Stalingrad gerechnet. Bei den ersten Vorstößen im September 1942 scheint sich diese Erwartung auch zu bestätigen. Die Angreifer spüren kaum Widerstand. Rasch dringen die Einheiten in die Vororte von Stalingrad vor. Mitte November sieht es so aus, als könnte die Schlacht schon in wenigen Tagen gewonnen werden. Doch dann setzt ein erbitterter Häuserkampf ein.

Fritz Hartnagel, als Hauptmann der Wehrmacht am Kampf um Stalingrad beteiligt, schreibt seiner

Freundin Sophie Scholl am 31. Oktober 1942: »*Die Russen haben nur noch wenige Quadratkilometer entlang der Wolga in Besitz, und in diesen Trümmerhaufen schleudern ununterbrochen unsere Stukas und die Artillerie ihre Bomben und Granaten hinein, dass man nicht glauben kann, dass sich noch irgendein menschliches Wesen darin hält. Trotzdem wird nun schon wochenlang um dieses kleine Fleckchen gekämpft. Man möchte fast annehmen, ein zweites Verdun.*«

Stalin schlägt zurück

Was Generaloberst Friedrich Paulus viel zu spät begreift, das ist die Entschlossenheit Stalins, die nach ihm benannte Stadt um jeden Preis zu halten. Der Kremlchef schickt immer neue Einheiten an die Wolga, ohne dass die Deutschen diese Truppenverstärkung überhaupt bemerken. Erst als über eine Million Rotarmisten auf dem Schlachtfeld eingetroffen sind, gibt Stalin den Befehl zu einer groß angelegten Gegenoffensive. Auf Anhieb gelingt es, die Wehrmachtsverbände in einem Gebiet von 50 mal 40 Kilometern einzukreisen. Die Kesselschlacht beginnt. Mit ihrem nächsten Schlag treibt die Rote Armee einen Keil in diesen Kessel, sodass die Versorgung der eingeschlossenen Truppen noch schwieriger wird. Einzelne Flugpisten können noch angeflogen werden, allerdings unter steigendem Risiko. Die Maschinen bringen Versorgungsgüter und nehmen auf dem Rückweg Verwundete an Bord.

Am 23. November 1942 wendet sich Paulus direkt an Hitler: »*Die Schließung des Kessels ist im Südwesten und Westen nicht geglückt. Bevorstehende Feindeinbrüche zeichnen sich hier ab. Munition und Betriebsstoff gehen zu Ende. Zahlreiche Batterien und Panzerabwehrwaffen haben sich verschossen. Eine rechtzeitige und ausreichende Versorgung ist ausgeschlossen. Die Armee geht in kürzester Zeit der Vernichtung entgegen, wenn nicht unter Zusammenfassung aller Kräfte der von Süden und Westen angreifende Feind vernichtend geschlagen wird. Hierzu ist die sofortige Herausnahme aller Divisionen aus Stalingrad und starker Kräfte auf der Nordfront erforderlich. Unabwendbare Folge muss dann Durchbruch nach Südwesten sein, da Ost- und Nordfront bei derartiger Schwäche nicht mehr zu halten sind. Uns geht dann zwar zahlreiches Material verloren, es wird aber die Mehrzahl wertvoller Kämpfer und wenigstens ein Teil des Materials erhalten: Die Verantwortlichkeit für diese schwerwiegende Meldung behalte ich in vollem Umfang, wenn ich melde, dass die Kommandierenden Generäle (...) die gleiche Beurteilung der Lage haben. Bitte aufgrund der Lage nochmals um Handlungsfreiheit!*«

Hitler verwirft den Plan von Paulus auf der ganzen Linie. Den Norden Stalingrads, den der Oberbefehlshaber aufgeben möchte, will der Diktator für eine Truppenkonzentration nutzen – eine Entscheidung, die an der Realität völlig vorbeigeht. Hitler denkt nicht daran, Handlungsfreiheit einzuräumen. In dieser Situation hätte Paulus selbstständig handeln und versuchen können, seinen Plan durchzusetzen. Stattdessen schickt er Ergebenheitsadressen an den Führer und erklärt: »*Noch weht die Hakenkreuzfahne über Stalingrad ...*«

Bald verschärft sich die Lage im Kessel derartig, dass Paulus die Tonlage ändert. Verzweifelt und

Luftangriff auf Stalingrad | 1942

»Was wir in den letzten Tagen mitgemacht haben, würde mir für immer reichen. Man kann sich nur wundern, dass man überhaupt noch lebt.«

Helmut Keller, Feldpostbrief, 1943

ratlos funkt er am 22. Januar 1943 an das Oberkommando des Heeres: *»Russe im Vorgehen in 6 km Breite beiderseits Woroponowo, zum Teil mit entrollten Fahnen nach Osten. Keine Möglichkeit mehr, Lücke zu schließen. Zurücknahme in Nachbarfronten, die auch ohne Munition, zwecklos und nicht durchführbar. Ausgleich mit Munition von anderen Fronten auch nicht mehr möglich. Verpflegung zu Ende. Über 12 000 unversorgte Verwundete im Kessel. (…) Schnellste Entscheidung notwendig, da Auflösung an einzelnen Stellen schon beginnt. Vertrauen zur Führung aber noch vorhanden.«*

Paulus auf dem Weg in die Gefangenschaft | 1943

Schließlich sieht Paulus keinen anderen Weg, als seinen persönlichen Ordonnanzoffizier Winrich Behr ins Führerhauptquartier *Wolfsschanze* in Ostpreußen zu schicken, um Hitler im letzten Moment umzustimmen. Dieser lässt sich jedoch durch kein Argument beeindrucken. *»Stalingrad muss durchhalten«* – mit dieser Devise ist das Schicksal der 6. Armee besiegelt.

Zögernd, zaudernd

Paulus fügt sich, statt zu rebellieren. Er ist zwar ein guter Taktiker, aber als Heerführer zaudernd, entscheidungsschwach und geltungssüchtig. Paulus sei in Stalingrad weder Herr der Lage noch seines Willens gewesen, so der Militärhistoriker Torsten Dietrich, er sei *»zerbrochen an seiner Befehlstreue wider bessere Einsicht und voller Schuldgefühle gegenüber seinen Soldaten«*.

Die Folgen für seine Leute und ihn selbst sind verheerend. In der Nacht zum 31. Januar 1943 versucht Hitler noch einmal, in die Geschehnisse einzugreifen. Er ernennt Friedrich Paulus zum Feldmarschall. Dahinter steht die Erwartung, Paulus werde Selbstmord begehen, um nicht in die Hände der Sowjetarmee zu fallen. Hitler verkalkuliert sich. Denn Paulus begibt sich in Kriegsgefangenschaft,

Deutsche Gefangene werden durch Moskau geführt. | 17. Juli 1944

zusammen mit etwa 91 000 Soldaten. Davon kehren in den folgenden Jahren nur etwa 5000 nach Deutschland zurück.

Fritz Hartnagel sagt nach dem Krieg: »*In Stalingrad wurde uns klar, dass dieser Feldzug ins Verderben führte und die Wehrmacht diesen Koloss Sowjetunion auf Dauer nicht bezwingen konnte. Insofern dachten wir, das Kriegsende käme bald in Sicht. Rückblickend muss ich gestehen, dass es damals konsequent gewesen wäre, zur sowjetischen Seite überzulaufen. Aber das habe ich nicht fertiggebracht, denn ich wollte nicht in russische Kriegsgefangenschaft. Ich wollte nach Hause.*«

Zunächst wissen weder Paulus' Familie noch die Öffentlichkeit, ob er die Kesselschlacht überlebt hat. Doch der sowjetische Geheimdienst *NKWD*, der ihn rund um die Uhr bewacht und beobachtet, will seinen prominentesten Kriegsgefangenen keineswegs verstecken, sondern hat noch einiges mit ihm vor. Auf Anordnung von Stalin genießt Paulus allerlei Annehmlichkeiten, von denen andere deutsche Kriegsgefangene, etwa in Sibirien, nur träumen können: regelmäßige Mahlzeiten, Alkohol und Zigaretten, Spaziergänge, Jagdausflüge und Reisen nach Moskau oder zu gefangenen Generälen in anderen Lagern.

Aufruf zur Rebellion

Als Gegenleistung erwartet der *NKWD*, dass Paulus die Bemühungen deutscher Emigranten und gefangener Offiziere unterstützt, Wehrmachtseinheiten zur Fahnenflucht aufzurufen. Am 13. Juli 1943 wird in Krasnogorsk bei Moskau das *Nationalkomitee Freies Deutschland (NKFD)* gegründet. Das

NKFD, dem führende deutsche Kommunisten angehören, zum Beispiel Wilhelm Pieck, nach dem Krieg DDR-Präsident, und Walter Ulbricht, später Staats- und Parteichef der DDR, ruft zum Sturz Hitlers auf und versucht mit Flugblättern, möglichst viele Soldaten zur Rebellion zu bewegen. Anfangs wehrt sich der ehemalige Feldmarschall heftig und lehnt jede Verbindung zu den »*Verrätern*« ab. Doch dann besinnt er sich und denkt selbstkritisch über seine Rolle im Krieg nach.

In Aufrufen sagt Paulus sich schließlich von Hitler los und fordert am 8. August 1944 das deutsche Volk und die Soldaten der Wehrmacht auf, sich vom NS-Regime abzuwenden und den Krieg zu beenden: »*Bei Stalingrad hat die 6. Armee unter meiner Führung, dem Befehl Hitlers folgend, bis zum Äußersten gekämpft in der Hoffnung, durch ihr Opfer der Obersten Führung die Möglichkeit zu schaffen, den Krieg zu einem für Deutschland nicht allzu ungünstigen Ende zu führen. Diese Hoffnung hat sich nicht erfüllt.*

Die Ereignisse der letzten Zeit haben die Fortsetzung des Krieges für Deutschland zu einem sinnlosen Opfer gemacht. Die Rote Armee geht auf breiter Front vor und hat die Reichsgrenze in Ostpreußen erreicht. Im Westen haben Amerikaner und Engländer die deutsche Abwehr am Westflügel durchbrochen und stoßen in den offenen französischen Raum vor. Weder im Osten noch im Westen verfügt Deutschland über Reserven, die die Lage wiederherstellen könnten. Die feindliche Überlegenheit in der Luft und zur See ist so erdrückend, dass die Lage dadurch noch aussichtsloser wird.

Der Krieg ist für Deutschland verloren. In dieser Lage ist Deutschland trotz des Heldentums seiner Wehrmacht und des ganzen Volkes durch die Staats- und Kriegsführung Adolf Hitlers geraten. Dazu kommt, dass die Art, wie ein Teil seiner Beauftragten in besetztem Gebiet gegen die Bevölkerung vorgegangen ist, jeden wirklichen Soldaten und jeden wirklichen Deutschen mit Abscheu erfüllt und uns in der ganzen Welt schwerste Vorwürfe zuziehen muss.

Wenn sich das deutsche Volk nicht selbst von diesen Handlungen lossagt, wird es die volle Verantwortung für sie tragen müssen. Unter diesen Umständen halte ich es für meine Pflicht, vor meinen kriegsgefangenen Kameraden und vor dem ganzen deutschen Volk zu erklären: Deutschland muss sich von Adolf Hitler lossagen und sich eine neue Staatsführung geben, die den Krieg beendet und Verhältnisse herbeiführt, die es unserem Volk ermöglichen, weiterzuleben und mit unseren jetzigen Gegnern in friedliche, ja freundschaftliche Beziehungen zu treten.«

Zeuge im Nürnberger Tribunal

Beim *Internationalen Kriegsverbrechertribunal,* das 1946 in Nürnberg beginnt, tritt Paulus als Zeuge der Anklage auf. Er zerstört die Legende von der »*sauberen Wehrmacht*«, die sich in den Nachkriegsjahren hartnäckig behauptet, und nennt die verbrecherischen Kriegsziele beim Namen: Eroberung, Unterjochung und Ausbeutung des Ostens. Als Hauptschuldige bezeichnet er neben Hitler Reichsmarschall Hermann Göring, Generalfeldmarschall Wilhelm Keitel und Generaloberst Alfred Jodl. Er selbst, sagt Paulus, sei mitschuldig geworden, weil er sich an den Vorbereitungen für Hitlers Angriffskrieg beteiligt habe und unfähig gewesen sei, rechtzeitig Widerstand zu leisten.

Auf geheimen Wegen kehrt der ungewöhnliche Zeuge als Kriegsgefangener in die Sowjetunion zurück, ohne seine Angehörigen wiedergesehen zu haben. Vom Tod seiner am 10. November 1949 verstorbenen Frau erfährt er erst einen Monat später. Ende September 1953 darf Paulus die Sowjetunion verlassen und reist in die DDR aus. Das SED-Regime zeigt sich gegenüber dem ehemaligen General von seiner großzügigen Seite. Paulus bewohnt eine Villa im Prominentenviertel *Weißer Hirsch* in Dresden, hat einen Adjutanten, Bedienstete und ein Westauto. Er bezieht ein Gehalt der Volksarmee und untersteht der Dauerbewachung der Staatssicherheit der DDR. 1957 stirbt er einen einsamen Tod in Dresden.

Ausstellung »Vernichtungskrieg – Verbrechen der Wehrmacht 1941–1944« | Frankfurt 1997

Exkurs: Die »saubere Wehrmacht«

Die Legende von der *»sauberen Wehrmacht«* führte nach dem Krieg ein zähes Eigenleben. Frühere Soldaten wurden nicht müde zu betonen, sie hätten lediglich ihre Pflicht getan. Wenn wieder einmal Dokumente über Massaker von Einsatzgruppen an der Zivilbevölkerung oder andere Verbrechen auftauchten, achteten ehemalige Militärs darauf, dass das Bild der Wehrmacht keinen Schaden nahm. Filme, Romane und Berichte von Illustrierten wirkten daran mit, den Krieg in eine Aura von Abenteuer und Heldentum zu hüllen. *Wir waren keine Banditen,* lautet ein Buchtitel, ein anderer: *Stirb wie ein Kerl.*

Erst die heftig diskutierte Ausstellung *Vernichtungskrieg – Verbrechen der Wehrmacht 1941–1944* des *Hamburger Instituts für Sozialforschung* durchbrach 1995 das sorgfältig gehütete Tabu und löste eine bis dahin nicht da gewesene Debatte über die Verbrechen der Wehrmacht im Zweiten Weltkrieg aus. Der Historiker Hannes Heer, der die Ausstellung leitete, kam zu dem Schluss: *»Die Wehrmacht führte 1941 bis 1944 auf dem Balkan und in der Sowjetunion keinen ›normalen‹ Krieg, sondern einen Vernichtungskrieg gegen Juden, Kriegsgefangene und Zivilbevölkerung, dem Millionen von Menschen zum Opfer fielen.«* In über 30 deutschen und österreichischen Städten wurde bis 1999 die Ausstellung gezeigt und löste fast jedes Mal erregte Debatten und heftigste Abwehrreaktionen ehemaliger Kriegsteilnehmer aus. Rechtsextremisten begleiteten die Ausstellung mit Protesten und Anschlägen. Aber es gab nicht nur Ablehnung. *»Ich habe diese Verbrechen gesehen«,* berichtete ein Besucher, *»ich sollte mitmachen. Ich wusste, es sind Verbrechen. Ich konnte mich nicht verweigern. Es gab keine Alternative.«*

1921 Geburt in Hamburg
1935 Maurerlehre
1940 Marinegefreiter
1942 Fahnenflucht, Militärgefängnis Bordeaux
1944–1943 Militärgefängnis Torgau, Strafbataillon
Ab 1950 Handelsvertreter
1990 Gründung der *Bundesvereinigung Opfer der NS-Militärjustiz*

Ludwig Baumann Deserteur

Ludwig Baumann schmunzelt. Das große Interesse an seiner Person amüsiert den 87-Jährigen. Und für einen Moment genießt er es wohl auch. Seit der Deutsche Bundestag im September 2009 endlich einen Schlussstrich unter das Kapitel Deserteure und Kriegsverräter gezogen und die Unrechtsurteile der NS-Militärjustiz pauschal aufgehoben hat, erhält der in Bremen-Vegesack lebende Baumann Anfragen aus aller Welt. »*Solange die Berichte und Reportagen einen Sinn ergeben*«, sagt er, »*mache ich das schon noch mit.*«

»Ich war Legastheniker«

Was hat diesen Mann ins Rampenlicht gerückt, ihn, den Sohn eines Tabakgroßhändlers in Hamburg, den gelernten Maurer und früheren Handelsvertreter? Bevor er über seine Fahnenflucht im Jahre 1942 spricht, möchte Baumann über seine Kindheit reden. Und fügt gleich einschränkend hinzu: Alles, was er dazu sage, sei Deutung, ein Versuch zu erklären und zu verstehen, mehr nicht. »*Mein Vater hatte es in Hamburg mit Fleiß und Ehrgeiz zu einem beträchtlichen Besitz gebracht. Natürlich wünschte er sich, dass sein einziger Sohn eines Tages in seine Fußstapfen treten und genauso erfolgreich sein würde. Aber dieser Erwartung konnte ich nicht genügen. Während meine Schwester Gertrud immer Einser-Noten mit nach Hause brachte, waren es bei mir meistens nur Fünfen. Ich war Legastheniker. Den Begriff kannte man damals noch nicht, auch nicht den Umstand, dass es eine angeborene Lese- und Schreibschwäche gibt.*« Der strenge Vater, der zum Jähzorn neigt, ist maßlos enttäuscht von dem Jungen: »*Wenn du Waschlappen bloß ein Mädchen geworden wärest und Gertrud ein Junge.*«

»Hitlerjunge, nichts für mich!«

Ludwig sieht sich als Versager, lebt in ständiger Angst vor dem Vater und fühlt sich gedemütigt. »*Mit 14 Jahren kam ich in die Maurerlehre. Ein Jahr*

»Hitlers Krieg war nicht unser Krieg. An solchen Verbrechen wollten wir uns nicht beteiligen.«

Ludwig Baumann | 2009

später starb meine Mutter. Ihren Tod konnte ich nicht verkraften. Ein oder zwei Wochen lang nahm ich ihn überhaupt nicht wahr. Ich habe doch so an ihr gehangen und wollte bei all meinen Mängeln doch ihr lieber Junge sein. Aber dann fing ich an zu rebellieren gegenüber meinem Vater, aber auch sonst. Hitlerjunge – nichts für mich! Man wollte mich zwingen, aber ohne Erfolg.«

1940 wird Ludwig Baumann eingezogen. *»Wie ich dann zur Wehrmacht kam, dachte ich: Befehl und Gehorsam – das ertrage ich nicht.«* Während der Ausbildung soll der Matrose seinen Vorgesetzten die Stiefel putzen. Er weigert sich, wird geschleift und geschunden und bekommt alle möglichen Strafen auferlegt. *»Heute frage ich mich: Warum habe ich mich nicht eingefügt? Ich konnte es nicht. Es ging nicht!«*

Hafenkompanie Bordeaux

Zunächst wird Baumann an der französischen Kanalküste eingesetzt. *»Mit Hunderten von umgebauten Binnenschiffen, die mit Laderampen ausgerüstet waren, sollten wir die englische Küste ansteuern. Aber das Unternehmen wurde abgeblasen. Die Engländer waren den Deutschen in der Luft und auf See überlegen.«* Sein nächster Einsatz ist auch schon der letzte. Für die Stadt Bordeaux wird eine Hafenkompanie zur Bewachung aufgestellt. Eigentlich gibt es außer Beutegut nichts zu bewachen. Aus den Einheiten, die ursprünglich in England landen sollten, werden in Bordeaux Soldaten zusammengezogen. Dort sammelt sich keine Elitetruppe, sondern das, was Baumann *»die größten Pfeifen«* nennt. *»Das war ein ziemlich wüster, unmilitärischer Haufen«*, sagt er.

Unter den französischen Hafenarbeitern lernen Baumann und sein Freund Kurt Oldenburg Anhänger der *Résistance* kennen. Der Plan zur Flucht nimmt Gestalt an. *»Ich will nichts glorifizieren oder mir Dinge im Nachhinein zurechtlegen. Abgesehen davon, dass ich ohnehin nie Soldat werden wollte – die Bilder vom Krieg, die wir in den Wochenschauen sahen, wirkten abstoßend; diese Kesselschlachten mit Hunderttausenden von sowjetischen Kriegsgefangenen, die im Winter 1941/42 die Lager füllten. Sie standen da mit ihrer leichten Kleidung auf freiem Feld bei 30 bis 40 Grad Kälte. Sie konnten doch nur erfrieren.«*

Fahnenflucht

Die Flucht aus Bordeaux verläuft zunächst planmäßig. Baumann und Oldenburg, die auf einem Binnenschiff untergebracht sind, verschaffen sich Zugang zur Waffenkammer und decken sich mit Pistolen und Munition ein. Französische Hafenarbeiter sorgen für Zivilkleidung. Ein Lieferwagen bringt sie zur etwa 60 Kilometer entfernten Demarkationslinie, an die das unbesetzte Frankreich grenzt. Die beiden wollen versuchen, über Marokko in die USA zu gelangen. Nur noch wenige Meter sind zurückzulegen, da stoßen die Matrosen auf eine deutsche Zollstreife, die sie für harmlose Franzosen hält. *»Die Zollbeamten gingen schräg vor uns. Sie hatten ihre Gewehre umgehängt und wollten uns zur Wache bringen. Unsere Pistolen waren entsichert. Wir hätten sie also leicht erschießen können.*

Aber das konnten wir nicht. Wir kamen zur Wache und dann zurück nach Bordeaux.«
Der Prozess am 9. Juli 1942 vor dem Marinegericht in Bordeaux dauert nicht einmal eine Stunde. Ludwig Baumann und Kurt Oldenburg werden zum Tod verurteilt. Der Verhandlungsführer, Marinekriegsgerichtsrat Dr. Carl Lüder, beruft sich auf die »*Richtlinien des Führers und Oberbefehlshabers der Wehrmacht*«, wonach Fahnenflucht mit dem Tod zu bestrafen sei: »*Für die Fahnenflucht im Felde müssen die strengsten Maßstäbe angewendet werden. Die Flucht von der Fahne ist und bleibt das schimpflichste Verbrechen, das der deutsche Soldat begehen kann.*«

Schon bei der Vernehmung und dann nach dem Todesurteil versucht die Gestapo, von Baumann und Oldenburg die Namen der französischen Fluchthelfer herauszubekommen. »*Wir wurden gefoltert. Die wussten, dass wir ohne fremde Hilfe nicht innerhalb von zwei bis drei Stunden die Demarkationslinie erreicht hätten.*«

Baumann hält den Torturen stand und verrät niemanden. »*Ich war zehn Monate in der Todeszelle, Tag und Nacht an Händen und Füßen gefesselt. Gefesselt waren wir auch deshalb, weil wir mit inhaftierten Geiseln, die später erschossen wurden, einen Fluchtversuch unternommen hatten. Jeden Morgen, wenn ich die Schritte der Wachen hörte, dachte ich: ›Jetzt ist es so weit. Jetzt holen sie dich.‹ Das Grauen verfolgt mich bis heute.*«

Dass Ludwig Baumann mit dem Leben davonkommt, hat er seinem Vater zu verdanken. Über einen Geschäftspartner gelingt es ihm, ein Gnadengesuch zu stellen. »*Der Oberbefehlshaber der Kriegsmarine hat am 20. August 1942 das Urteil bestätigt, aber im Gnadenwege die Todesstrafe in Zuchthausstrafen von je zwölf Jahren umgewandelt*«, heißt es in einem Aktenvermerk, der für Baumann und Oldenburg gilt. Gleichzeitig wird ihre Verlegung in das Wehrmachtsgefängnis *Fort Zinna* in Torgau an der Elbe veranlasst. Von dort sollen sie einer »*Bewährungstruppe*« überstellt werden, einem Strafbataillon, das an vorderster Front den Vormarsch der Roten Armee aufhalten soll, damit die Wehrmacht einen halbwegs geordneten Rückzug antreten kann. Extrem hohe Verluste sind einkalkuliert, wenn nicht gar gewollt.

Ludwig Baumann und sein Freund Kurt Oldenburg erfahren von dem Gnadenerlass nichts. Sie verharren also weiter in ihren Todesängsten. Erst am 29. April 1943 wird ihnen mitgeteilt, dass die Begnadigung bereits drei Monate zuvor erfolgt sei.

Baumann mit den Eisenfesseln seiner Haftzeit

Torgau

Unterdessen verzögert sich die Verlegung nach Torgau, weil beide Häftlinge noch in einer anderen Strafsache – »*kommunistische Zersetzung der Hafenkompanie Bordeaux*« – angeklagt werden sollen. Baumann kommt zunächst für einige Wochen in das Arbeitslager Rhede-Brual und in das KZ Esterwegen im Emsland. An die Selbstverstümmelungen mancher Kameraden kann er sich noch gut erinnern. Sie verschluckten Gabeln und Messer, nur um der »*Hölle im Moor*« zu entkommen. »*Am Anfang kamen sie noch ins Krankenhaus, dann nicht mehr. Sie schrien entsetzlich. Man ließ sie innerlich verbluten.*«

Die deutsche Militärjustiz verhängt insgesamt in etwa 30000 Fällen die Todesstrafe und übertrifft damit noch den *Volksgerichtshof.* Über 20000 Menschen schicken Kriegsgerichte in den Tod. Weniger als 4000 Deserteure überleben den Zweiten Weltkrieg. »*Zwei- oder dreimal habe ich Häftlingsjacken tragen müssen, die vorne einen kleinen und hinten am Rücken einen größeren Flicken hatten; da war jemand drin erschossen worden.*«

Ludwig Baumann verbringt die folgenden Monate in *Fort Zinna.* Einen Mithäftling aus dieser Zeit kann er nicht vergessen: Johann Lukaschitz, dessen »Verbrechen« darin bestand, dass er angebliche Pläne für die Bildung eines Soldatenrates nach sowjetischem Vorbild nicht gemeldet hatte. Wegen »*Nichtanzeige eines Kriegsverrats*« wird Lukaschitz zum Tode verurteilt und in Halle enthauptet. »*Er war ein so freundlicher, sympathischer und friedliebender Mensch. Wir waren Freunde, haben oft miteinander geredet. Ich habe viel verdrängt, aber an ihn muss ich immer wieder denken.*«

Der Besitz eines regimefeindlichen Flugblattes oder eine kritische Bemerkung über den Kriegsverlauf genügte schon, um in die Mühlen der Militärjustiz zu geraten.

Verbrannte Erde

Wie Kurt Oldenburg muss auch Ludwig Baumann gegen Kriegsende noch an die Ostfront, wo sie sich der Begnadigung würdig erweisen, also »*bewähren*« sollen. »*Unsere Aufgabe war, im Grenzgebiet Weißrussland – Ukraine den deutschen Rückzug abzusichern, indem wir die Rote Armee aufzuhalten versuchten. Der Rückmarsch der Wehrmacht verlief chaotisch. Die deutschen Soldaten machten alles nieder, ganze Dörfer, die Einwohner (...) verbrannte Erde war das. Wir also dazwischen. Es war schrecklich. Wenn an der Front ein Kamerad schwer verwundet wurde, vielleicht sogar ein Bein verlor, haben wir ihn beglückwünscht. Er durfte nach Hause. Mein Freund Kurt Oldenburg ist bei den Kämpfen umgekommen. Ich wurde verwundet, kam nach Brünn in ein Lazarett, wo ein dienstverpflichteter tschechischer Arzt meine Wunde so behandelte, dass sie nur langsam heilte. Das ging fast bis Kriegsende. Jedenfalls musste ich nur noch für etwa zwei Wochen an die Front zurück.*«

Feigling, Vaterlandsverräter

Die Rückkehr nach Hamburg, das Weiterleben, die Einstellung der Mitmenschen zum verlorenen Krieg – das alles hatte Baumann sich anders vorgestellt, als es schließlich eintritt. Immerhin stand er im Dritten Reich auf der richtigen Seite, hatte sich gegen den Eroberungs- und Vernichtungskrieg gestellt und dafür schlimmste Verfolgung auf sich genommen. Drei Jahre voller Ängste und Gefahren liegen hinter ihm. Jetzt erwartet er wenigstens ein Stück Anerkennung. Doch da irrt er sich gründlich. »*Feigling, Drecksack. Vaterlandsverräter!*«, hallt es ihm entgegen. Und: »*Deserteure haben ihre Kameraden im Stich gelassen!*« Baumann muss erleben, dass ein offenkundig beachtlicher Teil seiner Landsleute nichts begriffen hat, obwohl die NS-Diktatur gerade erst in einer Jahrhundertkatastrophe geendet hat. Selbst sein Vater wendet sich ab, nimmt ihn nicht einmal mehr in den Arm, was er früher doch manchmal trotz aller Enttäuschung getan hat. Auch die Schwester kann seinem Widerstand nichts abgewinnen.

Das alles ist zu viel für den Heimkehrer. Baumann sucht Trost im Alkohol, stürzt ab, gerät für eine lange Zeit auf die schiefe Bahn. In einer Kneipe im Hamburger Gänseviertel ist er Stammgast. Die Wirtin hält eine Liege für ihn parat. Während die anderen auf seine Kosten weitersaufen, schläft er seinen Rausch aus. Von der Wirtin sagt er, sie »*schrieb mit der Gabel an*«. Will heißen: ein Bier, vier Striche. Aber Geld spielt ja keine Rolle. Das väterliche Erbe ist beträchtlich: Häuser, Grundstücke usw. Drei Jahre vergehen, dann hat Baumann das vom Vater vererbte Vermögen buchstäblich versoffen. Wovon lebt er anschließend? »*Ich habe hier in Norddeutschland als Handelsvertreter für Gardinen gearbeitet – Klinkenputzen, von Tür zu Tür. Wo immer ich schlechte Gardinen sah, habe ich geklingelt und meistens auch etwas verkauft: Gardinen auf Teilzahlung.*«

Verzweifelt

Dabei lernt Baumann in Bremen seine Frau kennen. Als das zweite Kind unterwegs ist, heiraten die beiden. Baumann trinkt weiter, schafft es jedoch, irgendwie über die Runden zu kommen. Seine Frau ist verzweifelt, denn sie muss eine immer größer werdende Familie versorgen. Baumann: »*Kürzlich wurde ich von Schülern gefragt, ob die Kinder alle gewollt waren. Natürlich nicht, habe ich geantwortet. Zu dem ganzen Elend, in dem ich steckte, kamen die noch hinzu. Und als ich sagte, meine Frau sei sehr unglücklich gewesen, wollten sie wissen, woran ich das gemerkt hätte. Und dann habe ich gesagt, dass sie sich das Leben nehmen wollte.*«

Baumann als Friedensaktivist

1966 stirbt seine Frau bei der Geburt des sechsten Kindes. Ludwig Baumann ist jetzt mit den Kindern allein. Ein heilsamer Schock setzt ein, der ihn langsam vom Trinken abbringt. »*Meine Schwester hat geholfen, obwohl ich zu ihr kein gutes Verhältnis hatte. In der Todeszelle hatte ich Gedichte für meine tote Mutter geschrieben. Die hat sie nicht aufgehoben, was sie ja hätte tun können, auch wenn diese aus ihrer Sicht kitschig waren. Gertrud half bei der Miete und hinterlegte beim Kaufmann Geld, 500 DM, allerdings mit einer Auflage für mich: kein Alkohol! Es dauerte noch eine Weile, aber dann bin ich auf die Füße gekommen und habe die sechs Kinder letztlich allein großgezogen. Natürlich musste ich Geld verdienen. Ich wollte ja nicht zum Sozialamt gehen. Als Fernseher auf den Markt kamen, habe ich die verkauft, neben den Radios, obwohl ich eigentlich gegen den Konsum bin. Vielleicht habe ich für den Haus-zu-Haus-Verkauf eine Begabung. Oder die Leute fanden mich einfach freundlich und seriös. Später habe ich auch gebrauchte Geräte aufgekauft, repariert und wieder verkauft.*«

Friedensbewegung

Es dauert bis Mitte der 1980er-Jahre, bis Ludwig Baumann für sich ein gesellschaftspolitisches Betätigungsfeld entdeckt. Die Friedensbewegung zieht ihn an, denn sie verfolgt jene Ziele, die er schon bei seiner Fahnenflucht im Auge hatte: gegen den Krieg, gegen die Hochrüstung. Baumann wird Aktivist und ruft auf Bahnhöfen den Rekruten zu, sie sollten nichts gegen ihr Gewissen tun. Er bekommt deshalb »*Bahnhofsverbot*« und zieht dagegen bis vor das Oberlandesgericht. Und erhält Recht: Solange er die Fahrgäste nicht behindert, darf er reden.

1986 ein erster Erfolg: In Bremen-Vegesack, nicht weit von seiner Wohnung entfernt, wird eine schlichte Stele mit einem Soldatenkopf errichtet, gewidmet *Dem unbekannten Deserteur*. Im Jahr 1990 gründet Baumann mit 37 Betroffenen die *Bundesvereinigung Opfer der Militärjustiz e.V.* Ihr Ziel: die vollständige Rehabilitierung von Deserteuren, Kriegsdienstverweigerern und »*Wehrkraftzersetzern*«. Jetzt treten verstärkt die Ewiggestrigen und Unbelehrbaren auf den Plan. Baumann bekommt Drohbriefe, muss sich erneut als »*Volksschädling*« beschimpfen lassen. Für den Fall einer Aufhebung der Urteile aus der NS-Zeit sehen

»Was kann man denn Besseres tun, als den Krieg zu verraten. Kriegsverrat ist eine Friedenstat. Wir in diesem reichen Land, von keinem bedroht und mit unserer Geschichte, sind aufgerufen, uns jedem Krieg zu verweigern – uns einzusetzen für Gerechtigkeit, das Leben und den Frieden.«

LUDWIG BAUMANN, Rede zur Eröffnung der Wanderausstellung über die Wehrmachtsjustiz, Berlin 2007

rechtskonservative Politiker Gefahren für die Bundeswehr heraufziehen. Und Sprecher deutscher Soldatenverbände versuchen noch einmal, Deserteure in die Ecke der Feiglinge abzudrängen.

Doch Baumann beobachtet mit Genugtuung, wie sich das Meinungsklima in der Bundesrepublik verändert. Journalisten berichten sachlich über das Anliegen ehemaliger Deserteure. Immer mehr Menschen begreifen, dass Fahnenflucht ein Akt des Widerstandes war. »*Anfang der 1990er-Jahre waren laut Umfragen über 90 Prozent der Bevölkerung gegen uns. Aber schon einige Jahre später war es genau umgekehrt. Die überwiegende Mehrheit unterstützte unsere Forderung nach einer pauschalen Rehabilitierung. Etwa 36 Prozent hielten uns für Widerständler und rund zehn Prozent für Helden, wobei ich ja überhaupt und eigentlich gegen Helden bin.*«

Im Jahr 2002 ist es so weit: Der Bundestag erklärt die Unrechtsurteile endlich für ungültig – mit einer Ausnahme: Die sogenannten »*Kriegsverräter*« bleiben ausgeklammert. Ludwig Baumann hat sein Ziel im September 2009 erreicht. Der ehemalige Verfassungsrichter Hans-Hugo Klein kommt in einem Gutachten zu dem Ergebnis, dass die NS-Urteile wegen Kriegsverrats grundsätzlich nicht mit rechtsstaatlichen Prinzipien zu vereinbaren seien und deshalb aufgehoben werden müssen. Baumann spricht davon, dass für ihn damit ein lang ersehnter Traum in Erfüllung gegangen sei. Seine Kameraden und er hätten ihre »*späte Würde*« zurückgewonnen.

Der alte Mann, der 20 Jahre lang gekämpft hat, ist mit sich im Reinen. Seine Zielstrebigkeit und Hartnäckigkeit gelten als vorbildlich. Große Tageszeitungen haben über ihn geschrieben. Seine Kinder sind stolz auf ihn, was keineswegs immer der Fall war. Auch mit seiner verstorbenen Frau hat er sich ausgesöhnt. »*Jede Woche besuche ich sie mit dem Fahrrad auf dem nahe gelegenen Friedhof, ohne Schuldgefühle, und spreche mit ihr. Es ist jetzt alles in Ordnung.*«

»Dem unbekannten Deserteur«

Auf der Flucht – Verlust der Heimat

Flucht und Vertreibung, Verlust der angestammten Heimat – etwa 15 Millionen Deutsche im Osten müssen für die Folgen des Zweiten Weltkriegs und der verbrecherischen Ausrottungs- und Umsiedlungspolitik des NS-Regimes einstehen. Flüchtlingstrecks geraten zwischen die Fronten, werden aus der Luft angegriffen, von Partisanen und Soldaten überfallen und ausgeplündert. Unzählige Mädchen und Frauen werden Opfer von Vergewaltigungen. Tausende Flüchtlinge ertrinken in den eisigen Fluten der Ostsee. Auf der Flucht kommen insgesamt über zwei Millionen Menschen ums Leben.

Flucht über die Ostsee | Die meisten Flüchtlinge schlagen sich auf abenteuerlichen Wegen bis nach Deutschland durch. Dort treffen sie vielfach auf Landsleute, die jeden Neuankömmling mit Argwohn betrachten. Die Einheimischen haben oft selbst Haus und Hof verloren und hausen in Notquartieren, die sie jetzt auch noch mit Fremden teilen sollen. Die »*Habenichtse*« und »*Polacken*«, wie Flüchtlinge genannt werden, kommen sich vor wie Strandgut des Krieges, für den sie allein haftbar gemacht werden.

Über 1,5 Millionen Menschen sind Ende Januar 1945 in Ostpreußen von sowjetischen Truppen eingekreist. Als Ausweg bleibt ihnen nur noch die Flucht über die Ostsee. Ganze Trecks bewegen sich in Richtung Danziger Bucht, um einen der Häfen dort zu erreichen. Manche sind überhastet aufgebrochen und haben nicht genug Proviant mitgenommen. Halb verhungert und durchgefro-

Treck über das Eis des Frischen Haffs | Februar 1945

ren kämpfen sie sich vorwärts. Viele der Trecks nehmen den Weg über das zugefrorene Frische Haff. Russische Tiefflieger verfolgen sie. Artilleriegeschosse reißen die Eisdecke auf, die an manchen Stellen ohnehin brüchig ist. Ganze Pferdefuhrwerke versinken im Wasser.

Das Flüchtlingsdrama in Ostpreußen ist Anlass für eine großangelegte Evakuierungsaktion, wobei es dem Chef der deutschen Kriegsmarine, Großadmiral Karl Dönitz, in erster Linie um die Bergung von Soldaten und Kriegsgerät geht, denn Dönitz will immer noch den Endsieg. Über 500 Passagier-, Handels- und Kriegsschiffe werden in die Ostseehäfen Pillau und Gotenhafen beordert. Sie sollen verwundete Soldaten und Flüchtlinge über die Ostsee in Sicherheit bringen. Am 30. Januar nimmt die *Wilhelm Gustloff* in Gotenhafen (heute Gdynia) Flüchtlinge auf. Das frühere Paradeschiff der NS-Gemeinschaft *Kraft durch Freude* wurde notdürftig als Massentransporter hergerichtet.

»Kraft durch Freude«
NS-Gemeinschaft mit einem umfangreichen Kultur- und Freizeitangebot. Verfügte über eine eigene Flotte für Ausflüge und Kreuzfahrten, darunter das Kreuzfahrtschiff *Wilhelm Gustloff*.

»*Als die Passagiere die ›Gustloff‹ erreichten, waren sie völlig erschöpft*«, berichtet die Marinehelferin Ingeborg Dorn später. »*Sie waren zum Teil zwei oder mehr Wochen unterwegs in Eis und Schnee: graue, durchgefrorene Gestalten auf Schlitten, die gebeugt von ihren Wagen stiegen und glücklich wirkten, da sie dachten, sie seien jetzt gerettet.*« Der Dampfer, 205 Meter lang, startet am Abend des 30. Januar 1945. Wie viele Soldaten und Flüchtlinge sich an Bord befinden, lässt sich nicht mehr feststellen – wahrscheinlich über 10 000, die Hälfte davon Kinder und Jugendliche. Bei der Zahl 7956 schließen Marinehelfer die Liste. Ihnen fehlen schlicht die Kladden, um weitere Namen aufzuschreiben.

Eine der größten Schiffskatastrophen | Wenige Stunden nach ihrem Auslaufen wird die *Wilhelm Gustloff* vom sowjetischen U-Boot *S 13* unter Beschuss genommen und von zwei Torpedos getroffen. Eine der größten Katastrophen in der Geschichte der Seefahrt nimmt ihren Lauf. Nur mit Mühe gelingt es, auf dem sinkenden Schiff bei minus 18 Grad Celsius einen Teil der vereisten und festgefrorenen Rettungsboote flottzumachen. Auf dem Oberdeck beginnt ein verzweifelter Kampf um die Plätze in diesen Booten. Alle verfügbaren Schiffe im Umkreis werden zur Unglücksstelle geschickt. Etwa eine Stunde hält sich die *Gustloff* über Wasser, dann stürzt das Schiff in die Tiefe und reißt etwa 9000 Menschen in den Tod.

Der schwere Kreuzer *Admiral Hipper* trifft als erstes Schiff auf die sinkende *Wilhelm Gustloff*. Der Kommandant lehnt es jedoch ab, Schiffbrüchige zu bergen. Später begründet er seine fragwürdige Haltung damit, es seien feindliche Torpedos gesichtet worden. Andere deutsche Kriegsschiffe dagegen fischen so viele Ertrinkende wie möglich aus der Ostsee. Insgesamt 1252 Menschen werden so gerettet.

Überfülltes Flüchtlingsschiff | März 1945

»Meine Mutter hatte für uns auf der ›Gustloff‹ gebucht. Obwohl wir dann doch noch einen Zug nach Westen bekommen haben, standen wir auf der Passagierliste. Mein Vater hat diese Liste nach dem Krieg eingesehen und musste davon ausgehen, dass wir mit der ›Gustloff‹ untergegangen sind.«

Uwe-Karsten Heye, ehemaliger Regierungssprecher

Untergang der »Steuben« | In Pillau liegt am 9. Februar 1945 die *Steuben* vor Anker. Das ehemalige Kreuzfahrtschiff soll verwundete Soldaten und Flüchtlinge in Sicherheit bringen.

Gegen Abend legt das 168 Meter lange Schiff ab und nimmt in Begleitung eines deutschen Torpedobootes Kurs in Richtung Westen. An Bord befinden sich einschließlich der Besatzung 4750 Menschen. Nach Mitternacht, gegen 0.50 Uhr – die Schiffsführung glaubt, der größten Gefahr entronnen zu sein –, geschieht das Entsetzliche. Das sowjetische U-Boot *S 13*, das zehn Tage zuvor die *Wilhelm Gustloff* versenkt hat, feuert zwei Torpedos ab. Kaum 15 Minuten

Fluchtschiffe im Hafen von Pillau | Februar 1945

Flüchtlingsschiffe | Februar 1945

vergehen, bis das Flüchtlingsschiff Schlagseite bekommt und versinkt. In Panik versucht jeder, das Oberdeck zu erreichen. Schwerverwundete und Schwächere haben dabei kaum eine Chance.

Der am Kopf verletzte Soldat Franz Huber, der zu den 650 Geretteten zählt, schildert später das Drama an Bord des Flüchtlingsschiffes: »*Es war stockdunkle Nacht und schrecklich kalt. Ich versuchte, die höchste Stelle des Schiffes zu erreichen, in der Hoffnung, dieser Teil würde zuletzt untergehen. Ich saß lange dort im Dunkeln, allein, und hörte die Schreie auf dem Schiff. Ich hörte sie das Vaterunser beten mit einer Stimme, wie man sie selten gehört hat, und kaum jemals wieder hören wird.*«

»Hin und wieder Verluste« | Die Zahl der Flüchtlingsschiffe, die von Torpedos getroffen und versenkt werden, steigt weiter – am Ende sind es 73. Dennoch hält Großadmiral Dönitz an der Evakuierung fest, wobei es ihm in erster Linie um die Soldaten geht: »*Es ist wichtiger, alle verfügbaren Mittel einzusetzen und dabei hin und wieder Verluste in Kauf zu nehmen, als auf den gesamten Abtransport der Verwundeten zu verzichten.*«

Nach und nach werden die Wracks der in der Ostsee versenkten Schiffe entdeckt – im Jahre 2004 das der *Steuben*, die von polnischen Wissenschaftlern am Meeresboden geortet wird. Sonaraufnahmen zeigen mittschiffs deutlich die Einschläge der Torpedos. Auch wenn das Wrack untersucht wird – die menschlichen Überreste bleiben unberührt. Denn der Meeresboden ist ihre letzte Ruhestätte.

Nur nicht einschlafen | *»Als ich im Wasser wieder anfing zu denken, kam mir in den Sinn, dass man es bei diesen Wassertemperaturen höchstens zehn oder fünfzehn Minuten aushalten könnte, bevor Herzstillstand oder Kreislaufversagen eintreten würden«*, erzählt Nikolaus Höbel, Funkmaat auf der *Wilhelm Gustloff*. *»Das war für mich das Signal zu schwimmen, so gut und so schnell ich konnte. Plötzlich trieb vor mir in der Dunkelheit ein Floß. Ich versuchte mich festzuhalten, aber man schlug denen, die sich festhielten, auf die Finger oder drückte ihre Köpfe unter Wasser, bis sie losließen. Mein Glück war, dass ich um Hilfe rief. Ein Kollege erkannte meine Stimme und half mir hoch. Vor uns, nur einen Steinwurf entfernt, tauchte die Silhouette eines Dampfers auf. Wir brüllten, knieten uns auf den Floßrand und winkten mit den Händen. Aber das Schiff verschwand wieder im Dunkeln.*

Uns wurde klar, dass es jetzt keine Rettung mehr geben würde. Wir waren so steif gefroren, dass wir uns eine halbe Stunde später nicht mehr bewegen konnten. Wir konnten nur noch lallen, gar nicht mehr sprechen. Und die Arme hochreißen oder auf dem Floß knien war auch nicht mehr möglich. Wir saßen nur noch zusammengekauert und ganz eng aneinandergerückt und warnten uns gegenseitig vor dem Einschlafen ...«

Flucht durch die vereiste Ostsee | Januar 1945

1928	Geburt in Wichstadtl (Ostböhmen)
1945	Flucht
1956–1963|1967–1972	Auslandsschuldienst
Seit 1959	Schriftstellerin
1998	Promotion

Gudrun Pausewang 800 Kilometer zu Fuß

Einige ihrer Bücher erreichen Millionenauflagen. Mit über 80 Titeln zählt Gudrun Pausewang, 1928 in Ostböhmen geboren, zu den erfolgreichsten Schriftstellerinnen der Bundesrepublik. Kaum eine andere Autorin hat sich so radikal und unsentimental mit den großen Themen der Nachkriegszeit auseinandergesetzt wie sie. Flucht und Vertreibung gehören dazu, überhaupt die NS-Vergangenheit, die Risiken der Kernenergie, das Sterben der Wälder, die Armut in den Ländern der Dritten Welt. Und kaum eine andere Schriftstellerin hat der Umwelt- und Friedensbewegung solche Impulse gegeben wie sie. In manchen Ländern gehörten Bücher wie *Die Wolke* oder *Die Kinder von Schewenborn* zur Pflichtlektüre an Schulen und Universitäten, etwa in England und Japan.

Große Zustimmung, Nachdenklichkeit, selten schroffe Ablehnung – Gudrun Pausewang erfährt aus den Reaktionen ihrer Leser, wie intensiv sie sich mit den Themen ihrer Bücher auseinandersetzen. Es kam sogar schon vor, dass ein Jugendlicher, der das Buch *Die Wolke* bis tief in die Nacht zu Ende gelesen hatte, aufgewühlt bei ihr anrief und erklärte, er müsse unbedingt mit jemandem reden.

Schreiben aus Leidenschaft

Als Gudrun Pausewang noch im Schuldienst war, entstanden ihre Bücher an Wochenenden oder in den Ferien. Schreiben ist für sie kein Beruf, sondern »*Leidenschaft*«. In Südamerika beginnt Gudrun Pausewang mit dem Schreiben. Insgesamt zwölfeinhalb Jahre hat sie an deutschen Schulen in Lateinamerika unterrichtet und den Kontinent in dieser Zeit intensiv bereist. »*Schon ab meinem 14. Lebensjahr setzte ich mir als Ziel, nach Südamerika zu gehen. Dieses Ziel realisierte ich im Jahre 1956. Im Herbst 1963 kehrte ich für vier Jahre nach Deutschland zurück, um nach meiner Heirat mit meinem Mann noch einmal fünf Jahre in Südamerika zu leben.*«

Damals beschäftigt sie vor allem ein Thema: *»Das Elend der Armen in der Dritten Welt. Als ich 1972 nach Deutschland zurückkehrte, wandte ich mich vor allem dem Themenkreis ›Nie wieder Krieg!‹ zu. Bis heute hält er mich in Atem! Nach der Lektüre der Texte des ›Club of Rome‹, Gruhls ›Ein Planet wird geplündert‹ und der meisten Bücher von Hoimar von Ditfurth schrieb ich einige Bücher zum Thema ›Pflege der Umwelt‹.*

Inzwischen hatte ich Abstand zu meinem nationalsozialistischen Leben in meiner Jugend und dem Schmerz der Erkenntnis gefunden, mich bis zu meinem 17. Lebensjahr für eine falsche Ideologie begeistert zu haben. Im Jahr 1991 wagte ich mich an das Thema Judenverfolgung und schrieb ›Reise im August‹. Ab dieser Zeit habe ich mich immer wieder schriftstellerisch mit dem Nationalsozialismus beschäftigt.« Was das Kriegsende und die Vertreibung aus Ostböhmen angeht, ist Gudrun Pausewang Zeitzeugin und Chronistin zugleich.

Wir wussten: Der Krieg war verloren

»Wir, meine Mutter und wir sechs Kinder – ich, die Älteste, damals 17, mein jüngster Bruder dreieinhalb Jahre alt –, lebten in einem Holzhaus auf zwei Hektar Land, etwa eineinhalb Kilometer außerhalb unseres Dorfes Wichstadtl. Unser Anwesen lag einsam zwischen Feldern und Wäldern des Adlergebirges, unweit der ehemaligen deutsch-tschechischen Grenze.

Schon über Wochen war der Geschützdonner der deutsch-russischen Front immer lauter geworden. Wir erkannten: Der Krieg war verloren. Längst hatten die Schulen den Unterricht eingestellt. Anfang Mai 1945 zogen von Tag zu Tag immer mehr Flüchtlinge in Richtung Westen über die Landstraße, die 200 Meter von unserem Haus entfernt durch unser Dorf ins Adlergebirge und von dort weiter in Richtung Westen führte. Bald konnten wir von unserem Haus aus auch immer mehr Wehrmachtsverbände beobachten, die die total verstopfte Landstraße verließen und in wilder Panik flüchteten. Dabei warfen sie

Das Elternhaus in Wichstadtl

Gudrun Pausewang als junges Mädchen

alles weg, was sie an der Flucht hinderte. Die ganze Landschaft war übersät mit Koffern und vollen Rucksäcken, Rot-Kreuz-Material und abgestreiften Uniformteilen, Lebensmitteln und weggeworfenen Waffen. In den Straßengräben der Landstraße türmten sich liegen gebliebene Militärfahrzeuge, Geschütze, ganze Schreibstuben, fahrbare Küchen. Nur fort – nicht den Russen in die Hände fallen! Natürlich waren unter den Flüchtlingen auch Nazi-Bonzen mit ihren Familien, die sich in ihren Dienstfahrzeugen, mit gefälschten Ausweisen und in Zivilkleidung zu retten versuchten.«

Im Wald versteckt

Am 9. Mai 1945, also unmittelbar nach der Kapitulation Deutschlands, marschieren auch in Wichstadtl russische Soldaten ein. Es wird nicht mehr geschossen. Die Bevölkerung atmet auf. *»Aber viele deutsche Mädchen und junge Frauen versteckten sich in den Wäldern. So auch meine nächstjüngste Schwester und ich. Trotzdem fanden im Dorf einige Vergewaltigungen statt. Und fast allen Dörflern wurden die Taschen- und Armbanduhren abgenommen. Insgesamt aber hatte man sich aufgrund der NS-Hetzpropaganda das Verhalten der russischen Soldaten schlimmer vorgestellt. Vor allem staunte man über die Kinderfreundlichkeit der Russen.«*

Wichstadtl erlebt ein paar ruhige Tage. Die Einwohner werden darüber informiert, dass das Sudetenland jetzt wieder zur Tschechoslowakei gehöre. Im Dorf hat ein tschechischer Amtsträger das Sagen. Auf Aushängen und Plakaten werden die Bewohner aufgefordert, alle Waffen abzugeben und die Straßen vom Müll der Flüchtlinge zu säubern. Es ist strikt verboten, deutschen Flüchtlingen, die noch immer durchziehen, zu helfen.

Vertreibung in Etappen

Die Vertreibung der Deutschen geht in Etappen voran. Zunächst müssen nach der Schilderung von Gudrun Pausewang die Bombengeschädigten aus Deutschland, die im Laufe des Krieges im Sudetenland untergekommen waren, gehen. In Wichstadtl warten die Menschen gespannt auf das, was mit ihnen geschehen wird. *»Man atmete auf, als sich herumsprach, dass der deutsche Bäcker wieder backen durfte. Man hatte den Eindruck, dass sich das Leben langsam wieder normalisierte, allerdings unter tschechischer Befehlsgewalt.«*

Die Hoffnung auf ein halbwegs normales Leben währt nicht lange. Unmittelbar nach zwei ruhigen Pfingstfeiertagen *»geschah Schreckliches in fast allen Dörfern und Städten des deutschsprachigen Randgebietes der Tschechoslowakei: Tschechische paramilitärische Einheiten besetzten die Ortschaften, auch unser Dorf, und zwar am 22. Mai 1945. Sie trieben alle Männer zusammen und hielten ein Standgericht ab, das zehn Männer das Leben kostete. Sie wurden auf grauenvolle Weise umgebracht, darunter der Bürgermeister, der Oberlehrer, der Vater eines SS-Mannes, ein 16-jähriger Junge, in dessen Hosentasche man eine leere Patrone fand, ein ehemaliger deutscher Soldat, der an der Front einen Arm verloren hatte. Auch mein Vater stand auf der Liste, die vorgelesen wurde – obwohl er seit zwei Jahren nicht mehr lebte. Ein anderer Mann mit demselben Familiennamen, schon alt und schwerhörig, glaubte seinen eigenen Vornamen zu hören, trat vor und wurde anstelle meines Vaters mit einem Gewehrkolben erschlagen.«*

Exkurs: Unsere Fluchtroute

An den Straßenrändern sahen wir Kranke und Hochschwangere erschöpft sitzen oder liegen, sahen sterbende Säuglinge, vergewaltigte Frauen, kamen an Lagern gefangener deutscher Soldaten vorbei. Typhus und andere hochansteckende Krankheiten grassierten. Die letzten Kilometer legte ich in zwei unterschiedlichen Schuhen zurück. Und was Hunger heißt, haben wir auf diesem Fußmarsch gründlich gelernt.

Das war unsere Fluchtroute: Wichstadtl – Glatz – Waldenburg – Liegnitz – Sagan – Sorau – Forst (wo die polnisch-russisch besetzte Zone endete) – Cottbus – Lübbenau – Treuenbrietzen – Rathenow – Havelberg – Perleberg – Grabow. Über drei Monate Warten in Lübz, dann Zugfahrt nach Bad Segeberg in der englisch besetzten Zone. Von dort Weiterfahrt über Hamburg nach Winsen/Luhe.

Flucht über die Grenze

»Auch bei uns hatte eine Hausdurchsuchung stattgefunden. Die tschechischen Soldaten drohten meiner Mutter an, noch am selben Abend wiederzukommen. Kaum waren sie gegangen, flüchtete die Mutter mit uns Kindern über die Grenze bis ins nächste schlesische Dorf. Eigentlich wollte sie mit uns, sobald sich alles beruhigen würde, wieder auf unser Anwesen zurückkehren. Aber als wir von diesem Massaker hörten, wurde der Mutter klar, dass wir, die Kinder von Deutschen, in der Nachkriegs-Tschechoslowakei keine Chance haben würden. Und so entschloss sie sich, nicht zurückzukehren, sondern zu versuchen, sich mit uns zu ihrer einzigen Schwester durchzuschlagen.«

Die Mutter von Gudrun Pausewang stammte aus Saarbrücken. Nach der Heirat war sie mit ihrem Mann ins Sudetenland gezogen. Deswegen fällt es ihr nicht ganz so schwer, ihr Anwesen aufzugeben und sich irgendwo in Deutschland niederzulassen. *»Nach dem ersten Schock empfand unsere Mutter die Aufgabe, mit uns sechs Kindern etwa 800 Kilometer zurückzulegen, als Herausforderung: ›Das werden wir schon irgendwie schaffen! Hauptsache, wir überleben!‹ Wir schafften es mit einem Handwagen, den meine Schwester und ich zogen. Unsere Mutter schob ihn, die beiden mittleren Geschwister gingen links und rechts, die Hand am Wagen, die zwei jüngsten Geschwister saßen auf dem Gepäck im Wagen. Wir schliefen oft unter freiem Himmel oder in verlassenen Häusern, suchten nach Kartoffelresten in den Kellern, bettelten um Milch und Brot, sammelten, als es Sommer wurde, Beeren in verlassenen Gärten und im Wald und wuschen unsere Wäsche in Bächen oder unter Pumpen.*

Ich hatte große Angst, vergewaltigt zu werden. Denn die Nazi-Ideologie hatte uns Mädchen vermittelt: Mit der Schändung verliert eine Frau ihre Ehre. Zweimal zeigten polnische und russische Soldaten großes Interesse an mir. Ich entkam ihnen dank der Hilfe anderer Frauen. Wäre mir das nicht gelungen, hätte ich mir wahrscheinlich das Leben genommen.

Die Russen ließen uns nicht in den englisch besetzten Sektor ziehen. So suchten wir auf der russisch besetzten Seite der Demarkationslinie, in Mecklenburg, eine vorläufige Unterkunft und fanden sie schließlich in einem einsturzgefährdeten Schulgebäude in Lübz. Sieben Wochen brauchten wir von daheim bis dort.

Für mich war die Flucht trotz aller Mühsal ein großes Abenteuer: hinaus in die große, unbekannte Welt! Erst als wir in Mecklenburg erfuhren, dass zehn Tage nach unserer Flucht etwa die Hälfte der Bewohner unseres Dorfes innerhalb von zwei Stunden ihre Wohnungen, ihre Häuser hatten verlassen müssen und unter Bewachung über die Grenze davongejagt worden waren, ahnte ich, dass diese Vorgänge weit mehr waren als nur ein Abenteuer.«

Gudrun Pausewang

Die Schriftstellerin hat ihre Flucht aus der Heimat in einigen ihrer Bücher literarisch verarbeitet.

Gudrun Pausewang | 2008

Frau Pausewang, der Verlust der Heimat – wie hat sich das auf Ihr späteres Leben ausgewirkt?

GP – Als 17-Jährige hat mich dieser Verlust nicht so hart getroffen wie alte Leute, die sich Zeit ihres Lebens nicht weiter entfernt hatten als bis zur nächsten Kreisstadt oder zum nächsten Wallfahrtsort. Sie müssen sich außerhalb ihrer heimatlichen Umgebung völlig verloren vorgekommen sein. Als junger Mensch aber ist man neugierig, man freut sich darauf, andere Gegenden kennenzulernen, andere Landschaften und Menschenschläge, andere Bräuche und Dialekte. Gewiss: Man gehörte nun in Deutschland zu der unteren Gesellschaftsschicht, der Schicht der *»Habenichtse«*, der *»Hergelaufenen«*, der *»Bittschöner«*. Aber für mich und viele andere junge Flüchtlinge und Vertriebene hatte der Verlust der Heimat durchaus auch positive Folgen: Man sammelte eine Fülle von Erfahrungen, lernte andere Lebensweisen kennen, lernte sich durchzusetzen, sah sich zahlreichen Bildungschancen gegenüber, die einem die nun wieder unter tschechischem Kommando befindliche Heimat nicht hätte bieten können. Ich wollte vor allem hinaus in die Ferne.

Sind Sie in Ihre Heimat zurückgekehrt?

GP – Schon zu Pfingsten 1964 fuhr ich nach Ostböhmen, um zu sehen, was aus unserem Anwesen geworden war. Von den damaligen tschechischen Besitzern, einem alten Ehepaar, wurde ich sehr herzlich aufgenommen. Nach meiner endgültigen Rückkehr aus Südamerika, ab 1978, fuhr ich fast jedes Jahr hinüber, meistens mit meinem heranwachsenden Sohn, und bemühte mich, mit den jetzigen tschechischen Besitzern, der Enkelin des alten Ehepaars und ihrem Ehemann, eine solide Freundschaft aufzubauen. Die hat sich im Lauf der Jahre so stabilisiert, dass die Frage, welcher Nationalität wir angehören, gar keine Rolle mehr spielt. Im vergangenen Jahr war ich auf Einladung des jetzigen tschechischen Bürgermeisters zu einer Lesung in meinem Heimatdorf. Der Saal war gerammelt voll, die tschechischen Zuhörer konnten mit den Übersetzungen meiner Texte etwas anfangen. Sie begegneten mir sehr herzlich. Meine Meinung zum

Thema Vertreibung: Nicht nur die Tschechen haben Unrecht getan. Unsere Nation hat ja vorher, während der Hitlerzeit, den Tschechen auch Unrecht getan. Wir haben den freiheitsliebenden Tschechen die Freiheit genommen! Wir haben also – nach meiner Meinung! – keinen Grund, immer nur die Tschechen als Täter und uns Sudetendeutsche als Opfer zu sehen. Unrecht geschah auf *beiden* Seiten!

Sie gehörten bis zur Vertreibung dem *Bund Deutscher Mädel (BDM)* an. Was hat Sie damals am Nationalsozialismus fasziniert?

GP – Bis zur Flucht war ich Mitglied des *BDM*. Die deutschen Mädchen und Jungen wurden ja ab dem 10. Lebensjahr über die Schulen, die Medien, die Jugendorganisationen und oft auch über die Eltern zu Nazis erzogen. Der Staat beschäftigte uns mindestens zweimal pro Woche im sogenannten *»Dienst«* mit Singen, Sport, Gesellschafts- und Geländespielen. Die Nazis wussten sehr genau, was jungen Menschen Spaß macht und wie man sie begeistern kann! Uns gefiel auch sehr, dass wir nicht von Erwachsenen, sondern von jungen Leuten geführt wurden, die nur zwei oder drei Jahre älter waren als wir. Ein NS-Slogan lautete: *»Jugend führt Jugend«*.

Sollte damit vor allem das Selbstwertgefühl angesprochen werden?

GP – Ja, unser bis zum Beginn der NS-Zeit oft von der Gesellschaft gedämpftes Selbstwertgefühl wurde in Liedern und Gedichten enorm gestärkt. Wir waren Deutschlands Zukunft! Der NS-Staat lieferte uns Vorbilder, so zum Beispiel Albert Leo Schlageter, Hitlerjunge Quex, Horst Wessel, vor allem aber das übergroße Vorbild Adolf Hitler. Der NS-Staat vermittelte uns darüber hinaus das, wonach ein junger Mensch besonders strebt: eine große Aufgabe, der er sich ganz hingeben kann, für die er sogar zu sterben bereit ist. Er gab uns die Slogans: *»Du bist nichts, dein Volk ist alles!«*, *»Wer auf die deutsche Fahne schwört, hat nichts mehr, was ihm selbst gehört«* und *»Führer, befiehl, wir folgen dir!«* Deutschland zu dienen, war für uns damals der Sinn des Lebens. Ich bedauerte, kein Junge zu sein, denn als Mädchen konnte ich ja mein Leben für Führer, Volk und Vaterland nicht hingeben!

Welche Zukunft haben Sie sich als junges Mädchen damals ausgemalt? Was waren Ihre Träume?

GP – Bis zu meinem 14. Lebensjahr wollte ich meinen Eltern nacheifern und kinderreiche Mutter werden. Sieben Kinder wollte ich haben! Und natürlich stellte ich mir vor, mit meiner Familie auf dem Land zu leben. Mit Dutt, der damaligen Nazi-Frauenfrisur. Etwa ab meinem 14. Lebensjahr wurden meine Zukunftsträume individueller. Nachdem ich im Fach Geschichte von der Eroberung Südamerikas durch die Spanier und Portugiesen gehört hatte, begann ich mich für Südamerika zu interessieren. Ich wurde ein richtiger Südamerika-Fan. Nach Kriegsende wollte ich unbedingt dorthin!

Wann stellte sich die Ernüchterung ein? Auf der Flucht oder erst später?

GP – Die Ernüchterung begann erst während der Flucht. Da hatte ich genügend Zeit, um über die ganze vergangene Zeit und das NS-Programm nachzudenken. Nach und nach erkannte ich, wie skrupellos die Nazis unseren jugendlichen Idealismus benutzt und missbraucht hatten. Und dass sie uns angeleitet hatten, uns als Herrenmenschen zu sehen, die sich erlauben konnten, die Menschenrechte zu missachten. Leider zog ich aus dieser bitteren Erkenntnis, die so wehtat wie eine zerbrochene Liebe, eine völlig falsche Konsequenz: Nie mehr wollte ich etwas mit Politik zu tun haben!

Ich bin sehr skeptisch gegenüber der Behauptung vieler Zeugen aus der Hitlerzeit, man habe damals von all dem Bösen nichts gewusst. Das stimmt nicht. Das ist eine Schutzbehauptung. Damit soll signalisiert werden: *»Ich bin nicht mitschuldig.«*

Hitlers Selbstmord Ende 1945 – wann haben Sie davon erfahren und wie haben Sie reagiert?

GP – Da die russische Armee erst unmittelbar nach dem Waffenstillstand – also am 9. Mai 1945 – einzog, konnten wir bis zum Kriegsende noch deutsche Radiosender hören. Die Nachricht von Hitlers Tod erfuhr ich also am 30. April oder 1. Mai 1945 aus dem Radio. Ich kann mich gut erinnern, dass ich damals mit meinen gerade mal 17 Jahren jämmerlich weinte. Eine Welt ohne Hitler konnte ich mir nicht vorstellen!

Frau Pausewang, Sie zählen zu den erfolgreichsten Schriftstellerinnen der Bundesrepublik. Liegt im Umgang mit der jüngsten deutschen Geschichte der Schlüssel für Ihr gesamtes literarisches Schaffen?

GP – Zu Beginn meiner schriftstellerischen Tätigkeit, die während meines Aufenthaltes in Südamerika begann, beschäftigte ich mich vor allem mit dem Elend der Armen. Seit Anfang der 1990er-Jahre ist es das Phänomen Nationalsozialismus. Und ich glaube, dass mich dieses Thema auch weiterhin beschäftigen wird. Selbstverständlich behandele ich in meinen Büchern auch andere Themen, schreibe auch heitere Bücher. Aber die Themen, die mit meinem Leben eng in Verbindung stehen, reizen mich immer wieder. Vor allem bemühe ich mich, vor Gefahren zu warnen. So auch vor der Gefahr eines menschenverachtenden Nationalsozialismus, einer NS-Diktatur!

Hat das Schreiben über die Vergangenheit auch eine therapeutische Wirkung gehabt – in dem Sinne, dass es Ihnen geholfen hat?

GP – In dem Sinn, dass man sich *»etwas von der Seele«* schreibt, sicher. Natürlich habe ich bei meinen Recherchen – zum Beispiel für mein Buch *Die Kinder- und Jugendliteratur des Nationalsozialismus als Instrument ideologischer Beeinflussung,* das ich 2005 im Peter Lang Verlag, Frankfurt/Main unter meinem Passnamen Gudrun Wilcke herausgab – auch viel Einblick in das System des Nationalsozialismus bekommen. Dieser erweiterte Einblick hat mein Bestreben, die heutige Jugend vor den Gefahren eines Nationalsozialismus zu warnen, noch verstärkt.

In der jungen Bundesrepublik waren die Vertriebenen noch in einer Partei organisiert. Dann entstand der *Bund der Vertriebenen,* dessen Einfluss bis heute beträchtlich ist. Wie stehen Sie zu dem geplanten *Zentrum für Vertreibung?*

GP – Wenn sich dieses Zentrum auf alle Vertreibungen bezieht, die in der Welt geschehen, habe ich nichts dagegen. Dann wäre es eines von vielen Mahnmalen gegen eine immer wieder auftretende Art menschenverachtenden Umgangs mit wehrloser Zivilbevölkerung, gleichzeitig ein Mahnmal zur Aufforderung, die Menschenrechte zu respektieren. Auf keinen Fall wünsche ich ein Zentrum, das sich nur auf die Vertreibung der Sudetendeutschen und Schlesier bezieht! Dem *Bund der Vertriebenen* gehöre ich nicht an. Ich schaue nach vorn, nicht nach rückwärts.

Die Grenzfragen mit den osteuropäischen Nachbarn sind geregelt. Dennoch gibt es aus den Reihen der Vertriebenen Besitzansprüche und Forderungen nach Wiedergutmachung. Was steckt dahinter?

GP – Ich kann nur immer wiederholen, dass ich nicht zu denen gehöre, die sich Vergeltung wünschen und sich mit Aufrechnung der Schuld beschäftigen. Mein Motto ist: Brücken über Gräber und Gräben bauen, ein gutnachbarliches Verhältnis zwischen den Völkern schaffen, in Frieden und Freundschaft miteinander leben. Deshalb begrüße ich zum Beispiel auch einen Schüleraustausch zwischen Deutschland und Tschechien oder Deutschland und Polen.

Sie haben sich schon früh kritisch mit der Vertreibung befasst. Aber erst seit einigen Jahren findet eine breitere Auseinandersetzung damit statt. Warum so spät?

GP – Der Nationalsozialismus, die Vertreibungen, der Verlust der Heimat, der Krieg: Alle diese von Menschen gemachten Katastrophen der jüngsten Geschichte haben schmerzhafte Wunden gerissen, die erst vernarben mussten, bevor man sich traute, an sie zu rühren. Eine Vernarbung kostet Zeit, dauert Jahre. Das spürte ich in meinem Leben auch: Ich hätte nicht schon 1950 über den Nationalsozialismus oder die Vertreibung schreiben können! Jetzt sind die Enkel der damaligen Erwachsenengeneration die Hauptmanager des Zeitgeistes, so auch auf dem Gebiet der Politik. Sie kennen Krieg und Vertreibung nur noch aus den Erzählungen ihrer Großeltern, haben also den nötigen inneren Abstand, um die damaligen Geschehnisse mehr oder minder objektiv zu sehen. Den Schmerz um die Verluste in jener Zeit können sie bestenfalls nur nachempfinden. Außerdem herrscht jetzt eine ganz andere Einstellung zur Politik. Die Enkel der Vertriebenen fühlen sich mehrheitlich in erster Linie als Europäer, erst danach als Deutsche – gleichgültig, wie sie die Europäische Union beurteilen. Das heißt, dass der Nationalismus heute längst nicht mehr die Wichtigkeit besitzt wie damals in den Dreißiger- und Vierzigerjahren. Diese Entwicklung begrüße ich!

Was verbinden Sie mit dem Begriff *»Heimat«?* Ist das Städtchen Schlitz Ihre Heimat geworden?

GP – Ich nehme das Wort *»Heimat«* nicht gern in den Mund. Dieser Begriff ist inflationär. Außerdem spielt er heutzutage eine längst nicht mehr so wichtige Rolle wie noch zur Zeit meiner Jugend, ebenso der Dialekt. Die bäuerliche Atmosphäre ist eingeschränkt, die Medien haben die Tendenz, die typischen Eigenarten der einzelnen Provinzen zu nivellieren, die Bevölkerung ist sehr viel mobiler geworden, die Suche nach einer Arbeitsstelle bewirkt, dass öfter umgezogen wird. Für Goethe war seine Heimat *»dort, wo edle Menschen sind«*. Für Karl Jaspers *»ist meine Heimat dort, wo ich verstehe und verstanden werde«*. Für die Vertriebenen wäre dann der Ort, aus dem sie vertrieben wurden, nicht mehr ihre Heimat. Denn dort leben jetzt Menschen mit einer anderen Sprache. Die ehemals Vertriebenen verstehen sie nicht und werden auch nicht von ihnen verstanden. Seit 1982 lebe ich nun in Schlitz und liebe das beschauliche Fachwerkstädtchen. Aber den Begriff *»Heimat«* vermeide ich in diesem Zusammenhang – genau so, wie ich ihn an allen anderen Orten, in denen ich bisher gewohnt habe, zu vermeiden bemüht war. Heimat ist nach meinem Dafürhalten ein Begriff, der in die Vergangenheit gehört, als man meistens sein Leben lang im selben Ort oder in derselben Gegend lebte, denselben Dialekt sprach, mit seinen Verwandten ständig in Kontakt stand und kein Fernseher existierte, der im ganzen Land dieselben Kanäle mit denselben Programmen anbietet. Vielleicht kann man als *»Heimat«* die Atmosphäre bezeichnen, die sich jeder Einzelne schafft, um sich darin wohlzufühlen.

Was verbindet Sie noch mit dem Ort Wichstadtl?

GP – Der Verlauf des Horizonts, den ich sehe, wenn ich aus dem ehemaligen Haus meiner Eltern schaue, ist mir noch jetzt vertraut. Mehr Heimatgefühle im Zusammenhang mit damals kommen mir nicht mehr, wenn ich dort bin. Wohl aber haben sich auf meinen zahlreichen Reisen nach Wichstadtl neue vertraute Gefühle entwickelt: Ich habe sehr sympathische tschechische Menschen und hübsche neue Häuser und Gasthöfe kennen gelernt, bekam gezeigt, dass sich die Landwirtschaft im Adlergebirge sehr zum Positiven geändert hat, erkannte, dass sich die nach 1945 anfangs ganz durcheinandergewürfelte Bewohnerschaft des Dorfes inzwischen vernetzt hat zu einer Gemeinde, die zusammengewachsen ist und sich hier zu Hause fühlt.

Kinder des Krieges – Die verletzte Generation

Kinder sind die unschuldigsten Opfer des Krieges. Für sie gilt erst recht, dass der Zweite Weltkrieg nicht mit der Kapitulation Deutschlands endete, sondern noch lange nachwirkte. *»In allen Kriegen sind Kinder die schwächsten Glieder«*, stellt die Ulmer Psychologin Cordula Gestrich fest. *»Sie haben keine Chancen, selbst Einfluss zu nehmen, werden stattdessen mit in die Handlungen der Erwachsenen hineinverwickelt. Ihnen wird nicht erklärt, was warum geschieht.«* Nach dem Krieg wurde über das persönliche Leid oft geschwiegen, weil man funktionieren musste. Für die Trauer gab es zu wenig oder gar keinen Raum.

Drei Schicksale | Drei Frauen, aus Deutschland und den Niederlanden stammend, haben als Kinder während des Dritten Reiches Schreckliches erlebt, das sich tief in ihr Inneres eingegraben hat. Von dieser zerstörerischen Last konnten sie sich nur befreien, indem sie sich der Vergangenheit stellten und lernten, darüber zu sprechen. Aus eigener Kraft und mithilfe anderer gelang es ihnen, ihrem Leben eine neue Richtung zu geben.

Das Schicksal dieser drei Frauen steht stellvertretend für unzählige Kriegskinder, die Verfolgung und Deportation, den Tod von Eltern und Geschwistern, mörderische Kämpfe, Bombenhagel, Angst, Hunger, Vergewaltigung, Flucht und Vertreibung erleben mussten.

»Diese Menschen leiden unter wiederkehrenden, sich aufdrängenden Kriegserinnerungen, Angstzuständen, Depressionen und psychosomatischen Beschwerden«, bestätigt Michael Ermann, leitender Psychotherapeut an der Psychiatrischen Universitätsklinik München. 2009 hat er seine Studie über Auswirkungen von Kriegserlebnissen auf die seelische Gesundheit von Kriegskindern veröffentlicht. *»Viele haben den Krieg abgespeichert wie Wissen aus dem Geschichtsbuch. Die Gefühle dazu haben sie verdrängt.«*

Fanny Heymann stammt aus einer deutschen, jüdischen Familie und hat Deportation und Konzentrationslager überstanden. Loes Schneider, im niederländischen Breda geboren, ist die Tochter einer Niederländerin und eines deutschen Soldaten. Helga Naujoks überlebte ohne Eltern in den Trümmern ihrer zerstörten Heimatstadt.

Flüchtlingsjunge | 1945

1942	Geburt in Amsterdam
1943–1944	Durchgangslager Westerbork, KZ Bergen-Belsen
1945	Befreiung bei Magdeburg
1960	Studium der Sozialpsychologie, Amsterdam
Seit 1983	Kommunikationswissenschaftlerin
Seit 2003	Freiberufliche Beraterin und Malerin

Fanny Heymann Befreit

»Meine Vorfahren stammen alle aus Deutschland: mein Vater Josef Heymann aus einer Frankfurter Kaufmannsfamilie, meine Mutter Meta, geborene Mayer, aus Goßmannsdorf bei Würzburg«, berichtet Fanny Heymann in ihrer Wohnung in Amersfoort, wo das Interview gemeinsam mit ihr und Loes Schneider stattfindet. Heymann nimmt an, dass die Ehe der Eltern arrangiert worden ist. 1934 kommt ihre älteste Schwester Esther zur Welt, 1936 ihr Bruder Alfred, 1939 ihre Schwester Bertie, die – wie sie selbst – bereits in Amsterdam geboren wird. *»Mein Vater arbeitete bis 1933 als Wirtschaftsexperte in einer Landesbehörde. Als dann das Gesetz über das Berufsbeamtentum mit dem berüchtigten Arierparagrafen in Kraft trat, wurde er von einem Tag auf den anderen entlassen. Mein Großvater nahm ihn in sein Gold- und Silberwarengeschäft auf. Eine Zeit lang ging das gut. Aber dann wurde das Leben unerträglich. 1937 reiste mein Vater nach Amsterdam, mietete dort ein Haus und eröffnete ein Geschäft für Gold- und Silberwaren.*

»Arierparagraf«
Das *Gesetz zur Wiederherstellung des Berufsbeamtentums* vom April 1933 diente vor allem dem Ziel, Juden aus staatlichen Stellen zu entfernen. Dieses Gesetz wurde auch herangezogen, um *»Nichtarier«* aus Vereinen, Verbänden, Organisationen und Berufen auszuschließen.

Meta und Josef Heymann | um 1930

Ein Jahr später folgte ihm die ganze Familie mit Großeltern und Verwandten.«

Im Leben von Fanny Heymann gibt es einige Parallelen zum Schicksal von Anne Frank, deren Eltern ebenfalls aus Frankfurt nach Amsterdam übersiedelten und dort bis zum Überfall der Wehrmacht auf das Nachbarland ein halbwegs erträgliches Leben führten. Fanny Heymann: *»Im Gegensatz zur Familie von Otto Frank war unsere Familie allerdings sehr religiös. Sie war fest im jüdischen Glauben verankert, hielt ganz eng zusammen und besaß vielleicht deshalb in Amsterdam auch weniger Kontakte als die Franks.«*

Eine lange Leidensgeschichte

In Amsterdam beginnt eine lange Leidensgeschichte. Kaum ist die Familie angekommen, stirbt der Großvater. Das deutsche Besatzungsregime in den Niederlanden macht den Flüchtlingen das Leben zur Hölle, sodass Josef Heymann die Übersiedlung in die USA plant. Kaum hat er die erforderlichen Papiere für die Ausreise, da erkrankt die Großmutter schwer. Die Eltern von Fanny Heymann entscheiden, sie nicht ihrem Schicksal zu überlassen, sondern in Amsterdam auszuharren. Als Fanny im Februar 1942 geboren wird, sind bereits alle Wege nach Amerika versperrt. *»Später, als junges Mädchen, habe ich mich manchmal gefragt: Warum haben die Eltern nicht an die Zukunft ihrer Kinder gedacht! Aber dann begriff ich, dass sie letztlich sehr menschlich gehandelt haben. Vater musste bald darauf sein Geschäft aufgeben. Er arbeitete als Hausmeister in einer holländischen Familie für sieben Gulden in der Woche. Ich weiß nicht, wovon die Familie damals gelebt hat. Vielleicht besaß sie noch einige Wertgegenstände, die sie verkaufte.«*

Ende 1943 wird die jüdische Familie abgeholt und nach Osten transportiert. Die Heymanns erleiden damit das gleiche Schicksal wie insgesamt etwa 140 000 Juden in den Niederlanden, deren Erfassung bereits 1940 begonnen hatte. Die meisten passieren zuerst das Durchgangslager Westerbork in der Provinz Drenthe, bevor es weiter in eines der Vernichtungslager geht.

Das Leben in Westerbork ist im Vergleich zu anderen niederländischen Lagern weniger brutal. Josef Heymann macht sich als Krankenpfleger nützlich. Die Familie schließt sich den orthodoxen jüdischen Gruppen an und hält Distanz zu den liberalen Juden.

Westerbork
Durchgangslager für Juden aus den Niederlanden und andere Häftlinge. Unterstand bis 1940 der niederländischen Justiz, danach der deutschen Sicherheitspolizei.

Nach Bergen-Belsen

Fanny Heymann erfährt erst später, dass ihr Vater vermutlich durch Bestechung erreicht hat, dass die Familie nicht in ein Vernichtungslager, sondern in

Soldaten der »Waffen-SS« in den Niederlanden | 1940

Erinnern und Rückbesinnen

Bis zu ihrem 40. Lebensjahr hält Fanny Heymann Abstand zu der Zeit, als sie Kriegs- und Waisenkind war. Selten spricht sie darüber, und wenn, dann nur sehr rational und mit großer Distanz. Das bestätigen ihr später Freunde, mit denen sie Psychologie studierte. Nach ihrer Scheidung im Jahr 1978 findet Fanny mit Martin einen neuen Lebenspartner, der neben ihrer Schwester Esther in der Phase des Erinnerns und der Rückbesinnung eine wichtige Rolle spielt:

»Im Schlaf erschien mir ein Bild, das ich in einem Fotoalbum gefunden hatte. Es zeigt meine richtigen Eltern. Sie lachen mich an. Dieses Traumbild stand am Anfang des Erinnerns und der Rückbesinnung. Mein Lebensgefährte stellte mir Fragen zum Krieg. Er will immer alles genau wissen. Ich reagierte abweisend, bis ich begriff, dass er sich aus Liebe und Zuneigung für mich interessiert, und dann öffnete ich mich.

Vor Alfreds Abreise nach Israel | 1950er-Jahre

Die Geschwister Heymann | um 1980

Eines Tages sagte er: ›Du warst in Bergen-Belsen. Dein Vater ist dort gestorben. Für dich ist es wichtig, dorthin zu gehen.‹ Dieser Vorschlag empörte mich: ›Auf keinen Fall! Ich gehe nie wieder nach Deutschland, erst recht nicht in das Lager!‹

Martin wusste einen Ausweg. Er sagte: ›Dann fahre ich, mache Fotos und die kannst du dir dann ansehen.‹ Ich habe es mir noch einmal überlegt und bin dann doch mitgefahren. In Bergen-Belsen habe ich eigentlich nichts gesehen. Ich bestand nur aus Gefühlen. Anschließend haben wir Deutschland schnell durchquert und in Skandinavien Urlaub gemacht.

Nach unserer Rückkehr wollte meine Schwester Bertie unsere Fotos nicht sehen. Auch Alfred hat nur kurz hingeschaut und die Bilder dann gleich wieder zur Seite gelegt. Nur Esther betrachtete sie ganz genau. Mit ihr konnte ich reden. Und wir waren uns schnell einig, dass wir unseren Blick erweitern sollten. Der Krieg mit seinem Schrecken sollte doch nicht unser ganzes Leben bestimmen. Wir haben uns diesem Monster in den Weg gestellt. Wir haben gesucht, geforscht, den Hintergrund der Familie erkundet. Alles wollten wir wissen und haben es aufgeschrieben, und das hat uns frei gemacht. Auch wenn manches

»Esther wollte nicht, dass ich bei meinem Pflegevater auf dem Schoß sitze. ›Das sind nicht deine richtigen Eltern‹, sagte sie dann. Aber ich habe mich auf die neuen Eltern eingelassen. Ich wollte Liebe und habe sie bekommen.«

FANNY HEYMANN

schmerzhaft war – es war eine Zeit des Aufbruchs. Und mir wurde bewusst, dass ich mit meinen deutschen Vorfahren selbst eine Deutsche bin und dass nicht alle Deutschen schlecht sind, die meisten gewiss nicht.

Auf dem Weg des Erinnerns gab es Rückschläge. Wieder war es ein Traumbild, das mich fast aus der Bahn geworfen hätte. Ich liege in den Armen meiner Mutter. Aber diese Arme sind dick und aufgequollen. Und ich sage zu ihr: ›Du siehst ja aus wie diese Michelin-Puppe in der Reifen-Reklame.‹ Bis ich verstand, dass sie durch die Hungerödeme so aufgedunsen war. Meine Gefühle lagen im Widerstreit miteinander. Einmal wähnte ich mich geborgen, aber dann fühlte ich mich fremd, voller Angst.

Als ich an der Universität meine Doktorarbeit schrieb – ich war bereits 55 – hatte ich noch einmal ein sehr bedrückendes Erlebnis. Durch die Dissertation im Jahr 1999 war ich völlig ausgebrannt und bekam heftige Schmerzen. Martin versuchte, sie durch Massage zu lindern, und tatsächlich beruhigte ich mich und schlief ein. Als er ins Zimmer zurückkehrte, war ich völlig aufgelöst und erzählte ihm von einem Schwarz-Weiß-Bild, das ich im Traum gesehen hatte. Es zeigte eine Frau, die von einer fremden Person festgehalten wurde, sich in diese verwandelte. Und ich schrie: ›Mutti, Mutti, wo bist du?‹ Als ich mich beruhigt hatte, wusste ich, dies war der Augenblick, in dem ich meine Mutter zum letzten Mal sah.«

Friedhof als Fußballplatz

Fanny Heymann spürt, dass sie den Weg des Erinnerns nicht allein weitergehen darf. Sie nimmt therapeutische Hilfe in Anspruch. Der Arzt rät ihr, das Grab der Mutter zu suchen. Mit ihren Geschwistern Esther und Alfred reist sie 2004 nach Hillersleben, wo Meta Heymann im Krankenhaus gestorben war. Die Amerikaner hatten dafür gesorgt, dass sie wie die anderen toten Häftlinge auf dem Militärgelände beigesetzt wurde. Es gab sogar ein Sterberegister, in dem der Name der Mutter allerdings falsch geschrieben war. Deswegen hatte das Rote Kreuz ergebnislos nach ihr gesucht. Vor Ort wird der Irrtum aufgeklärt.

Ein weiteres Hindernis: Der kleine Friedhof war bald nach Kriegsende von sowjetischen Truppen asphaltiert und als Fußballplatz genutzt worden. *»Als wir dort ankamen, stand die Tribüne noch«*, berichtet Fanny Heymann. *»Alles andere wirkte wie eine Geisterstadt. Leere Gebäude mit kaputten Fenstern. Der Friedhof wurde nach dem Ende der DDR wieder freigelegt. Und dann haben wir dort eine Gedenktafel für unsere Mutter anbringen lassen. Anschließend sind wir nach*

Gedenkstein für den Vater

1942 Geburt in Breda
1957–1962 Lehrerausbildung
1961–2001 Lehrerin
Seit 2003 Arbeit als Zeitzeugin

Loes Schneider Nazi-Kinder

Deutsch-niederländische Familie

Fanny Heymann und Loes Schneider sind befreundet. Manchmal gehen sie gemeinsam in Schulen und erzählen ihre Lebensgeschichten, die ganz unterschiedlich verlaufen sind, aber einen gemeinsamen Ursprung haben: den Krieg mit all seinen Folgen für die Menschen.

»Meine Familiengeschichte beginnt Mitte der 1920er-Jahre«, berichtet Loes Schneider. *»Meine Großeltern väterlicherseits zogen 1925 aus Deutschland nach Breda, wo mein Großvater eine Anstellung in einer Brauerei fand. Sie stammten aus dem Rheinland und hatten fünf Kinder. Es war nichts Besonderes, dass die Söhne im Laufe der Zeit Niederländerinnen heirateten. Das galt auch für meinen Vater, Heinrich Schneider, der 1910 geboren wurde. Er machte seine Lehre zum Teil noch in Deutschland und fand dann in den Niederlanden Arbeit als Elektrotechniker. Die meisten nannten ihn einfach Heinz.«* Seine Frau Emma Maria kommt aus einer wohlhabenden Kaufmannsfamilie in Breda. *»Ihre Verwandten sahen es nicht gern, dass sie einen Deutschen heiratete, zumal einen Handwerker.«* Vor der Eheschließung im Jahr 1938 gab es noch andere Probleme. Die angehende Ehefrau musste einen *»Ariernachweis«* beibringen, also eine Bestätigung dafür, dass sie keine jüdischen Vorfahren hatte. Durch die Ehe wurde sie deutsche Staatsbürgerin. *»Die Eltern haben dann in aller Stille ihre Hochzeit gefeiert, wie ich später erfuhr. Von Mutters Seite war niemand gekommen.«*

Nazi-Kinder

Der deutsche Blitzangriff auf die Niederlande im Sommer 1940 macht die Dinge noch komplizierter. Heinrich Schneider verliert seinen Arbeitsplatz. Auf einem Militärflugplatz, den die Wehrmacht besetzt hat, erhält er eine neue Anstellung.

Die neugeborenen Kinder werden jetzt nicht mehr wie ihre Geschwister an ihrem Geburtsort

Breda registriert, sondern im deutschen Standesamt in Den Haag. Loes, 1942 geboren, und ihre 1943 geborene Schwester Charlotte erhalten deutsche Geburtsurkunden. Loes Schneider zeigt eine Kopie ihrer Geburtsurkunde, die sie als Deutsche ausweist – das Original ist in den Kriegswirren verloren gegangen. Ein Hakenkreuz ziert das Dokument, das ihr Leben über viele Jahre belastet. Loes Schneider: »*Damit waren wir Nazi-Kinder.*«

Sie fühlt sich wie eingeklemmt zwischen zwei Ländern: Deutschland, dem sie gemäß Urkunde angehört, das ihr jedoch fremd ist und als Feindesland angesehen wird, und die Niederlande, ihre eigentliche Heimat, die sie, ihre Mutter und ihre Geschwister wie Fremde behandelt.

Zur Wehrmacht eingezogen

Im Februar 1943 wird Heinrich Schneider zur Wehrmacht eingezogen. Zu diesem Zeitpunkt ist seine Frau Emma schwanger mit ihrem vierten Kind. Die Tochter Charlotte wird geboren, als der Vater schon monatelang Soldat ist.

»*Nach einer kurzen militärischen Ausbildung in Frankreich kam er nach Danzig. Mutter erhielt regelmäßig Feldpostbriefe von ihm, die sie sorgfältig aufbewahrte. Manchmal richtete Vater einige Zeilen an jedes seiner Kinder, die Mutter dann vorlas.*«

Mitte des Jahres 1944 verschärft sich die Lage weiter. Von deutscher Seite wird Emma Schneider aufgefordert, nach Deutschland zu ziehen. Die Kinder müssten dort aufwachsen, wo sie hingehörten, heißt es. »*Meine Mutter war verzweifelt. Sie wusste nicht, wie sie sich verhalten sollte. Nach Deutschland wollte sie auf keinen Fall. In der Wohnung konnte sie nicht bleiben. Also kamen wir zu Verwandten, die unsere Notlage einsahen und halfen. Eine Tante nahm Mutter und Charlotte auf. Virginie, Maria und ich kamen jeweils zu anderen Verwandten. Meistens saß ich auf einer kleinen Holzkiste im Wohnzimmer und war allein.*«

Das einzige Familienfoto mit beiden Eltern

Auf Umwegen erfährt Heinrich Schneider an der Ostfront von den Problemen seiner Familie in Breda. Jedenfalls versucht er mit allen Mitteln Heimaturlaub zu bekommen. Seine Vorgesetzten wollen ihn jedoch nicht gehen lassen. Sie drangsalieren Schneider und drohen ihm alle möglichen Strafen an. Doch dieser bleibt hartnäckig, bis schließlich zehn seiner Kameraden für ihn einspringen. Sie verbürgen sich dafür, dass Schneider nicht desertieren, sondern zu seiner Einheit zurückkehren werde. Loes Schneider war noch zu klein, um sich zu erinnern, aber sie hat nachgeforscht. *»Er hat es bis nach Breda geschafft, obwohl das Reisen in Holland schon mit großen Schwierigkeiten verbunden war. Und als er vor seinem Haus stand, war die Familie nicht da.«*

Das Angebot unterzutauchen

Verwandte und Bekannte helfen Schneider, seine Frau und die Kinder zu finden. Von einem Arzt, der ihre Eltern kannte, hat Loes Schneider nach dem Krieg weitere Einzelheiten erfahren: Niederländische Widerstandskämpfer bieten Heinrich Schneider an, bei ihnen unterzutauchen, bis der Krieg vorbei ist. *»Mein Vater antwortete: ›Das kann ich nicht machen. Wenn ich nicht zurückkehre, werden zehn Leute an die Wand gestellt.‹ Also mussten wir Abschied nehmen. Meine Mutter begleitete ihn zum Bahnhof. Es war der 25. September 1944. Auf dem Bahnhof hieß es, der Zugverkehr sei unterbrochen. Dort warteten bereits andere Soldaten, einige verwundet, andere krank mit hohem Fieber. Mein Vater gab ihnen von seinen Medikamenten. Die Zeit ging dahin, es nahte die Sperrstunde. Mein Vater sagte zu Mutter: ›Geh nach Hause.‹ Und sie ging. Beide vereinbarten noch, dass Vater am Bahnhof unter einem bestimmten Stein einen Zettel hinterlegen würde, um ihr mitzuteilen, wann er abreisen würde. Einige Tage später fand Mutter tatsächlich einen Zettel. Vater war weg, und sie hat ihn nie wieder gesehen.«*

Einmarsch der Waffen-SS in Amsterdam | 1940

»Woran ich mich erinnere: Vor dem Schulgebäude wurden Straßenbauarbeiten ausgeführt. Und dort lag ein großer Sandhaufen. Eine ältere Mitschülerin sagte zu mir: ›Ihr Moffen müsstet unter diesem Haufen begraben werden. Das wünsche ich euch.‹ Mir wurde klar: Ich wohne zwar hier, aber ich gehöre hier nicht hin.«

Loes Schneider

Schöne polnische Lieder

An die Zeit danach hat Loes Schneider keine Erinnerungen. Aber vom Ende des Krieges haftet etwas in ihrem Gedächtnis: Alliierte Truppen, verstärkt durch polnische Einheiten, rücken nach Westen vor. Der Vormarsch in den Norden der Niederlande gerät dagegen ins Stocken. Zu viele Brücken sind zerstört. In Breda nehmen Truppenverbände in Wohnhäusern Quartier. In das Haus der Verwandten, in dem Loes untergekommen ist, zieht ein polnischer Offizier ein. Sein Zimmer darf von niemandem betreten werden. *»Ich saß wie immer auf meiner kleinen Kiste in der Ecke. Plötzlich öffnete der Offizier die Tür und rief mich zu sich. Ich sah den Schreibtisch und das Feldbett. Und er fing an, mir etwas vorzusingen. Sobald ich an den folgenden Tagen hörte, wie er seine schönen polnischen Lieder sang, rannte ich zu ihm. Er nahm mich auf den Schoß, gab mir Schokolade und ich durfte mit der Kette seiner Taschenuhr spielen. Das hellte mein trauriges Dasein etwas auf. Ich spürte ein wenig das Gefühl, einen Vater zu haben. Eines Tages war der polnische Offizier weg, und ich war wieder allein.«*

Loes Schneider als 12-jähriges Schulkind | 1954

Loes Schneider

Loes Schneider setzt sich mit ihrer Vergangenheit auseinander. Mit ihren Geschwistern kann sie darüber nicht reden.

Loes Schneider | 2009

Frau Schneider, ist Ihre Mutter nach dem Krieg wieder mit ihren Kindern zusammengezogen?

LS – Ja, wir sind in das frühere Haus zurückgekehrt. Das muss 1945 oder 1946 gewesen sein. Genau weiß ich das aber nicht.

Ihre älteren Schwestern müssten es doch wissen, oder?

LS – Ja, das mag sein. Aber wir reden nicht darüber. Ich bin die Einzige aus unserer Familie, die sich mit der Vergangenheit beschäftigt. Charlotte sagt nur: *»Ich will nichts mehr davon hören! Wenn du weiterredest, dann ist es aus mit uns!«*

Wo sind Sie zur Schule gegangen? Und wie haben die Mitschüler sich Ihnen gegenüber verhalten?

LS – Auch in Breda. In der Schule war bekannt, dass wir Deutsche waren. *»Moffen«* hieß das Schimpfwort. Und wenn es Streit gab, wurden wir als *»Moffen«* beschimpft. Meiner Schwester erging es genauso. Aber mit unserer Mutter konnten wir darüber nicht sprechen. Sie hatte es schon schwer genug. Einmal kam das Thema doch zur Sprache und sie sagte: *»Kinder, das müsst ihr hinnehmen. Denn hier in Holland sind wir nur Gäste.«*

Wie war es im Unterricht?

LS – Geschichte war schwierig. Die Lehrer steckten damals voll von Kriegserlebnissen, die sie uns erzählten. Ich lernte alles über KZs, Judenverfolgung, Gaskammern – alles, was die Deutschen an Verbrechen begangen hatten. Manchmal wünschte ich mir nichts Sehnlicheres, als sofort und für immer im Boden zu versinken.

Bei Klassenausflügen und anderen schulischen Aktivitäten konnten Sie auch nicht ausweichen.
LS – Das stimmt. Einer unserer Ausflüge führte uns zu einem alliierten Soldatenfriedhof. Ich schwor mir: Da gehst du auf keinen Fall mit. Aber ich wagte nicht, meine Mutter zu fragen, wie ich mich davor hätte drücken können. Ich bin mitgegangen. Wenn ich die Augen schließe, dann geht es vielleicht – dachte ich. So bin ich über den Friedhof gegangen (Loes Schneider macht vor, wie sie mit gesenktem Kopf weder nach links noch nach rechts, sondern fast gebückt nach unten schaute).

Später sind Sie selber Lehrerin geworden und haben auch Geschichte unterrichtet. Wie ging das?
LS – Wenn es in Geschichte um das Dritte Reich ging, habe ich das Thema genauso behandelt, wie es in den Lehrbüchern steht. Niemals habe ich meine deutsche Staatszugehörigkeit erwähnt. Das wäre zu gefährlich gewesen. Sie wissen, dass ich heute noch in Breda wohne. Und Sie haben sicher auch etwas über *»Die drei von Breda«* erfahren, jene deutschen Kriegsverbrecher, die in Breda inhaftiert waren und über deren Freilassung jahrelang gestritten wurde. Auch unter uns Lehrern war das immer wieder Gesprächsthema. Und jedes Mal überfielen mich die gleichen Ängste: Hoffentlich spricht mich niemand darauf an. Damals dachte ich allen Ernstes, ich hätte überhaupt nicht das Recht, dazu eine eigene Meinung zu haben, geschweige denn, diese zu äußern.

Was hat Ihnen geholfen, diese quälenden Ängste zu überwinden?
LS – Es muss 1988 gewesen sein. Das Fernsehen brachte die Untersuchung einer deutschen Jüdin über Kriegskinder, auch über deutsche Kriegskinder. Die Sendung schnürte mir fast die Luft ab. Plötzlich entdeckte ich einen neuen Blick auf mein Leben. Ich verspürte Anerkennung und Wertschätzung, die mir so lange verwehrt worden waren. Das war der Anfang.

Dann suchte ich Kontakt zu Frauen in den Niederlanden mit einem deutschen Hintergrund. Bis dahin dachte ich – ich weiß, es klingt seltsam –, in den Niederlanden sei ich das einzige deutsche Kind mit einem deutschen Vater. Das hatte sich in meinem Kopf festgesetzt. Ich lernte eine Frau kennen, die mich mit zu einer Versammlung von Kindern früherer *NSB*-Anhänger nahm. Die *Nationaal-Socialistische Beweging* war die Nazi-Partei in den Niederlanden. Auf der Sitzung hieß es, die Deutschen seien schuld daran gewesen, dass die Männer zur *NSB* gegangen seien. Das fand ich nicht sehr überzeugend. Dann haben wir Frauen ein Treffen für Menschen organisiert, die das gleiche Schicksal hatten wie wir. Aber es kamen die Nachfahren unbekannter deutscher Soldaten, die mit Niederländerinnen Kinder gezeugt hatten. Sie alle waren auf der Suche nach ihrem Vater. Wieder ein Missverständnis! Daraufhin haben wir Kriegskinder *KOMBI* gegründet, eine Organisation, die inzwischen mehr als zehn Jahre besteht und Kindern des Krieges wie mir eine Plattform zum Dialog bietet.

War das dann der Durchbruch?
LS – Nein, der war schon vorher, und zwar am 9. November 1989, an dem Tag, als die Berliner Mauer fiel. Wir hatten wieder eines unserer Treffen und wurden von den Nachrichten aus Deutschland überrascht. Als ich die Bilder aus Berlin sah, sagte ich mir: *»Auch deine Mauer ist gefallen!«* An diesem Abend war wieder eine Jüdin beim Treffen dabei. Ich hatte doch immer solche Angst, neben einer Jüdin zu sitzen, wegen meiner Schuldgefühle. Ganz unvermittelt sagte diese Jüdin zu mir: *»Ich hoffe, dass du mich beim nächsten Treffen nicht wieder auf ein Denkmal setzt!«* – Das war schön, mit ihr auf die gleiche Ebene zu kommen.

Am Grab des Vaters in Rumänien

Erde vom Grab

Das Grab der Mutter

Das Grab des Vaters

Loes Schneiders Suche nach dem Vater

Das Schicksal meines Vaters blieb lange ungeklärt. Er hatte uns im Herbst 1944 ja noch einmal besucht und dann in Breda Abschied von uns genommen. Bald darauf verliert sich seine Spur. Unsere Mutter glaubte jedoch fest daran, dass er aus dem Krieg heimkehren würde. Es kam auch vor, dass Männer erst Jahre später aus dem Krieg zurückkehrten, ihre Frauen eine Sterbeurkunde besaßen und wieder geheiratet hatten. Dabei lebten ihre Männer noch. Meine Mutter suchte manchmal Spätheimkehrer auf, um etwas über ihren Mann in Erfahrung zu bringen.

Manchmal stand sie am Fenster und blickte nach draußen auf den Weg, als würde er gleich um die Ecke biegen. Zeitweise machte das Warten sie richtig krank, sodass die älteste Schwester oder eine Nachbarin aushelfen musste.

Weil Vater nicht für tot erklärt wurde, bekam Mutter keine Witwenrente. Wieder halfen die Verwandten aus. Die Mieteinnahmen aus einigen Häusern bekam sie, damit sie ihre vier Kinder durchbringen konnte. Sie musste ihr ganzes Leben *»danke, danke«* sagen. Ja, es gab auch Essensmarken. Aber am Schalter im Rathaus ließ der Beamte meine Mutter manchmal so lange warten, bis alle anderen ihre Marken eingesteckt hatten. Einige Jahre nach Kriegsende wurde Mutter *entfeindet*, das heißt, sie erhielt ihre niederländische Staatszugehörigkeit zurück. Vorher wurde umständlich geprüft, ob sie sich an Kriegsverbrechen beteiligt hatte. Unsere Mutter! Kriegsverbrechen! Ihre niederländische Staatszugehörigkeit änderte an unserer Notlage jedoch wenig.

Ich bin streng katholisch aufgewachsen. Wir Kinder gingen fast täglich zur Kirche und sollten für die glückliche Heimkehr des Vaters beten. Damals dachte ich: *»Also auch ich habe einen Vater, irgendwo zwar, aber eines Tages wird er nach Hause kommen.«* Davon war ich fest überzeugt.

Ende 1948 erhielt Mutter einen Brief vom Deutschen Roten Kreuz. Sie nahm an: *»Endlich die erlösende Nachricht von Heinz!«* Wir kamen gerade von der Kirche, und sie drängte uns ins Haus: *»Schnell, schnell!«* Als sie den Brief las, verstummte sie. Es wurde ganz still, und ich sah, wie ihr die Tränen kamen. Sie hat nichts zum Inhalt gesagt. Aber wir Kinder wussten auch so Bescheid. Bald änderte Mutter das gemeinsame Abendgebet. Wir beteten nicht mehr für die Heimkehr von Vater, sondern für seine Seelenruhe. Bei meinen Nachforschungen fand ich die Sterbeurkunde. Ein Kamerad hatte bezeugt, dass Heinrich Schneider beim Rücktransport aus Russland gestorben sei, und zwar in Rumänien nahe der Grenze zur Ukraine.

Bei meiner Suche nach der Vergangenheit erlitt ich 1994 einen schweren Rückschlag. Ich arbeitete damals noch als Lehrerin. Bei einem Museumsbesuch fragte mich jemand, ob ich wisse, dass der Name meines Vaters in einer Chronik über Breda verzeichnet sei. Ich sah nach und entdeckte seinen Namen. Eigentlich war das nichts Besonderes. Aber plötzlich stürzten so viele Dinge auf mich ein. Und nachts bekam ich wieder diese furchtbaren Albträume, die ich eigentlich längst überwunden hatte: Im Traum sitze ich neben meinem Vater. Aber es ist gar nicht mein Vater. Denn der Mann trägt Häftlingskleider, eine Brille und hat einen Schnurrbart. Der Zug durchquert einen Tunnel und es wird stockdunkel. Plötzlich schwebt eine riesige Fledermaus über den Zug hinweg. Ich wache auf und schreie entsetzlich.

Wie Fanny Heymann habe auch ich wegen der Albträume einen Therapeuten aufgesucht, und der gab mir – die Parallele zu Fanny ist wiederum erstaunlich – den Rat: *»Such das Grab deines Vaters.«* Das haben wir getan und haben es gefunden. Mein Partner – auch ich bin geschieden – ist mit mir nach Rumänien gereist. Die Grabstelle trägt inzwischen ein schlichtes Kreuz. Vom Grab habe ich etwas Erde mit nach Holland genommen und auf Mutters Grab gelegt. Das gab mir das Gefühl, dass ich Vater nach Hause gebracht hatte und meine Eltern nun vereint sind. Endlich war damit auch für mich der Krieg zu Ende. Jetzt bin ich stolz auf die beiden Staatsangehörigkeiten. Beide gehören zu meinem Leben und sind ein Teil davon. Das ist für mich jetzt in Ordnung.

1932 Geburt in Preußisch Eylau
1953–1956 Schauspielschule, Ostberlin
1956–1962 Schauspielerin
1965–1980 Kleindarstellerin, Komische Oper, Ostberlin

Helga Naujoks »Wir sehen uns nicht wieder«

Helga Naujoks, 1932 in Preußisch Eylau geboren, erlebt in ihrer Heimatstadt zunächst eine behütete Kindheit. Die Sommerferien verbringt sie zumeist mit Eltern und Geschwistern an der nahe gelegenen Ostsee – in Rauschen oder Cranz, also an der berühmten Bernsteinküste.

»Wir sammelten Bernstein. Davon lag ja genug herum«, berichtet sie. Im Winter geht es mit Pferden und Schlitten durch die tief verschneite Landschaft. Helga Naujoks spricht von dem *»schönen Ostpreußen«*, das einen festen Platz in ihrer Erinnerung an die Kindheit hat.

Im Haushalt der fünfköpfigen Familie helfen ein Kindermädchen und eine Köchin mit. Die Eltern lassen den Kindern viel Freiheit. Die Mutter liest gern und nimmt Helga oft mit ins Kino. Im *Kapitol* sieht sie Märchenfilme. Ihr Vater arbeitet als Beamter auf dem Landratsamt von Preußisch Eylau. Er zählt zu den angesehenen Persönlichkeiten der Stadt.

Der Krieg

Der Zweite Weltkrieg mit dem Überfall auf Polen 1939 und vor allem dem deutschen Einmarsch in die Sowjetunion 1941 greift tief in das Leben der Naujoks ein. Zunächst wird ein Onkel zur Wehrmacht eingezogen, den Helga sehr gernhat. Schon bald wird er als vermisst gemeldet. Dann werden russische Kriegsgefangene durch Preußisch Eylau getrieben. Voller Zorn und zugleich hilflos sieht Helga, wie die deutschen Bewacher mit Gewehrkolben auf die ausgezehrten Gestalten einschlagen. Schließlich verpflichten die Behörden ihre Mutter, in einer Munitionsfabrik zu arbeiten. *»Wir saßen am Fenster und warteten, bis sie abends mit ihrem Fahrrad um die Ecke bog; und freuten uns, wenn sie endlich wieder zu Hause war. Meistens war sie todmüde.«*

Als sich auf den Schlachtfeldern das Blatt gewendet hat und die Wehrmacht den Rückzug antreten muss, wird das Leben in Preußisch Eylau unerträglich. Die Geschäfte schließen, und die Schule wird zum Lazarett für verwundete Soldaten. »*Vom Rückmarsch der Deutschen habe ich noch vor Augen, wie die Panzer einfach durch unseren Vorgarten rollten und alles niederwalzten.*«

Preußisch Eylau gerät unter den Bombenhagel russischer Flugzeuge. Helga Naujoks steht vor der Haustür und sieht eine Maschine auf sich zurasen. In panischer Angst rennt sie ins Haus und versteckt sich mit Angehörigen und Nachbarn im Keller. Plötzlich überall Detonationen: »*Das Haus vibrierte. Und immer neue Explosionen. Wir klammerten uns aneinander.*«

Die Innenstadt fällt in Schutt und Asche. Als die Kämpfe abflauen, wagt sich die Mutter nach draußen. Statt Lebensmittel bringt sie einen etwa fünf Jahre alten Jungen mit, den sie aus den Trümmern gezogen hat. Zwischen Matratzen und Pritschen wird eine Schlafstelle hergerichtet. »*Als der Junge da so lag, sahen wir ihn uns an. Er guckte mit großen Augen und dann starb er …*«

Uhren und Schmuck abliefern

Bald darauf meldet sich im Mehrfamilienhaus, in dem die Familie Naujoks wohnt, ein russischer Soldat. »*Er forderte uns auf, Uhren und Schmuck abzuliefern. Das haben alle eifrig und schnell getan. Dann sagte der Soldat: ›Wenn einer schießt, werden alle erschossen!‹ Wir erwiderten: ›Wer wird denn schießen! Keiner wird schießen!‹ Alle dachten: Bloß Schluss! Wir hatten genug vom Krieg.*«

Ein russischer Soldat konfisziert ein Fahrrad | Juni 1945

Auch wenn in Preußisch Eylau der Kampf zwischen Wehrmacht und Roter Armee entschieden ist – Helga Naujoks steht die schrecklichste Zeit ihres Lebens noch bevor. Beim Gang durch die Königsberger Straße mit der Mutter sieht sie erstmals das Ausmaß an Zerstörung: »*Verbrannte oder abgeknickte Bäume. Zwischen den Trümmern Pferdekadaver und tote Soldaten.*«

Am 9. Februar 1945 kommen zwei sowjetische Soldaten ins Haus und erkundigen sich nach Maria Naujoks. Eilfertig weisen die Nachbarn der Militärstreife den Weg. Die Soldaten nehmen die Mutter mit. Die Kinder denken, sie brauche nur ein paar Fragen zu beantworten und werde bald zurückkommen. »*Sie hatte nicht einmal einen Mantel übergezogen. Wir haben gewartet und gewartet, aber sie kam nicht wieder.*«

»Kinder, wir sehen uns nicht wieder«

Ihren Vater verliert Helga Naujoks im August 1945. »*Er wurde mit einem Handwagen abgeholt, war ganz schwach, sehr krank und voller Läuse. Vielleicht haben sie ihn in ein Altenheim gebracht. Wir wissen es nicht, auch nicht, wann er gestorben ist. Wir wagten nicht, ihm zu folgen. Überall standen Russen. Ich sehe, wie seine dünnen Arme und Beine herunterhingen. Ein Fuß streifte fast den Boden. Und ich höre ihn sagen: ›Kinder, wir sehen uns nicht wieder.‹*«

Helga Naujoks ist jetzt mit ihren jüngeren Geschwistern Marga und Bernhard auf sich gestellt. Die älteste Schwester Eleonore, *Nora* genannt, war von einem deutschen Offizier, der in der Nähe wohnte und seine Familie in Sicherheit bringen wollte, mitgenommen worden. Die Großeltern versuchen zwar, ihren Enkelkindern Halt und Schutz zu geben, doch durchfüttern können sie die drei nicht. Sie haben selbst nichts zu essen.

Exkurs: Suchdienst

Bei Kriegsende sind allein in Ostpreußen über 15 000 Kinder auf sich allein gestellt. Sie betteln, schlafen in Ruinen und stehlen, um zu überleben. In der sowjetischen Besatzungszone läuft gleich nach Kriegsende in den Kinos als Teil der Wochenschau die Reihe *Der Augenzeuge*.

Das ist ein Suchdienst, der elternlose Kinder vorstellt. Dort heißt es zum Beispiel: *»Erika Trenkner aus Glogau in Schlesien. Suche meinen Vater, der Soldat ist, meine Schwestern Anneliese und Ruth, die ich auf der Flucht verloren habe, und meine Mutter, die in Potsdam verschüttet ist.«*

Täglich sind die Naujoks-Kinder unterwegs. In Kellern entdecken sie Einmachgläser. Sie sammeln Brotreste und die von den Russen weggeworfenen Fischköpfe. An den Gulaschkanonen der Rotarmisten bekommen sie manchmal einen Schlag in den Blechnapf, den sie immer dabeihaben. Die nach Preußisch Eylau umgesiedelten russischen Familien leiden zwar selbst unter den Entbehrungen, aber etwas Suppe oder Gemüse geben sie, wenn die Kinder mit ihrem Napf vor der Tür stehen.

Der Hunger ist wie eine Peitsche, die ständig zuschlägt. *»Ich aß Blätter von den Bäumen und lutschte auf Kieselsteinen, nur um das Hungergefühl loszuwerden.«* Eines Tages – Helga Naujoks hat sich aus der Stadt herausgewagt – entdeckt sie einen toten deutschen Soldaten. *»Sein Anblick machte mich traurig. Ein leichter Wind bewegte sein blondes Haar. Er lag so friedlich da, als würde er schlafen. Man hatte ihm die Stiefel ausgezogen. Durch ein Loch im Strumpf guckte der große Zeh. Und dann entdeckte ich eine Konservendose mit Fisch, ungeöffnet. Ich riss sie an mich und lief schnell zurück und wir waren für einen Moment glücklich, weil wir etwas zu essen hatten.«*

Ins Waisenhaus gesteckt

Betteln, stehlen, übernachten in Ruinen – im Frühjahr 1947 werden in Preußisch Eylau die deutschen Kinder eingesammelt und zusammen mit russischen Waisen in ein Heim gesteckt. *»Für die russischen Kinder waren wir Faschisten. Manchmal schlugen sie uns, nahmen uns Kleider und andere Sachen*

Ein Keller als Zuflucht | 1945

Kartei des Kindersuchdienstes | 1957

weg; die haben sie dann auf dem Schwarzmarkt gegen Zigaretten verkauft.«

Die Geschwister reißen aus dem Waisenhaus aus, werden jedoch von einer Miliz aufgegriffen. Helga, die an Typhus erkrankt ist, kommt nach Königsberg (heute Kaliningrad) in das Krankenhaus *Barmherzigkeit,* das von deutschen Diakonissen geleitet wird. Unter der Obhut der Schwestern wird sie wieder gesund und kehrt nach Preußisch Eylau zurück. Dort sucht sie vergeblich nach Marga und Bernhard. Offenbar haben alle Deutschen die Stadt verlassen. Zu Fuß kehrt Helga nach Königsberg zurück, wo die Schwestern sie aus Mitleid wieder aufnehmen.

Nach Westen

Ende November 1947 lässt die sowjetische Besatzungsmacht das Diakonissen-Krankenhaus räumen. Helga Naujoks wird zusammen mit anderen Kindern zum Bahnhof geführt. Sie müssen sich im Freien ausziehen und werden für die Reise neu eingekleidet. Helgas Habseligkeiten, auch der Beutel mit dem Familienstammbuch und den Fotos, werden auf einen Haufen geworfen und verbrannt. In einem verplombten, mit Stroh ausgelegten Viehwaggon fahren die Kinder in Richtung Westen. Unterwegs gibt es zwar zu essen – Kommissbrot und *Deutsche Tafelmargarine* –, aber nichts zu trinken. Viele der Kinder sind schwerkrank. 15 sterben unterwegs.

Im pommerschen Pasewalk ist Endstation. Rot-Kreuz-Schwestern und Volkspolizisten stehen am Bahnsteig. In einem Quarantänelager in Koserow an der Ostsee werden den Kindern wegen der Läuse die Köpfe kahl geschoren. Anschließend Verlegung in das Umsiedlerlager *Agneshof* in Falkensee bei Berlin. Dort erlebt Helga Naujoks Heiligabend 1947. Sie fühlt sich wie in einem Märchen: herzliche Begrüßung, Umarmungen, besinnliche Lieder, ein bunter Teller mit Süßigkeiten und ein Buchgeschenk – *Timur und sein Trupp* von Arkadi Gaidar, mit der Widmung »*Für Dich! Von der FDJ-Gruppe Falkensee*«. Die FDJ gibt ihr Wärme und Geborgenheit, die sie so lange entbehren musste. »*Ich war eine begeisterte FDJlerin. Auf keinen Fall wollte ich nach Ostpreußen zurück. Die DDR war für mich schon die Heimat.*«

Wiedersehen mit der Mutter

Von ihrer Mutter besitzt Helga bei ihrer Rückkehr nur ein Lebenszeichen, und zwar eine Postkarte mit einer Adresse: Leipzig, Lipsiusstraße 15.

Helga kann es kaum erwarten, nach Leipzig zu reisen. Unter der angegebenen Anschrift trifft sie ihre älteste Schwester Nora, die über ein dänisches Flüchtlingslager nach Ostdeutschland gelangt war. Die Mutter liegt im Krankenhaus. Auf dem Flur des Hospitals rennt Bernhard ihr entgegen. Ihre Mutter erkennt sie kaum mehr. Diese ist schwer krank, steht kurz vor dem Tode, was die Kinder zunächst nicht glauben wollen. Helga sieht sie nur noch zwei- oder dreimal. Im Februar 1948 stirbt Maria Naujoks.

Schauspielerin

Trotz aller Schicksalsschläge – für Helga Naujoks beginnt ein neues Leben. Von Stufe zu Stufe erkämpft sie sich ihren Traum: Sie will Schauspielerin werden. Zunächst absolviert sie eine Lehre als Verkäuferin. Dann arbeitet sie in einem Betrieb für Elektrotechnik, der eine eigene Schauspieltruppe unterhält. Der Weg bis an die Schauspielschule in Berlin ist mühsam, aber sie schafft ihn und startet nach einem erfolgreichen Abschluss eine richtige Karriere. Gastspiele und Engagements führen sie u. a. nach Berlin, Leipzig und Dresden.

In ihrer Fanpost findet die Schauspielerin eines Tages einen vierseitigen Brief in kyrillischer Schrift, die sie nicht entziffern kann. Am Ende entdeckt sie das Wort *Marga.* Ihre Schwester, die es offensichtlich in die Sowjetunion verschlagen hat, schreibt ihr. Die Schauspielerin setzt alles daran, Marga in die DDR zu holen. Sie schreibt an SED-Chef Walter Ulbricht und andere Parteigrößen. Marga war nach

Helga Naujoks

Sibirien deportiert worden, heiratete einen Piloten und wurde Mutter zweier Kinder. Ihr Mann verunglückte bei einem Testflug tödlich. Dem Drängen der Schwester gibt sie schließlich nach und kehrt zurück.

»Ihr Feind ist nicht mein Feind«

Ihr Einsatz für ihre Schwester Marga hat offensichtlich die Staatssicherheit der DDR auf den Plan gerufen. Helga Naujoks ist inzwischen Mutter geworden und am Theater im sächsischen Freiberg tätig. Eines Tages bittet ein Stasi-Mitarbeiter sie mitzuhelfen, *»einen Feind des Staates zu erkennen«*. Es handelt sich um einen Musiker aus dem Orchester, den sie ausspionieren soll. Die Künstlerin weigert sich: *»Ihr Feind ist nicht mein Feind!«* Der Aufforderung, über das Treffen Stillschweigen zu bewahren, begegnet sie mit den Worten: *»Dafür kann ich nicht garantieren. Ich pflege nicht immer allein zu schlafen und träume manchmal laut.«*

Die Weigerung kostet sie die Karriere. Mit allen Mitteln versucht die Stasi, ihren Ruf zu zerstören. Zum Beispiel wird das Gerücht verbreitet, Naujoks sei für den Spitzeldienst tätig. Ferner wird sie des Diebstahls bezichtigt. Helga Naujoks gerät auf die schwarze Liste, darf nur noch Texte vortragen und bekommt kein Engagement mehr. Aus purer Not wird sie Platzanweiserin in einem Kino.

Die Schicksalsschläge hören nicht auf. Ihr Bruder Bernhard, der in den Westen geflohen war, findet sich dort nicht zurecht. Er sucht Trost im Alkohol und wird 1988 verhungert aufgefunden. Mit ihrer Schwester Marga versteht sie sich nicht mehr. Helga Naujoks heiratet einen bekannten Musikprofessor. Aber die Verbindung, aus der ihre Tochter Sabrina stammt, steht ebenfalls unter ungünstigen Vorzeichen. Als die Friedliche Revolution 1989 die SED-Führung stürzt, entdeckt sie, dass ihr Mann Stasi-Zuträger war. Bald nach der deutschen Einheit wird die Ehe geschieden.

Um im vereinten Deutschland über die Runden zu kommen, arbeitet Helga Naujoks wieder als Platzanweiserin in einem Kino, dieses Mal in Westberlin, und zwar bis 2008. Seitdem bekommt sie eine Rente, von der sie kaum leben kann. Beim Gespräch in ihrer Ein-Zimmer-Wohnung in Berlin-Kreuzberg blickt die 77-Jährige auf ein schweres Leben zurück. Nicht immer kann sie ihre Verbitterung verbergen. Manchmal versagt die Stimme und sie beginnt zu schluchzen, vor allem, wenn die Erinnerung an die Schrecken des Krieges zurückkehrt.

Der Lebensmut der früheren Schauspielerin überwiegt jedoch. Allerdings eine bittere Einsicht bleibt ihr: *»Ich habe einfach bezahlen müssen. Einer muss doch bezahlen! Bei der Blockade Leningrads sind Hunderttausende verhungert. Beim Massaker von Babi Jar wurden Menschen lebendig begraben. Dagegen sind wir noch gut weggekommen.«*

»Nach der Vergewaltigung fühlte ich mich wie ein verwundeter Soldat.«

HELGA NAUJOKS

Aus den Erinnerungen von Helga Naujoks

Es war im März 1945. Die Sonne schien. Ich saß im Hof bei meinen Großeltern und las *Goldköpfchen* von Magda Trott. Oma sorgte dafür, dass wir einigermaßen ordentlich aussahen. Ich trug ein sauberes Kleid mit einer weißen Schürze. Während ich las, kam ein russischer Offizier auf den Hof und sagte: *»Komm Frau!«* – das sagten sie immer, wenn sie Frauen ansprachen. *»Komm mit, arbeiten, essen.«* Er nahm mich mit und ich dachte: Vielleicht lässt er mich wirklich arbeiten und ich bekomme was zu essen.

Er ging mit mir an vielen Häusern vorbei, führte mich dann in ein Gebäude und sagte: *»Nicht weglaufen!«* Nebenan hörte ich Schreie von Frauen. Kurz darauf kehrte der Offizier zurück, zog die Pistole und warf mich auf den Boden. Ich spürte das kalte Eisen auf meiner Brust. *»Nicht schreien«*, rief er, *»ich schießen.«* Ich konnte überhaupt nicht mehr schreien. Ich war ganz starr vor Angst ... Ich wusste nicht, was mir geschah. Ich war doch noch ein Kind, hatte mit Puppen gespielt und nur gelesen.

Ich weiß nicht mehr, wie ich aus dem Haus rausgekommen bin. Jedenfalls ging ich wieder zu meinen Großeltern. Mein Kleid war blutig. Blut lief an den Beinen herunter. Als Oma mich sah, schrie sie entsetzt auf. Opa holte russische Offiziere. Sie sahen mich nur an, sagten nichts und gingen.

Danach war ich irgendwie anders. Sobald Russen mit Gewehren an die Tür schlugen, versteckte ich mich. Aber einmal kam einer, der klopfte an. Er war blond und blauäugig, sah fast aus wie ein deutscher Soldat, der zufällig eine russische Uniform trug. Er hatte schmutzige Oberhemden mitgebracht und sagte *»Waschen, bitte.«* Ich wusste nicht, wie das geht. Aber wir hatten noch eine alte Tante, die sich ab und zu um uns kümmerte. Sie hat die Hemden gewaschen und sogar ein altes Bügeleisen aufgetrieben, das mit Kohle beheizt wurde. Die Hemden sahen wieder ganz gut aus. Und als der Soldat sie zwei Tage später abholte, brachte er Weißbrot und russisches Konfekt mit. Wir aßen gleich so viel davon, dass uns schlecht wurde.

Soldaten belästigen eine Frau | 1945

Flüchtlingsfrauen | 1945

Erinnern für die Zukunft – Nachwort

»Wir bauen unsere Zukunft doch immer auch auf den Trümmern unserer Vergangenheit auf. Alles ist miteinander verwoben. Die Mechanismen, die wir heute in der rechtsextremen Szene beobachten, sind die gleichen wie damals.«

Iris Berben

Bei der Arbeit an diesem Buch, in dem es überwiegend um jüdische Schicksale geht, habe ich mich gefragt, was eigentlich aus den Juden aus meinem Heimatort Rhede im Emsland geworden ist. Und ich erinnerte mich an Max Leser, den ich im Oktober 1962 als junger Lokalreporter getroffen hatte. 23 Jahre nach seiner Auswanderung nach Ecuador war er für einige Stunden nach Rhede zurückgekehrt. »*Ich wollte sie alle noch einmal wiedersehen*«, sagte er mir damals. Und verschwieg nicht, dass keineswegs alle ihn sehen wollten: »*Einige haben mich gemieden, andere freuten sich, einen alten Bekannten nach langer Zeit zu treffen.*« Seine Enttäuschung war nicht zu überhören, aber es überwog die Freude über die Heimkehr. Stolz zeigte er mir ein Foto seiner ehemaligen Schlachterei mitten im Ort. »*Ich spreche noch fließend Plattdeutsch*«, versicherte Leser, und wir wechselten für ein paar Sätze in die uns vertraute Sprache. Und dabei hatte ich fast den Eindruck, als wollte er das Verlassen der Heimat rechtfertigen. Dabei wusste ich, dass man ihn und die anderen Rheder Juden dazu gezwungen hatte.

Max Leser – auch er ein Zeitzeuge. Rückblickend betrachte ich es als ein Geschenk, dass ich im Laufe der Jahre so vielen Überlebenden begegnet bin. Ihren Spuren bin ich immer wieder nachgegangen wie denen anderer Verfolgter, Widerstandskämpfer und Ermordeter, die aus ihrem Leben herausgerissen wurden, deren Leben zerstört wurde.

»*Es gab viele Kinder, deren ›richtige‹ Welt, wie meine, damals mit einem Schlag verschwand*«, schreibt die Schriftstellerin Judith Kerr, die als Kind nach London fliehen konnte, in ihrem Buch *Eine eingeweckte Kindheit* und fährt fort: »*Ich denke immer, heute wären diese Kinder ungefähr so alt wie ich. Und dann denke ich, wie hätten diese Kinder ihr Leben gelebt? Was für Kinder und Enkelkinder hätten sie in die Welt gesetzt? Es ist unmöglich, das zu vergessen. Ich möchte sagen, es wäre eine Sünde, es zu vergessen.*«

Erinnern an die Vergangenheit heißt erinnern für die Zukunft. Aber sind Jugendliche dafür noch ansprechbar? In einer *Holocaust-Education*-Studie, die 2008 in der Zeitschrift *Einsichten und Perspektiven* veröffentlicht wurde, heißt es immerhin: »*Die vielfach formulierte Sorge, dass sich Jugendliche heute nicht mehr für das Thema Nationalsozialismus und Holocaust interessieren, konnte nicht bestätigt werden.*«

Dieses Buch will mithelfen, die Erinnerungen von Zeitzeugen wachzuhalten und sie vor allem an junge Menschen weiterzugeben – heute und morgen. Gegenüber den Zeitzeugen bin ich zu großem Dank verpflichtet. Ich danke ihnen für ihre Bereitschaft, über ihre Erfahrungen, ihr Leiden unter der NS-Diktatur zu sprechen. Das gilt vor allem für Max Mannheimer, den Vorsitzenden der Lagergemeinschaft Dachau.

Danken möchte ich ferner allen, die meine Recherchen auf vielfältige Weise unterstützt haben, etwa durch Bereitstellung von Dokumenten und Fotos, Vermittlung von Kontakten und Informationen, Interviews und Analysen.

Das gilt vor allem für Dr. Hubertus Dwertmann, Ariane Gottberg, Elisabeth Hartnagel, Dominique Kahtan, Annita Oldnall, Mietek Pemper, Hans Vinke und Thomas Walther. Abschließend danke ich Sabine Zürn, der Lektorin, die dieses Buch mit ihren Anregungen, Ideen und Kontakten sehr bereichert hat.

Hermann Vinke

Register

Literatur- und Quellenverzeichnis

Die Nazi-Olympiade. Die olympischen Spiele 1936 in Berlin und Garmisch-Partenkirchen. Fotomechanischer Nachdruck des Olympia Albums 1936. März Verlag 1972

Gespräch mit Jack Terry: »Die Zivilisation ist ein ganz dünner Firnis über der menschlichen Natur.« Interview: Thomas Muggenthaler, Bayerischer Rundfunk. In: BLZ Report 04/2003

Katalog zur Ausstellung: Konzentrationslager Dachau 1933–1945. Text- und Bilddokumente zur Ausstellung mit CD. Dachau 2003

Konzentrationslager Flossenbürg 1938–1945. Katalog zur ständigen Ausstellung. KZ-Gedenkstätte Flossenbürg 2008

Katarina Bader, Herr Hronowski und ich. Jetzt.de. 29. Januar 2007

Dies., Jureks Erben. KiWi 2010

Bahro/Braun/Teichler (Hg.), Vergessene Rekorde. Jüdische Leichtathletinnen vor und nach 1933. Verlag für Berlin-Brandenburg 2009

Wolfgang Benz, Geschichte des Dritten Reiches. dtv 2003

Ders., Lexikon des Holocaust. C.H. Beck 2002

Ders. (Hg.), Legenden, Lügen, Vorurteile – ein Wörterbuch zur Zeitgeschichte. dtv 1998

Benz/Graml/Weiß (Hg.), Enzyklopädie des Nationalsozialismus. dtv 2007

Gretel Bergmann, »Ich war die große jüdische Hoffnung«. Erinnerungen einer außergewöhnlichen Sportlerin. Braun Verlag 2003

Mietje Bontjes van Beek: Verbrennt diese Briefe! Kindheit und Jugend in der Hitlerzeit. Fischerhude 1998

Georg Bönisch, »Ich fühle noch den Schmerz.« Interview mit Jack Terry. Spiegel Online

Dagmar Brendecke, Cato. Dokumentarfilm über die Widerstandskämpferin Cato Bontjes van Beek. 2009

Coppi/Danyel/Tuchel (Hg.), Die Rote Kapelle im Widerstand gegen den Nationalsozialismus. Gedenkstätte Deutscher Widerstand 1994

Ulrike Demmer, Verdrängter Schrecken. Wie Kriegskinder ihr Trauma vererben. Spiegel online, 27.2.2009

Martin Doerry, »Nirgendwo und überall zu Haus«. Gespräche mit Überlebenden des Holocaust. Goldmann 2008

Dr. Hubertus Dwertmann in: Pfeiffer/Schulze-Marmeling (Hg.), Hakenkreuz und rundes Leder. Fußball im Nationalsozialismus. Die Werkstatt 2008

Eiber/Sigel (Hg.), Dachauer Prozesse. NS-Verbrechen vor amerikanischen Militärgerichten in Dachau 1945–1948. Verfahren, Ergebnisse, Nachwirkungen. Wallstein Verlag 2007

Saul Friedländer, Dankesrede anlässlich der Verleihung des Friedenspreises des Deutschen Buchhandels. 14. Oktober 2007. Aus: Informationen des Vereins Gegen Vergessen – Für Demokratie e.V., November 2007, Seite 6–11

Ders., Das Dritte Reich und die Juden. C. H. Beck 2006

Ders., Die Juden waren der ideale Feind. Tageszeitung. 11. Oktober 2006

Hamburger Institut für Sozialforschung (Hg.), Verbrechen der Wehrmacht. Dimensionen des Vernichtungskrieges 1941–1944. Hamburg 2002

Nils Havemann, Fußball unterm Hakenkreuz. Der DFB zwischen Sport, Politik und Kommerz. Campus Verlag 2005

Stéphane Hessel, Tanz mit dem Jahrhundert. Arche Verlag 1998

Hans Georg Hiller von Gaertringen (Hg.), Das Auge des Dritten Reiches. Hitlers Kameramann und Fotograf Walter Frenz. Deutscher Kunstverlag 2007

Hans Holzhaider, Fluch der Schönheit. In den 1930er-Jahren ergriffen die Nazis Besitz vom Obersalzberg. Süddeutsche Zeitung. 4./5.9.2004

Jerzy Hronowski, Leben. Erinnerungen. Oswiecim 2008

Traudl Junge, Bis zur letzten Stunde. Hitlers Sekretärin erzählt ihr Leben. Claassen Verlag 2002.

Simone Kaiser, Den charmanten Sadisten entlarven. Frankfurter Allgemeine Zeitung. 24. März 2005

Thomas Keneally, Schindlers Liste. Goldmann Verlag 1994

Judith Kerr, Als Hitler das rosa Kaninchen stahl. Ravensburger Buchverlag 2008

Dies., Eine Art Familientreffen. Ravensburger Buchverlag 2008

Dies., Warten bis der Frieden kommt. Ravensburger Buchverlag 2008

Dies., Eine eingeweckte Kindheit. Argon Verlag 1990

Ernst Klee, Das Personenlexikon zum Dritten Reich. Fischer Verlag 2003

Jürgen Kleindienst (Hg.), Nichts führt zurück. Flucht, Vertreibung, Integration 1944–1955. In: Zeitzeugen Erinnerungen. Zeitgut 2007

Arno Klönne, Jugend im Dritten Reich. Die Hitlerjugend und ihre Gegner. Papyrossa Verlag 2008

Guido Knopp, Die große Flucht. Das Schicksal der Vertriebenen. Ullstein 2002

Eugen Kogon, Der SS-Staat. Das System der deutschen Konzentrationslager. Komet Verlag 2000

Kustermann/Bauer (Hg.), Jüdisches Leben im Bodenseeraum. Schwabenverlag 1994

Hermann Langbein, Menschen in Auschwitz. Europa Verlag 1999

Max Mannheimer, Spätes Tagebuch. Pendo Verlag 2009

Digne M. Marcovicz, Massel. Letzte Zeugen. Hanser Verlag 2007

Ana Novac, Die schönen Tage meiner Jugend. Schöffling&Co. 2009

Richard Overy, Russlands Krieg 1941–1945. Rowohlt Verlag 2003

Gudrun Pausewang, Auf einem langen Weg. Ravensburger Buchverlag 2009

Dies., Reise im August. Ravensburger Buchverlag 2009

Dies., Überleben! Ravensburger Buchverlag 2008

Dies., Ich war dabei. Geschichten gegen das Vergessen. Carlsen 2007

Dies., Rosinkawiese – damals und heute. dtv 2004

Mietek Pemper, Der rettende Weg. Hoffman&Campe 2005

Leonid Reschin, Feldmarschall Friedrich Paulus im Kreuzverhör 1943–1945. Bechtermünz Verlag 2000

Mascha Rolnikaite, Ich muss erzählen. Mein Tagebuch 1941–1945. Kindler Verlag 2002

Rainer Rother (Hg.), Geschichtsort Olympiagelände. Jovis Verlag 2006

Asta Scheib, Beschütz mein Herz vor Liebe. Die Geschichte der Therese Rheinfelder. dtv 2005

Friedhard Teuffel, Hitlers jüdisches Alibi. Der Tagesspiegel. 21. Juni 2009

Richard Töllner, Der blinde Spiegel. Frankfurter Allgemeine Zeitung. 18. Januar 1994

Tych/Kenekmann/Kohlhaas/Eberhardt (Hg.), Kinder über den Holocaust. Frühe Zeugnisse 1944–1946. Metropol Verlag 2008. S. 219–224

Simone Veil, Ich war die Hassfigur der Reaktionäre. Der Tagesspiegel. 22. März 2009

Dies., Und dennoch leben. Die Autobiografie der großen Europäerin. Aufbau-Verlag 2009

Hermann Vinke, Das kurze Leben der Sophie Scholl. Ravensburger Buchverlag 1980

Ders., Cato Bontjes van Beek. Ich habe nicht um mein Leben gebettelt. Arche 2003

Ders., »Hoffentlich schreibst du recht bald«. Sophie Scholl und Fritz Hartnagel. Eine Freundschaft 1937–1943. Ravensburger Buchverlag 2006

Bildnachweis

o = oben, u = unten, l = links, r = rechts, M = Mitte

akg-images: Umschlagfotos vorne, 31, 64, 72, 88, 150, 187 u. (akg-images), 121 (UNIVERSAL PICTURES/Album)
Archiv Tim Bontjes van Beek: 47 u. r., 56 o. und u., 57, 58, 59 u. l. und u. r., 63
Archiv Mietek Pemper: 114 o. und u., 115 l. und r., 116
Baumann, Ludwig: 144, 146, 148, 149
bpk/Josef Donderer: 9 o.
Carl Hanser Verlag: 130 l.
Deutsches Historisches Museum, Berlin – Bildarchiv: 31 (Heinrich Hoffmann), 60 (Haus des Ministeriums)
Heymann, Fanny: 166 l. und r., 170 o. und u., 171, 172 o. und u., 173 o. und u.
Kahtan, Dominique: 76, 77, 78, 79 u., 81 o. und u.
Landgraf: 156, 160
Littwin, Jürgen: 19, 20
Mannheimer, Max: 91 l. und r., 93, 95, 96, 97
Museum zur Geschichte von Christen und Juden Laupheim: 14, 15, 17, 18
Naujoks, Helga: 182, 186
Niederländisches Institut für Kriegsdokumentation, Amsterdam: 129
Pausewang, Gudrun: 157, 158
Privatbesitz Familie Hartnagel-Scholl: 48 o., 49, 50, 51 o. l. und o. r., 52, 53, 55
Rosenberg, Ike: 48 u.
Schneider, Loes: 174, 175, 177, 178, 180 l., M. und r.
ullstein bild: 8, 9 u., 11 u., 12 u., 13 u., 25 o., 26, 28, 39 o. und M., 42, 47 u. l., 54 u., 67, 80, 85 l., 87, 89, 124 r., 131, 137, 154, 155, 165, 168 o. und u., 183, 184 r., 187 o. (ullstein bild), Umschlagfoto vorne (Schulungsbrief), 141, 151, 152 (Archiv Gerstenberg), Umschlagfoto hinten (Backstein (L)), 10 o. (Faulbaum (L)), 10 u., 41, 153 (akg Pressebild), 11 M. (DHM), 12 o., 33, 84 o., 133 (Imagno), 13 o., 23, 84 u. (TopFoto), 24 (Schirmer X), 25 u. (Hartung), 27 (HOG, Bonn), 29, 46 (Imagebroker.net), 30, 138, 167, 176 (SV-Bilderdienst), 32, 36, 37 o., 44, 113 (W. Frentz), 34, 68, 83 r., 86 (SIPA), 38 (CARO/Teschner), 45 (Lothar Ruebelt), 54 o. (Wittenstein), 66, 70, 104, 112 (dpa), 69 (Roger Viollet), 71 (heritage), 82 (Valdi), 83 l. (JOKER/Steinz), 85 r., 117 l., 143 (AP) 106 l. und r. (BPA), 106 M. (Sven Simon), 117 r. (Schroth), 118 (Piel), 122 (Minehan), 124 M., 184 l. (LEONE), 124 l. (Keystone Pressedienst), 136 (Nowosti), 139 (bpk/Wundshammer), 140 (amw), 164 (Wolff & Tritschler)
Zürn, Sabine: 79 o., 90, 98, 108

Nicht alle Fotos konnten datiert werden, deshalb fehlt in einigen Bildlegenden die Jahresangabe.

Zitate, Bezeichnungen aus der nationalsozialistischen Terminologie sowie Quellentexte sind kursiv und mit Anführungszeichen hervorgehoben, sofern sie nicht anderweitig gekennzeichnet werden. Publikationen, Filme, Liedtitel, Eigennamen, Verbände, Organisationen, Gruppierungen, Ämter, Positionen etc. sind, soweit sie hervorgehoben wurden, kursiv gesetzt ohne Anführungszeichen. Alle Zitate und Schreibweisen wurden in die neue Rechtschreibung übertragen.

Bibliografische Information der Deutschen Nationalbibliothek

Die Deutsche Nationalbibliothek verzeichnet diese Publikation in der Deutschen Nationalbibliografie. Detaillierte bibliografische Daten sind im Internet über **http://dnb.d-nb.de** abrufbar.

3 2 1 12 11 10

Idee, Lektorat und Bildredaktion: Sabine Zürn
Fachberatung: Dr. Robert Sigel
Layout: Eva Drewniok
Satz und Typografie: Adam Koller
Umschlaggestaltung: Dirk Lieb
Printed in Germany

ISBN 978-3-473-55210-8

www.ravensburger.de